象鉴

Communicating

中西相遇　文明互鉴

大汉双城记

汉朝生活和思想的剪影

象鉴

国际汉学研究书系　张西平　主编

[英] 修中诚（E. R. Hughes）著
阮诗芸　译

中原出版传媒集团
中原传媒股份公司
大象出版社
·郑州·

图书在版编目(CIP)数据
大汉双城记：汉朝生活和思想的剪影 / (英) 修中诚 (E. R. Hughes) 著；阮诗芸译. -- 郑州 ：大象出版社，2025. 7. -- (国际汉学研究书系 / 张西平主编).
ISBN 978-7-5711-2704-6
Ⅰ. K207. 8
中国国家版本馆 CIP 数据核字第 2025DC2321 号

Published with the title
Two Chinese poets: vignettes of Han life and thought
by E. R. Hughes

备案号:豫著许可备字-2022-A-0027

大汉双城记:汉朝生活和思想的剪影

DAHAN SHUANGCHENG JI:HANCHAO SHENGHUO HE SIXIANG DE JIANYING

[英]修中诚(E. R. Hughes) 著

阮诗芸 译

出版人 汪林中
责任编辑 李 爽
责任校对 牛志远 安德华
装帧设计 张 帆

出版发行 大象出版社(郑州市郑东新区祥盛街 27 号 邮政编码 450016)
发行科 0371-63863551 总编室 0371-65597936
网 址 www.daxiang.cn
印 刷 郑州新海岸电脑彩色制印有限公司
经 销 各地新华书店经销
开 本 890 mm×1240 mm 1/32
印 张 11.875
字 数 294 千字
版 次 2025 年 7 月第 1 版 2025 年 7 月第 1 次印刷
定 价 128.00 元
若发现印、装质量问题,影响阅读,请与承印厂联系调换。
印厂地址 郑州市鼎尚街 15 号
邮政编码 450002 电话 0371-67358093

普林斯顿大学出版社前言

修中诚（E. R. Hughes）曾多年担任牛津大学中国哲学和宗教课程的高级讲师。他著有许多汉学研究论著，如《中国宗教》（*Religion in China*，与凯瑟琳·修合著）、《中国古典哲学》（*Chinese Philosophy in Classical Times*）、《文字的艺术：陆机的〈文赋〉》（*The Art of Letters: Lu Chi's "Wen Fu", A. D. 302*）。1956年10月修先生临终前，他还在整理此书的手稿。很遗憾修先生最终没能完成他所想要做的收尾工作。但普林斯顿大学出版社得到了诸多帮助，在此诚挚感谢大卫·霍克斯博士（修教授从前的学生，现为牛津大学中文教授）。霍克斯博士无私地承担了手稿出版前所需的修改工作。还要感谢波林根基金会对本书出版的大力支持。

序

修先生开始做班固与张衡诗赋的比较研究是在他出版了《文字的艺术：陆机的〈文赋〉》（波林根系列第二十九册，纽约，1951）之后。本书的完稿在1956年6月，当时修先生已经患病，后于10月去世。普林斯顿大学出版社早前便同意审阅此书，于是修先生寄去了手稿。出版社于修先生身故后返还手稿，说明了关于注释和参考书目中可能需要修改和增添的内容。修先生从前的学生大卫·霍克斯博士（现为牛津大学教授）承担了这一工作，这本书的出版有赖于他的努力。

我衷心感激霍克斯博士在百忙之中愿意为此书花费大量精力和时间，也感谢吴世昌先生对此书的建议和支持。多亏这两位友人的帮助，我先生对于中国文学研究做出的最后的贡献才得以呈现给对汉代文学感兴趣的读者。我先生也希望借助两位诗人之眼进行的这项历史研究能够为史学家提供帮助。

凯瑟琳·修（Katharine Hughes）

导 言

一些读者不喜欢看导言，一些读者会认真阅读导言，这或许是出于个人的考虑。对于我来说，读导言让我受益匪浅。也许是受人恩惠太多，累积到现在，我自己也不得不写上一篇导言。总的说来，我在北京做研究的最后一段时间（1933—1934）总有一种感觉，我在“典籍”上的吭哧努力——典籍也是我在汉学研究中最主要的兴趣点——是一项徒劳的工作。每部经典都有其不可解决的问题。对于一个在思想发展史中寻找可以确定时代的材料的史学研究者而言，尽管有很多材料的年代可以确定，但这些年代并不能提供一个可以继续构建的基础：你跟踪一部经典提供的主要线索，又跟踪另一部经典提供的另一条线索，而这两条线索相互对照之下没有任何史学意义……我发现采用纯语言学的方法来解决这个问题是个更有用的途径。有些一流学者正在这一领域耕耘。我可以做些什么吗？经过一两次尝试，我发现对我这样一个偏居一隅的牛津工作者而言，即使是类似在希腊语中确定一个表示朝向的附属字都是不可能的。

我四十多岁时开始继续研究清朝文人喜欢称呼的所谓“骈文”，字面意思是“双马挽具（double-harness）体裁”。

首先是东汉散文中的骈文，接着又研究两汉间赋（散文诗）中的骈文。在公元前1世纪的《礼记》这部汇编中就有大段的篇章，有时是整篇文章在较为紧凑的句式结构之外还采用连续的、对仗互补的句子和从句。这就是骈文的魅力。这项研究很有意思。我发现东汉文献中，公认的文学大家并不喜欢直截了当的准确描述，而是喜欢堆砌辞藻。这使我产生了疑惑。我接着读汉代学者和史家的著作，想看看他们尊崇的文风。我的怀疑得到了确认。我试着得出结论：截至公元1世纪，有才华的作家们已经掌握了一种早前时期作家不具备的组织精妙的沟通形式。

为了确定这些印象的准确性，我专门对陆机写于公元301至公元302年间的《文赋》做了一个研究。这项研究对于古典文学的研究方法提供了一个有效的样例：首先，找到一份篇幅合适，有确定作者，年代、内容基本无争议的文献，然后读下去。这一结论可以在我1951年出版的关于《文赋》的书中看到（波林根系列第二十九册，纽约，潘塞恩出版社）。

下一步就很清晰了。两位咏物的骈文大家班固、张衡在前后二三十年间各自写出了关于两座都城的赋。我们看到的文献有确定年代，作者十分有名，现存文本保存状况良好。此外，两位作家心中都有着与自己朝代作为对比的西汉前朝。思想史学者还能找到比这更可靠、更有启发性的材料吗？就这样我开始了个案研究，并着手写这本书。本书的研究方法主要有三个考虑点：（1）把握两位作家及其同时代人的思想结构；（2）让作家作为汉代信仰和体制的见证人，以此检验后二者的可靠性；（3）详细阐释作家们提到的特定事件。

至于写作的风格，我主要想要面向两类读者：(1) 需要注释帮助了解人名、地名的汉学研究者；(2) 一部分想要将远东地区纳入视野的西方学派史学家。这是我和史学家们长期交往得出的理解。我估计他们会怀疑，如果不是因为想要到自己文化圈子外面去看看，难道从历史悠久、最具有历史头脑的中国人那里会有什么可以学习的吗？我自己的研究受益于这些史学家的思想颇多，所以不得不想要为他们提供一些帮助。史学研究的下一步当然是要对中国史学的优缺点做出评估，但不止于此。“中国”在汉代第一次视自身为一个世界文明，这个时期对于具备世界意识的史学家而言极具重要性。

因此，本书将提供一些汉学家可能不要求写出的基础性信息。同样，更加专业的特殊文献通常放在脚注，以便一般读者阅读顺畅。有一件事情或许是争论未决的，那就是中国的历史文化是否独特到应该自立门户。我的观点是，“中国”绝非自然界中的例外，中国在各个方面都可以与同等量级的现象作对比。此书或许也可以传递出支持此观点的信息。同理，欧美文化领先的时间表也不能作为用来输出价值判断的基础。

此书得到了多方协助，首先我要感谢中国的几大图书馆：清华大学图书馆、云南大学图书馆（1942—1944）。还有西方的几大图书馆：华盛顿国会图书馆（1947）、哈佛燕京学社图书馆（1948）、加利福尼亚大学伯克利分校图书馆（1949）、克莱蒙特学院图书馆（1950—1952）、哈佛大学中文系教职工图书馆、剑桥大学图书馆等。我借此机会向诸位图书管理员表达歉意，时常消耗你们的耐心。

感谢在此研究早期提供帮助的陈受颐博士以及在研究后期提供支持的吴世昌先生。两位大师使我避免了诸多阐释上的谬误。吴先生自己关于中国散文史的书还在写作阶段，能够对我的问题不吝指正，实在慷慨。感谢马夫人送给我一份马伯乐（Henri Maspero）的《汉代中国天文仪器》[1]。感谢李约瑟（Joseph Needham）博士回应我提出的对张衡的性情类型和其他科学问题的质疑。

很遗憾何四维（Hulsewé）博士的《汉律拾零》（*Remnants of Han Law*）第一卷（莱顿，1955）到我手中的时间太晚，否则这本书对我思想的影响将更大。德效骞（Dubs）教授的《汉书》（*History of the Former Han Dynasty*）第三卷我收到后甚至还来不及浏览。我受到德教授的第一、二卷《汉书》（巴尔的摩，1938、1944）影响甚深，相信所有中国古典学的学者都深深受益于他及其同事劳动的宝贵成果。此外我更要感谢曾祖森博士《白虎通》（*Po Hu T'ung*，莱顿，1949、1952）对我的影响。

修中诚

英国格洛斯特郡莫顿因马什镇布洛克利

多恩别墅

1956年6月

---

[1] *Mélanges Chinois et Bouddhiques*, VI, Bruges, 1939, pp. 183–370.

目　录

第七章

年　表[1]

商（战胜者汤创建）（依据传统）公元前1766—公元前1122

周（武王创建）（依据传统）公元前1122—公元前256

秦（秦王政创建）公元前221—公元前207

西汉（the former Han dynasty，刘邦创建）公元前206—公元8

高祖（公元前206—公元前195）

惠帝（公元前194—公元前188）

吕后（公元前187—公元前180）

文帝（公元前179—公元前157）

景帝（公元前156—公元前141）

武帝（公元前140—公元前87）

昭帝（公元前86—公元前74）

宣帝（公元前73—公元前49）

元帝（公元前48—公元前33）

---

〔1〕译者注：此《年表》中的时间与《中国历史纪年表》有出入。依据《中国历史纪年表》做了相关校正，详见第3页《年表》。

成帝（公元前32—公元前7）

哀帝（公元前6—公元前1）

平帝（公元前1—公元5）

孺子婴（公元6—8）

“新”朝（the “New” dynasty，篡位者王莽）公元9—22

东汉（the later Han dynasty，刘秀创建）公元23—219

光武帝（公元25—57）

明帝（公元58—75）

章帝（公元76—88）

和帝（公元89—105）

殇帝（公元106）

安帝（公元107—125）

顺帝（公元126—144）

冲帝（公元145）

质帝（公元146）

桓帝（公元147—167）

灵帝（公元168—189）

献帝（公元190—219）

年　表

商　公元前1600—公元前1046

周　公元前1046—公元前256

秦　公元前221—公元前206

西汉　公元前206—公元24（包括王莽［公元9—22］和更始帝［公元23—24］）

高祖（公元前206—公元前195）

惠帝（公元前194—公元前188）

高后（公元前187—公元前180）

文帝（公元前179—公元前157）

景帝（公元前156—公元前141）

武帝（公元前140—公元前87）

昭帝（公元前86—公元前74）

宣帝（公元前73—公元前49）

元帝（公元前48—公元前33）

成帝（公元前32—公元前7）

哀帝（公元前6—公元前1）

平帝（公元1—5）

孺子婴（公元6—8）

［新］王莽（公元9—22）

更始帝（公元23—24）

东汉（公元25—220）

光武帝（公元25—57）

明帝（公元58—75）

章帝（公元76—88）

和帝（公元89—105）

殇帝（公元106）

安帝（公元107—125）

顺帝（公元126—144）

冲帝（公元145）

质帝（公元146）

桓帝（公元147—167）

灵帝（公元168—189）

献帝（公元189—220）

第一章
引言

此书的标题使用“vignette”（剪影）这个词存在一定风险。“vignette”长期以来都被用来表示盛行于19世纪出版物中用于装饰章节首尾页面空白处的小型花样图案。这些装饰赏心悦目，但很多情况下和书的涵义没什么关系，因此完全是现代人所谓的“题外装饰”。但是“vignette”近年来获得了更褒义的义项，例如在摄影中，“vignette”（虚光照）这种照片将焦点放置在某个特定造型的主体上，并将该人物外围的非特征部分有意模糊。本书的主体是以班固（公元32—公元92）和张衡（公元78—公元139）的关于两座都城的赋来呈现这两位作家[1]，剪影的这个含义可以适用。

此外，圣茨伯里（George Saintsbury）在19世纪80年代曾写道：“以一种可能的、比散文更合适的精准方式将行为举止、人物性格和思想的具体概述以剪影（vignette）的形式完成。”（见《牛津大辞典》“vignette”条目）这个用

〔1〕 班固《两都赋》的法语带注释译本可见G. Margouliès, *Le "Fou" dans le Wen-siuan*. Paris, 1926, pp. 31-74；张衡《二京赋》的德语译本可见E. von Zach, *Die Chinesischen Anthologie*, *Übersetzungen aus dem Wen Hsüan*, ed. I. M. Fang, Harvard-Yenching Institute Studies XVIII, 1958, vol. I, pp. 1-37。该译本首次出版于*Sinologische Beiträge* 2（1936）。

法也说明这个词和本书的关联，尤其是考虑到此书主要写给西方读者。

为了方便不太熟悉中国早期史的读者，我在卷首提供了一张年表，简要说明了本书所关注的两位作家班固和张衡生活的东汉社会是如何发展而来的历史背景。周朝这一延续悠久的朝代开始于西方诸侯首领在河南打败商朝君主。战争胜利的年代传统上定在公元前 1122 年，这个时间或许比真实年代早了一个世纪左右。周朝起源于陕西，当时对中国北方的一些小国有一定控制力。这些小国的贵族统治阶层通过血亲和联姻与周王室产生关联。公元前 771 年，周朝都城遭到外邦洗劫，周王被杀，王室的剩余成员在东边的洛阳建立起一个新的都城。因此公元前 771 年前的这一段时期被称为西周，迁都之后称为东周。公元 24 年的汉朝也发生了类似的从长安迁都洛阳的事件。

迁都之后，周王对藩属国的掌控力越来越弱。诸侯国王开始扩张领地，驱逐原本居住在周人边上的“夷族”，吞并比自己弱小的国家。但没有一个诸侯国强大到足以独立打败强大的外敌，也就是北部的戎狄或淮河和长江流域的居民等，因此一个个霸主相继兴起，在名义上代表衰落的周王领导周朝的同盟国进行战争，并从中获利。这个时期（公元前 722—公元前 481）称作春秋时期，这一名称来源于鲁国的史书《春秋》，这部书是我们对于这一时期历史的主要知识来源。[1]

周朝的最后两个世纪，从公元前403年到王朝灭亡，被称为战国时期。[2] 这一时期周王甚至在名义上也无法控制其诸侯国。最强的七个诸侯国的君主纷纷称王，个个都想以自己的方式统一中国。他们的领地和欧洲差不多大，人口众多，经济、科技、文化发达，文明程度大大超过早期周朝社会。这些诸侯强国几乎一直在相互征战、发生外交冲突。最后西方的强秦灭掉了其他国家。公元前221年秦王称帝，统一中国，建立秦朝。他废除了封建贵族制，建立了有力的官僚体系，统一了度量衡和文字，建设公路、运河，造长城，还扩张统治至朝鲜和中南半岛。但秦朝在秦始皇死后并未持续多久，因为这些巨大的成就都是基于对人民的专制和残酷的压迫。无能软弱的继承者们很快就被人民处理掉了。在接下来无政府的混乱争斗中，一位出身寒微的士兵刘邦（后称高祖，汉朝的开国皇帝）最终成功建立了一个新朝代，定都长安[3]，位于现在陕西省西安市附近。

在高祖之后的几任汉皇帝中，最著名的是武帝（公元前140—公元前87年）。他统治时期长，扩大了中国在亚

---

〔1〕 译者注："春秋"作为时代名是因鲁国编年史《春秋》。《春秋》编年从鲁隐公元年（公元前722年）迄鲁哀公十四年（公元前481年）。春秋结束的年代说法不一，今多以周平王元年（公元前770年）到周敬王四十四年（公元前476年）为春秋时代。

〔2〕 译者注：因各诸侯国之间连年战争，被称为"战国"。西汉末刘向编《战国策》始作为时代名称。战国开始的年代说法不一，现在一般以周元王元年（公元前475年）到秦王政（秦始皇）二十六年（公元前221年）为战国时代。

〔3〕 长安（Ch'ang-an）的英文拼写采用威妥玛式拼音体系。长安这个名字现已弃用，改为西安。另一个都城洛阳的名字则沿用至今，因此在此采用传统的西方拼写"Loyang"。

洲的影响力。在中国北部草原一个名叫匈奴的游牧帝国形成于秦朝统一中国时期。汉武帝的军队打退了匈奴，使得一段时间内匈奴不敢再侵犯中原。汉朝的军队还深入到中亚地区，巩固了秦朝时期在朝鲜和南方的统治。

汉武帝的政绩导致国家经济贫困，后继的几任皇帝又大多无能。公元 9 年外戚王莽推翻统治并称帝。王莽对经济进行了失败的改革，导致了严重混乱和困苦；赤眉军农民起义，紧接着汉朝贵族也相继领导起义。刘秀最终获胜，于公元 23 年重建汉朝。刘秀的军队洗劫长安，王莽被杀，宫殿被焚毁。据说这个混乱时期导致几百万人死亡。这个重建的汉朝通常被称作东汉，以与王莽所篡的西汉相区分，首都迁到了洛阳。东汉大约在前五十年经济得到复苏和扩张。这个时期就是我们关注的第一位作家班固生活的时期。但从公元 80 年左右开始，朝廷政治局面不断恶化，尤其是宦官和文官团体之间发生斗争，最终导致王朝的灭亡。

除了沙畹和马伯乐这样水准的西方史学家，大部分西方学者对于东汉政权在公元 100 年左右的特征都描述得模糊不清，与一个世纪前的西汉末期相差无几。但今天我们很清楚地知道从公元前 100 年到公元 100 年，居住在喜马拉雅山脉以东辽阔的大陆地区的意识形态尚未成熟的民族身上发生了一点非凡的事情。这“一点事情”传统上被视为儒道的胜利，儒道是当时主要文人群体所信仰的教条。汉学家们的最新研究中兴起了一个新术语，“国家儒学”（State Confucianism）。这个术语目前很有用，但需要承认，汉学家们并未完全弄清楚真正发生了什么。

这两百年在中华民族的历史上具有划时代的意义，因此迫切需要对该时代的风范、人物特点和思想做一个“剪影”，并且要在可以确定年代和作者的材料上进行这项工作。因此我做了一个有点危险的决定。我没有完完整整地将班固和张衡对于旧都长安和新都洛阳的赋分别翻译出来，我在不影响作者思想的前提下将部分文本内容进行了概括。（见第三章至第六章。缩进的段落是直接翻译，其余是概括和释义）这样一来就腾出了空间给接下来的四个章节做分析和评论（第七章至第十章）。在分析人物风范和思想模式时，对于表现诗赋情感的相关文献的原材料都做了呈现。最后一章对班固和张衡作为时代见证者的可靠性进行考察，并以系统性方式进行归纳描画。

上述圣茨伯里的话中包含这些语句：“以一种可能的、比散文更合适的精准方式将……概述……完成。”这里带有一种挑衅的情绪。这种方法和史学家的研究类型不符，会让他们惊讶甚至反对。无论圣茨伯里在写下这些话语的时候心里想着些什么，把诗赋视作比散文更加精准这种思想和本书第三章至十一章的主题是高度相关的。整本书围绕着四篇赋[1]展开，这四篇赋非常长，包含了散文的元素，但有押韵和精密的节奏，是高度诗性的。总而言之，这是四篇描述性的赋，两位作者的主要目的是描绘同时代人感兴趣的事物，而不是抒发个人的情感。但其中也偶有情感流露。

对于寻求确切事实的读者，本书文献的特点可能让他

---

〔1〕 译者注：修中诚将《两都赋》《二京赋》称作“诗”（poems），一首“诗”（poem）即为一篇“赋”。为符合中国读者阅读习惯，译者根据情况将“诗”译为赋、赋文、诗赋等。

们不感兴趣。但是严谨的史学家在反对这四篇赋中的考证之前可以考虑三个不容争议的事实：（1）班固和张衡两位作者在当时声名远扬，其生卒年都可考，仕途生涯也有详细记载。（2）班固是受过训练的专业史学家，在编史方面享有盛誉；张衡是具有数学头脑的天文学家，在天文研究方面是先驱者。（3）两位作者都写作过不少散文，但他们选择用新的赋体[1]形式来描绘两座都城和对应的政权。早前司马相如运用自己的天才给予了这个文类一种辩证的优点。

外部和内部证据表明，两位作者花费心力让自己的赋文能够引发同时代读者的兴趣，因此不能不说他们的专业研究所带有的精准性特质会影响其诗赋创作。两位作者都有自己的意图，可能是关于个人的，可能是出于崇高的爱国情感，但是因为文献表现出一定的偏好和倾向，历史学家就不对此进行考察了吗？对于历史学的科学研究途径难道不承认，各个时期的作家，即使是数据记录员，也都有自己意识到的或是没有意识到的偏好吗？

强调上述三个事实，是希望能够证明本书所要研究的四篇文献的考证价值。我们还有第四个考量，和一个认识论的公理有关，那就是理性知识来源于比较；作为对比的对象可能得到越清晰的审视，获得的知识就越准确、可靠。本书考虑的第一个对象是在班固写作时间的约六十年前被洗劫、焚毁的都城长安，以及在此二十年前就被颠覆的西汉

---

[1] 赋作为一种文学媒介在汉代变得流行，赋类似于诗体散文，通常是描述性的，韵散结合。最标志性的特征是对仗的持续使用以及夸饰的辞藻。

政权。第二个比较对象是东汉政权的都城洛阳，班固是其中一名朝员。班固去世后几年，张衡读了班固对两座都城的细致描绘，又写了一篇对二者进行比较的赋文，长度胜于班赋。班固和张衡都有着自己的视角和侧重点，有着自身的内在动机，来陈述自己对相关事物的一定印象。他们所创作的四篇赋表现出一定契合度，也有差异。两篇赋的叙事在许多点上的信息可以相互补充和印证。在许多现象的思考上二者则有很多个人独立的想法。但是我们不能完全将两个材料对等地做比较，因为张衡经历了公元 89 年（班固赋可能的最晚完成日期）到公元 126 年（张衡献赋的年份）之间的事件（关于这两个日期的讨论，见第二章）。

结论十分明显，这四篇赋很可能包含大量信息，而且是独特的信息，因为汉代文学中我们找不到其他篇章像这两位将近同时代作家这样以如此类似的方式处理同样的主题。至于这两位作者的智性和理性头脑的对比，这将是本书通过赋文分析讨论的问题之一。但是在引言中也需要说明，虽然身处汉代这样一个迷信的时代，两位作者的认识论意识却并不朴素。例如，当时有所谓“象”（表征形象）和“物”（感官知觉的具体对象）的对立。在这背后体现的是人们认识到五种感官在创造心理形象时起到的作用。当时人还认识到，道听途说的知识不如直接观察获得的知识有真正的价值。四篇赋揭示出班固和张衡对此有所认识，尽管他们及其同时代人是否在实际应用中坚持这一原则还不能确定。

至于具体讨论内容的文献支撑，没必要为了解汉朝中期的人士在这里详细列出。尽管冯友兰的《中国哲学史》

和卜德（Bodde）的译本[1]非常有用，但必要的一些数据资料还缺乏可靠的语义基础。但这些文献极具重要性，我希望本书对于两位杰出的汉朝中期的思想家的研究可以为相关问题提供启发。其中最主要的问题是所有汉学家都头疼的，那就是所谓儒家“五经”[2]的年代问题。就汉代意识形态信息的来源而言，儒家“五经”虽然不是唯一重要的，但却是最主要的。史学研究者承认“五经”的成型大约在公元1世纪，这是根据刘歆的《七略》[3]中的描述。但是该文本显示当时皇家图书馆中还有“五经”的其他版本；清代学者和现代批评家也发现，“五经”（可能除了《春秋》）的作者和编者都没有确切的证据，在刘歆《七略》的记录之前“五经”经历了多少修订、改动也不得而知。这些文献最早出现的时期可能早在周朝，文献主体部分的内容很大程度上是难以确切断代的。但是“五经”在汉代中期的影响是深深刻在每一位思想家和社会观察者的文字中的，因此今天的历史研究者无法忽视这些经典。如果要面对这个问题，历史学家就会陷入吉尔伯特（Gilbert）与沙利文（Sullivan）的“桌球杆打磨器”困境，“用假皮头套着的弯曲的球杆和椭圆的台球打一流的比赛”。

从思想史学家的角度，或许研究者正是摆脱“五经”的循环魔咒，专注于这个关键的汉代中期现存的、可以断代的、作者确定的文献的时候。在班固和张衡的四篇赋中，

---

[1] 冯友兰：《中国哲学史》（两卷本），上海：商务印书馆，1946年；Fung Yu-lan, *A History of Chinese Philosophy*, Vols. Ⅰ & Ⅱ, tr. D. Bodde, Princeton University Press, 1952-1953。

[2] 即《易》《书》《诗》《礼》《春秋》。

[3] 见班固《汉书·艺文志》。此篇主要由刘歆所撰。

两位作者有几次直接提到“五经”。他们作为东汉朝廷成员对经书的尊崇是从字里行间显露出来的，但他们对人生的看法却绝不局限于经典文本的指导。班固就反对唯文本是从的考证方法。另外，在这四篇赋的总共2360句[1]中，我们总能见到化用“五经”的例子[2]。对于受到的教育主要是阅读、理解经典的士人而言，这是自然而然的现象。但研究者可能不会止步于此。当我们从“五经”的语境中跳出来，会发现这些语句有新的内涵，诗人在韵文中化用这些语句，有些用法可能会让原作者大为震撼。

研究发现还不止这些。我们总能体会到这两位作家生动的个性。通过他们对语言的掌控，我们能透过他们的眼睛看到世情人物：皇帝及其宫殿和随从、统治阶层的职务和娱乐方式、街坊生活的繁忙、商人小贩、在街角辩论是非的人、郊外趁火打劫的歹人、除恶祈福活动中游街的孩子……那个古老年代的人们变得鲜活起来，在一定程度上不再是面目模糊的大众，不再是现代无意识的想象中创造出来的表象。此外还有一些事件的确切日期记录和描述，包括皇家祭祀、接待外邦使者、接见国内王孙贵族等，还有对于东汉君主职能的详细描绘。赋中还能见到作者对于前朝一些皇帝的批评，考虑到东汉皇帝的祖先崇拜，这可谓大胆直言。

对于这些化用“五经”的内容，语言研究者需要小心

---

〔1〕 统计可能存在一定偏差。包含班固的赋序（304字）在内，四篇赋总字数大约超过12400字。

〔2〕 公元七世纪李善所作的《文选注》主要是通过引用“五经”和其他著作来阐释文本。在张衡的《东京赋》中，李善引用了许多《周礼》的内容，这说明张衡很可能熟悉《周礼》。

对待，不能盲目地认为所有情况下某段话来源于某部经文就表达某个观点。很可能在汉朝中期，某个语句被知识分子解释为一种新的流行含义，然后通过对经典的陈述或修订的方式进入了圣典。有三点需要特别注意：第一，尽管在武帝统治时期（公元前140—公元前87）后，文人就很难对经典增加新的阐释，但刘向发现皇家藏书馆的经卷有待修缮和整理；我们不知道他和他的共事者做了什么让这些书籍变得有条理、有意义。第二，在王莽执政年间（公元9—22），宣传政权合法性的意识在朝中十分强烈；同样地，光武帝（公元25—57）在努力加强皇权的时候，文人既守卫典籍，又宣传政权合法性。第三，蔡邕熹平石经（类似于公认的标准经典文本[1]，建于公元175年）的设立是因为当时大家对于权威文本包含或不包含哪些内容还有争议。这些问题会在第七章至十章中时不时被提到。第十一章做了一个尝试，将前述发现汇总起来，阐释其重要性，但结论只是作为研究者个人的想法，仅供参考。

我在细节上下了相当大的功夫，而我不会为此道歉。已故的优秀考古学家、牛津大学形而上学教授柯林伍德（R. G. Collingwood）在他的就职演讲中说道，研究历史最

〔1〕 现在我们只能从后世学者的引证中看到一些逸文。

终是研究个人与具体实际[1]。对此我还想补充：那些零碎的、有时却极具启发性的具体信息片段，经历了时间的洗刷，流传至今。面对某一特定文化和特定时期的历史，我们要考虑的唯一问题是，它在世界主流历史中是否足够重要、是否值得我们正视。从这个角度出发，在公元1956年的今天，我们从汉代时期的历史中做这样一个案例分析是有意义的。仅以西方文明史为对比，希腊思想和制度的成就由罗马人继承了；是罗马人首先面对作为世界主导者的特权和职责，将不同种族都融合进自己的影响力之下。罗马帝国最终崩塌，但是取而代之的是另一股神秘的能量——“基督教”。基督教成了一种新的凝聚力量，产生了新的独特的西方文化，在接下来的时期影响了欧洲及其他种族。假如“罗马”没有接替“希腊”，“基督教之土地”没有继承“罗马”，还会有什么呢？

中国在汉朝时期也拥有世界主导者的特权和职责，在远东地区可以和罗马相媲美，尤其是汉人继承了周朝思想家对于哲学价值的敏感，就像罗马对待希腊一样。班固和张衡都相信大汉文明能够持续千万年，在这一点上班固比张衡更乐观一些。但班固的信念未能实现，东汉在张衡去世后百年就崩塌了。然而在五个世纪的几乎是持续的动乱

---

〔1〕 R. G. Collingwood, *The Historical Imagination* (Clarendon Press, 1935). 如第五页：“毫无疑问，关于历史的思想在某种程度上就像感知。每个人对自己研究的对象都有种个人的感知。我感知到的是这间屋子、这张桌子、这片纸。历史学家思考的是伊丽莎白、马博罗、伯罗奔尼撒战争、费迪南德或者伊丽莎白的政策等等。但我们感知到的是这个、这里和当下啊……历史学家进行推理的相关事物不是抽象的，是具体的，不是普遍的，是个人的，不是和时空无关的，而是有自身的地点和时间的。”又见 Collingwood, *The Idea of History* (Clarendon Press, 1946)（著作未完成，于作者逝世后出版）。

和外族入侵之后，一个大于汉人核心规模的统一中国重现历史舞台。之后不时有对于文化凝聚力和文明力量的稳固与维护。之后这些时代的中国人因其文化统一身份而拥有了一个近义词，那就是“汉人”。如果“大汉”没有继承最后崩塌的周朝秩序，如果“大汉”的文化整合不够强大，不足以支撑过接下来5个世纪的挑战和压力，没有接下来的“中华唐王朝”“中华宋王朝”……那会怎么样呢？断然提出的“历史的假设”不会有断然的回答。这些假设将一直是问号，而且是危险的问号。但这些假设的作用在于能驱使历史学家追寻具体事实的确定任务。这些事实能够揭示文化力量的相互作用，这种文化力量以其当代的形式在今天依然塑造着世界的进程。“大中国”显然是其中一股力量，就和“大美利坚”“大不列颠”一样。在亨利·斯蒂尔·柯美杰（Henry Steele Commager）的大作《美国精神》[1] 的开篇就提到桑塔亚纳意味深长的格言：“做美国人本身就几乎是一种道德情状（moral condition）、一次教育和一份职业。”对于处在公元前一、二世纪之交的班固和张衡而言，做一名汉朝的中国人有着同样非凡的意义。

---

〔1〕 H. S. Commager, *The American Mind, An Interpretation of American Thought and Character since the 1880's*, London, 1950.

第二章
人物传记[1]

范晔所依据的资料是晋朝都城建邺[2]（南京）的档案，其中《东观汉记》是官修史书，差不多是当时人编写的。到公元5世纪这部书还留存下来多少我们不太清楚，但现今我们依然能看到一部分内容。范晔在完成《后汉书》的修订之前就去世了，他原计划要写志（monographs）的部分，注家刘昭（时期大约在公元502—519）把晋朝司马彪《续汉书》中的志分三十卷，与之合刊。因此今天我们无法确切知晓范晔对所编传记的最终结论是什么，但在他被处决前写给家人的一封信（可见王先谦《后汉书集解》序言）中，他提到了自己编史的目标。根据那份高度揭示性的文献——中国杰出史料编纂工作中的一个里程碑——范晔所编写的班固和张衡的传记是大体可信的。

---

〔1〕以下两份传记内容主要基于刘宋朝范晔（公元398—446）所编《后汉书》传记部分的班固和张衡的传记信息。班固的故事还参考了其父班彪、其弟班超和其妹班昭的传记，以及班固自撰的《汉书》末篇的《叙传》、《后汉书》涉及班固的其他部分等。张衡的生平主要考自其传记，个别细节是基于现代数学史的研究，如李俨教授（《中国古代数学史料》，上海：中国科学图书仪器公司，1954年）的研究。

〔2〕译者注：西晋建兴元年（313年）因避愍帝司马邺讳，改建邺为建康，东晋亦建都于此。

班固（字孟坚），公元32年生，公元92年卒，出身于一个显赫的官宦家族。从西汉的最后几十年他的家族就开始积累名望。但班固的家族传统其实可以追溯到楚国王室。在秦始皇统治时期，班固的一位先祖去往西北边疆地区做牛羊生意。班固的两位太叔伯在朝中谋官，其中班斿官位显赫，与刘向一同校阅皇家秘书。皇帝让他阅览自己的藏书，使得班家的藏书阁吸引了更多学者远道而来。另一位班氏成员是道家典籍方面的权威。当时班家十分富裕，但后来如何我们不得而知。班斿在王莽开始篡位时"不幸去世"。班固的父亲班彪一直效忠汉王朝，后避战乱至西方。班彪依附的军阀要他协助叛乱，他又投奔了一位忠诚于朝廷的将军。光武帝上台时，班彪被任命为徐州（江苏北部）令，一段时间后因病免官。后来他被召回朝廷，接连担任了一些职务，都不太顺意。他并未取得显赫的地位。班彪于五十二岁死于望都长任上。"官吏百姓都爱戴他"。

当时上层阶级子弟会被选拔出来送进都城上学。班固虽然很聪明，但因为一些不明原因是在家中受的教育。他的父亲一直希望写一部汉史，在这样刻苦治学的氛围中，班固发展了自己的智力。父亲去世后，他继承其编史的志向，但不久就遇到了麻烦。一份报告上达朝廷，称有人私修史书——在当时是需要受惩罚的。他的弟弟班超当时在洛阳，担任文书抄写的工作。班超立即采取措施为哥哥辩明其冤，最终班固被明帝（公元58—75）召唤审讯。明帝不仅对他宽宏大量，还允许他接触皇家档案典籍。

于是光明的职业前景在班固眼前展开。但是，尽管已经三十多岁，班固的官职还只是一个"郎"（等待聘任的预备官），薪资每年只有小几百石[1]。班固的唯一道路就是全力完成汉史的编写。班固是何时开始写作《两都赋》的，我们没有外部证据，但很可能是班固在明帝朝任职期间，在他感受力强的那些年里就开始构思这一主题[2]。章帝第一次统治期间（公元 76—83）的某个时间，他完成了历经二十多年写作的《汉书》，并提交给了皇帝，除了《天文志》[3]。史书得到了肯定，在文人间广受喜爱。但班固没有得到一份更好的职位。皇帝只是又让班固写了一份在白虎观召开的大儒会议的成果纪要。

班固接着就着手写作《两都赋》。此赋何时完成、何时献上还存在争议，但其写作是针对章帝朝廷，这一点是明确的。[4] 这篇赋再次获得了普遍的赞赏，但班固依然没有得到更高的职位。根据史料，他的性格“随和、亲切，不因自己的才华而自视高人一等”，他大概是强颜欢笑。后来章帝皇后的哥哥窦将军带军北伐，带上班固作为幕僚。班固又一次面临灾祸。在窦宪回朝时朝中的敌对势力发作并弹劾了他，班固也同受指责。在打击来临之前，班固家族中一个不守规矩的仆役冒犯了都城的管理者。那人一直在

〔1〕 从贾逵的传记（《后汉书》卷六十六）看出，班固与朝廷核心圈有所往来，他似乎参与了光武帝改革政策的制定（见《东汉会要》卷十二）。他没能获得皇帝明确的批准或许与贾逵的嫉妒有关。

〔2〕 参见班固的《典引》（《文选》卷四十八），与贾逵受明帝诏合作。赋中一些有特点的重点内容在其中已见雏形。

〔3〕《汉书·天文志》在班固去世后由其妹班昭完成。

〔4〕 对这两篇赋的首位大注家李善（公元 689 年卒）以严谨著称，他在此赋的开篇注称，班固“以劝谏的目的献上此赋，和帝十分满意”。和帝于公元 89 年上位时只有十三岁，其辅佐官员不太可能希望收到谏疏，因此这个说法不太可信，尤其是考虑到班固死于公元 92 年。但无论如何，章帝在三十多岁去世，班固写这篇赋的时候原计划应该是呈给章帝的。

等候时机，而当班固面临危机的时候，他就派出官吏截住了班固，把他投进监狱。班固没能等到友人来救援就去世了。史书记载，后来那名管理者受到了训斥，他的一名下属也被惩罚。

班固的长达一百卷的《汉书》使得他的名字家喻户晓，流传千世。今天，尽管现代学术批评十分开放，班固的名声依然高扬。作为对一个时代的概述，《汉书》是史料编辑的科学和艺术成熟的展现。这一部断代史从四个角度对史料进行处理，每一个角度都揭示了所发生的事件。班固并不是粗线条地勾勒，而是详细描绘、准确判断来自国家文献的信息。可以说《汉书》是其他古代文化都不可比拟的智性成就。[1] 本书的架构很大程度上参考了一个半世纪以前司马迁的《史记》，但班固做了许多改进。班固在多大程度上做了本书的整体架构的设想以及他是否撰写了部分内容还存在争议。[2] 这个问题还需要研究，因为班固时不时被学者谴责称揽了所有功劳，称他不孝。考虑到在他之前就有孝子司马迁的榜样，班固不太可能肆意抹除其父

---

〔1〕 为了让西方史学家了解《汉书》在史料编纂上的成就，我列出本书的大要：第一部分（十二篇）：逐年记录十二位皇帝的主要事迹、年代背景和重大决策等。第二部分（八篇）：包含皇家子弟、贵族位阶、历任官职、伟大人物（分为九个等级）的列表。第三部分（十篇）：礼乐、律历、天文、郊祀、沟洫、食货、地理（灌溉系统等）、五行、艺文（皇家秘书目录）。第四部分（一百七十篇）：汉代二百四十位王公贵族及其他各类名人的传记或简介，包括著名文人。这部分还包括“儒林传”（二十七位著名的教师）、“循吏传”（六篇）、“酷吏传”（十二篇）、“货殖传”（十一篇）、“游侠传”（七篇）、“佞幸传”（七篇），还涉及周边的蛮夷部落、诸位皇后、篡位者王莽，涉及了班固家族的许多方面、学术的发展、本书的整体设计等。

〔2〕 见 H. H. Dubs，*History of the Former Han Dynasty*，vols. 1 & 2（Baltimore，1938，1944），书中多处可见。

在著作中的痕迹。

班固在文学大家中间也享有盛名。根据范晔的说法，“班固的作品在当时有四十一篇留存”。《文选》[1] 中选入的几篇班固作品，包括宴会上的谈笑内容，表现出东汉时期文学样式的优美。但班固最杰出的诗赋成就是《两都赋》。他承袭了司马相如（公元前 179—公元前 117）[2] 开创的做法，将赋这种体裁从抒情转变成对物的描述，尤其是对大规模的事物的关注，而不是对神秘、微小的事物的叙写。在长度上班固的《两都赋》就超过了此前任何一篇赋。这篇赋的特点还在于使用了戏中人物（dramatis personae），这种手法司马相如是用来表现反讽和风趣的。《文选》中所录班固的《典引》（卷四十八）的序言和颂词对我来说很具有揭示性，生动表现出班固仰仗明帝恩惠的心情。

张衡（字平子）生于公元 78 年，卒于公元 139 年。他出身于现今河南南部的一个乡土家族。张衡祖父在西汉的最后两年曾任蜀郡（四川成都）太守，此外张衡家族就没有什么显赫的记录了。家里想必有些途径，因为张衡被送往都城读书。张衡按时毕业，举为孝廉（字面意思是孝顺且正直）。他没有寻求官职，反而回家治学。他不善言辞。和天象有关的数学是他的特长。最后他发明了一种新式浑天仪，绘制了一张详细清晰的天文图表。哲学上他崇尚扬雄（公元前 53—公元 18）的《玄经》，将其视为与“五

〔1〕 萧统于 6 世纪编纂的著名诗文集。

〔2〕 译者注：依据《辞海》（第七版），司马相如的生卒年为约公元前 179 年至公元前 118 年。

经”同等地位。张衡的技术能力展现在多个方面，他做了一个飞行器，可以腾空而起，但是在空中停留不了太久。公元132年他发明了一个地动仪，能够记录下人体难以感知的地震传来的方向。

闲居的这些年，他有感于班固的《两都赋》，仿作了《二京赋》，共花费十年时间。此赋献上时都还没有人知道。很难相信他是在一条与他才华相符的仕途正展现在他面前的时候写作了这篇赋。那是在安帝统治时期（公元107—125）的某个不确定的时间，大约是安帝二十岁或者二十多岁时，他召见了张衡，拜他为郎中，后又任命他做太史令，管理天文气象事件的记录。差不多在年轻的安帝去世的时候，这份任期结束了〔1〕。很可能正是在这个时候张衡完成了《二京赋》，并将其献给顺帝（公元126—144）。〔2〕顺帝“再次调动了他的职位”，恢复了太史令的官职。张衡发现自己和掌权的官员不和，于是离开职位五年。他对于纬书〔3〕中的世俗迷信倾向十分不屑，在一份呈交给顺帝的文书中直言不讳地表达了自己的观点。但他却成了皇帝的侍中，担任亲信秘书。宦官担心张衡向皇帝说不利他们的言论，于是诽谤中伤他。这使得他心灰意冷，

〔1〕没有记载表明他卸任的时间和地点，也不知道他是否归家。

〔2〕张衡直到二十岁出头才任官。根据传记，他花费了十年创作《二京赋》，因此写作完成的时间就应该在安帝任期之中，也就是公元120年左右。差不多这个时候一辆马车被派来接他去首都。邓太后死于121年。长安赋中的某些片段想必是很难被这位冷峻拘礼的太后所接受的。这两篇赋应该主要是但并非全部是在张衡闲居期间完成的，那时他已经通过科学研究拓展了心智。此外，洛阳赋显示出他对于朝中风气逐渐堕落的深刻了解，这说明写作这些内容时他已经在朝几年了。

〔3〕对“五经”做的不足凭信的补充，主要在汉代写作的。

创作了《思玄赋》[1]，在写作中抒发情绪。而皇帝对他的信任显然并未减少。

公元136年，张衡拜河间相。河间王骄奢淫逸，使得当地许多豪强之家不遵法纪。张衡到任后，雷厉风行治理，囚禁了一批主犯。他严整法纪，上下肃然，但张衡感到年事已高，请求辞职归家。他被征召回洛阳，拜为尚书，不久去世，享年六十二岁（按西方算法六十一岁）。

根据传记，张衡有三十二篇作品：诗、赋、铭文等种类繁多。这些作品中有相当一部分留存至今，其中一些科学论著可见于严可均的《全汉文》[2]。他有一篇为《周礼》作的注却没有流传下来。张衡原计划注释《易经》，还希望能够获得皇帝的允许，续写前朝的官史。这些计划都落空了。他的作品中，最受后人珍视的是《二京赋》，在《文选》中以几乎完美的文本形态保存了下来，《思玄赋》也是一样。张衡作为一位科学写作者同样受到许多相关领域专家的关注。直到近三十年，张衡才以其杰出的成就被视作中国早期真正的科学家之一，或许还是最重要的一位。

---

〔1〕《思玄赋》的内部证据让人对张衡传记中记载的创作时间的准确性产生怀疑。此赋似乎展现出了促使张衡辞官退休的心境。那是在顺帝统治更早期的情况。此赋的以下特征十分重要：(1）此赋模仿屈原（公元前3世纪）的《离骚》。(2）张衡和屈原一样采用了想象在天地遨游的旅程的写法。(3）在各自的赋中，屈原在天门前被阻止，而张衡则被迎入了天门，获得快慰。(4）屈赋在绝望中收尾，而赋中的张衡在学术中找到了宁静和灵感。另一种可能是，安帝统治后期，张衡不知该选择哪条道路，最后选择辞官。这样可以解释传记中对于他任期结束的离奇记载。但同时，这样的解释就和传中记载的日期不符。

〔2〕《全汉文》中收录张衡9篇赋，有些超过1000字。对于科学著作，我无法给出评价，读者可以参考李约瑟博士和王玲博士的《中华科学文明史》。

《两都赋》《二京赋》是本研究的灵魂核心，书中选用的文本为《四部丛刊》的《文选》版本。对于版本异同的处理，我使用的是顾广圻（1776—1835）为胡克家本《文选》（1809）做的考异。

第三章

班固《西都赋》[1]

序	
一种观点认为，赋是从古代的诗歌流传下来的。 在［周朝］[2] 那早些时候……皇家的虚假仪式支撑到了尽头，人们就不再写诗了。[3] 汉朝初创时期，没人有闲暇写作精美的文章，但到武帝时期和后来的宣帝时期，人们开始崇尚礼乐和文学的成就。普通人对此感到很高兴。皇家祭祀典礼上歌唱著名的歌曲（列举了四首）；统治年号也以具有吉祥	或曰："赋者，古诗之流也。"昔成、康没而颂声寝，王泽竭而诗不作。大汉初定，日不暇给。至于武、宣之世，乃崇礼官，考文章。内设金马、石渠之署，外兴乐府、协律之事，以兴废继绝，润色鸿业。是以众庶说豫，福应尤盛，《白麟》《赤雁》《芝房》《宝鼎》之歌，荐

[1] 译者注：本书第三章至第六章均为双栏排列。左边一栏是对原著的翻译，更多的是尊重原著的直译，具体可参考附录部分的英文原文。右边一栏则是原赋文，以《四部丛刊·集部·六臣注文选》（影印上海涵芬楼藏宋刊本，上海：商务印书馆，1919 年）为依据。英文原文非逐字地完整翻译原赋文。

[2] 译者注：原书"［ ］"表示对赋文内容的补充，本书保留了这一格式。

[3] 第三至第六章中缩进的段落是对赋文的直接翻译；其余未缩进的段落则为总结和概括。译者注：原书缩进段落在本书中以楷体呈现。同时，作者修中诚主张赋是诗而非散文，所以在《西都赋》《二京赋》的风格体式上做了诗化的处理，采用了段落区分的技法，具体请见附录部分的体例格式。译者在翻译时，保留了这种换行、分段的排列体式。

续表

序	
兆头的诗歌对象起名。 因而皇帝的臣子中具有文采的人就对他很有帮助，如司马相如……（列举了六人），他们从早到晚进行辩论和思考，给皇帝呈献［作品］；而重要的国家官员，如皇家档案员倪宽……（及其他四人）时不时进行创作。 一些人成了群众情绪的上达渠道，从而发表一些讽谏的言论；另一些人在外面宣传皇帝的德行，从而完善了自身的忠诚和孝道。 其中有些和《诗经》中的篇章一样对子孙后代有重要意义。于是成帝统治时期，这些今人的写作就“被评估和辑录，呈给皇帝的篇章超过一千篇”。大汉文学的成就建立了起来，其名声“可以和夏、殷、周媲美”。 此外，尽管道和学术有各自的变迁，但德行建立的原则是不变的。 探索远古时期，是这样的；观察汉朝统治，也是如此。 尽管这件事［赋的写作］可能并不重要，但汉朝新立的文学模式和	于郊庙。神雀、五凤、甘露、黄龙之瑞，以为年纪。 故言语侍从之臣，若司马相如、虞丘寿王、东方朔、枚皋、王褒、刘向之属，朝夕论思，日月献纳。而公卿大臣御史大夫倪宽、太常孔臧、太中大夫董仲舒、宗正刘德、太子太傅萧望之等，时时间作。或以杼下情而通讽谕，或以宣上德而尽忠孝，雍容揄扬，著于后嗣，抑亦《雅》《颂》之亚也，故孝成之世，论而录之。盖奏御者千有余篇，而后大汉之文章，炳焉与三代同风。 且夫道有夷隆，学有粗密，因时而建德者，不以远近易则，故皋陶歌虞，奚斯颂鲁，同见采于孔氏，列于《诗》《书》，其义一也。稽之上古则如彼，考之汉室又如此。斯事虽细，然先臣之旧式，国家之遗

续表

序	
过去的文学模式都不应该被丢弃。 您的臣子观察到，目前各方和平，首都洛阳内外有广阔的建筑和种种装饰，但在西边依然有些老人不满这些发展。他们吹嘘长安的古老制度设施，诋毁洛阳城。因此我作了关于两座都城的赋，希望揭示这些人思想中的错误，用现今出色的法度来挫败他们。以下是赋的词句内容：	美，不可阙也。臣窃见海内清平，朝廷无事，京师修宫室，浚城隍而起苑囿，以备制度。西土耆老，感怀怨思，冀上之眷顾，而盛称长安旧制，有陋洛邑之议。故臣作《两都赋》，以极众人之所眩曜，折以今之法度，辞曰：
（一）赋中人物介绍	
有一位从西都来的客人问他的东都主人："我听说，大汉初创时，原本要以洛阳为都城： 然而他们止步不前，在西边建立了都城。 我的主人，您听过这件事的依据吗？您是否考察过长安的情况和体制？" 主人说："我没有听过。我请您阐发您珍藏的回忆，发表您的感受与对过去的思考： 用大道［的知识］使我充实，用汉代的［前］都城［的荣光］拓展我的视野。"	有西都宾问于东都主人曰："盖闻皇汉之初经营也，尝有意乎都河洛矣。辍而弗康，寔用西迁，作我上都。主人闻其故而睹其制乎？"主人曰："未也。愿宾摅怀旧之蓄念，发思古之幽情，博我以皇道，弘我以汉京。"

续表

(二) 地势与地理	
客人首先描述了长安的地势，长安毗邻的领土，东西的山脉，三条穿流而过的河流——黄河、泾河和渭河。长安的土地是西北地区最肥沃的，也没有外来袭击的侵扰：“天地之间杰出的地方。”周朝圣王选择在这里进行统治，于是周朝像龙一样兴起。秦朝（专制君主）在这里像老虎一样（对猎物）虎视眈眈。接着汉朝建立了， 天和人在这里和谐共处，展现了皇家的智慧：…… ……眷顾延伸到西边，就在这里，都城建立了起来。 接下来十二个王朝相继在此繁荣，与之相伴的是奢侈的政府开支。	汉之西都，在于雍州，寔曰长安。左据函谷、二崤之阻，表以太华、终南之山。右界褒斜、陇首之险，带以洪河、泾、渭之川。众流之隈，汧涌其西。华实之毛，则九州之上腴焉。防御之阻，则天地之隩区焉。是故横被六合，三成帝畿，周以龙兴，秦以虎视。及至大汉受命而都之也，仰悟东井之精，俯协《河图》之灵。奉春建策，留侯演成。天人合应，以发皇明，乃眷西顾，寔惟作京。于是睎秦岭，睋北阜，挟沣灞，据龙首。图皇基于亿载，度宏规而大起。肇自高而终平，世增饰以崇丽。历十二之延祚，故穷泰而极侈。
(三) 都城及其周边	
城墙［像］是铁做的，跨度有一万雉[1]；环绕的壕沟像深渊那样深。	建金城之万雉，呀周池而成渊。披三条之广路，立

[1] 译者注：“雉”是古代城墙面积的计量单位。长三丈高一丈为一雉。这里的“万雉”为虚指。

续表

(三) 都城及其周边	
三条大道铺设开去，十二座出入的大门建立了起来。 里面是街道和交叉路，防卫门有一千扇。 九个市场开放了，各类商货在其中有序陈列。 [皇帝因为十分崇高而] 人们无法见到，车驾 [太多] 弯都转不过来。 城里满是人，都挤到郊外去了，道路两边有一百家商铺：…… 红色的尘土四处扬起，[火的] 烟连成云。 人口如此众多，人民如此富庶，生活无比愉快…… 为人卖命的武士看起来像王公伯爵一样，商女比大家小姐打扮得还华丽。	十二之通门。内则街衢洞达，闾阎且千，九市开场，货别隧分。人不得顾，车不得旋，阗城溢郭，旁流百廛。红尘四合，烟云相连。于是既庶且富，娱乐无疆。都人士女，殊异乎五方。游士拟于公侯，列肆侈于姬姜。乡曲豪举，游侠之雄，节慕原、常，名亚春、陵。连交合众，骋骛乎其中。
城市近郊的广阔地区居住着贵族，在那里可以看见丝制的流苏和（王公的）冠冕，马车的遮篷像天上的云那样厚。更特别的是，皇家陵园附近是高级省级官员和五省省会贸易带富的商人的居所。这是皇家政策的一个设计："强壮树干，削弱分枝。"	若乃观其四郊，浮游近县，则南望杜、霸，北眺五陵。名都对郭，邑居相承。英俊之域，绂冕所兴。冠盖如云，七相五公。与乎州郡之豪杰，五都之货殖，三选七迁，充奉陵邑。盖以强干弱枝，隆上都而观万国。

续表

（四）皇家领土	
在近郊更远处，皇家领土绵延千里，南边有着高耸的山丘、森林和成荫的山谷，还有蓝田和其中美丽的玉石。水流充足，因此那里有果园，还种着甘甜的药草和芳香的花木。北边有九嵕，紧挨着的是甘泉（甜水之泉）溪谷，里面建有灵宫。还有郑、白[1]（设计）的灌溉水渠，是（百姓的）衣食来源，以及五万块划定的可耕土地，里面种着大量的五谷桑麻。东边更宽阔的运河承载着船只，将渭河和黄河连接起来，串起山脉、湖泊，最后将河水和海水的波涛融合为一。西边则有皇家狩猎园囿和围起的游乐园，里面是鱼塘、低洼的未经开发的土地，总共有三十六座用于皇家娱乐的各类建筑，整片地域方圆四百多里。在这里能看到来自九真（安南）的麒麟，来自大宛的（一种名贵血统的）马，来自黄支（注家称为三千里外的地名）的犀牛，来自条支的鸟。还有来自距昆仑山（北喜马拉雅山）和大海三万里以外的异国的奇珍异物。	封畿之内，厥土千里，卓荦诸夏，兼其所有。其阳则崇山隐天，幽林穹谷，陆海珍藏，蓝田美玉。商、洛缘其隈，鄠、杜滨其足，源泉灌注，陂池交属。竹林果园，芳草甘木，郊野之富，号为近蜀。其阴则冠以九嵕，陪以甘泉，乃有灵宫起乎其中。秦汉之所极观，渊云之所颂叹，于是乎存焉。下有郑、白之沃，衣食之源。提封五万，疆埸绮分，沟塍刻镂，原隰龙鳞，决渠降雨，荷插成云。五谷垂颖，桑麻铺棻。东郊则有通沟大漕，溃渭洞河，泛舟山东，控引淮湖，与海通波。西郊则有上囿禁苑，林麓薮泽，陂池连乎蜀汉，缭以周墙，四百余里。离宫别馆，三十六所。神池灵沼，往往而在。其中乃有九真之麟，

[1] 译者注：这里的“郑、白”分别指郑国、白公。

续表

（四）皇家领土	
	大宛之马，黄支之犀，条枝之鸟。逾昆仑，越巨海，殊方异类，至于三万里。
（五）皇帝个人居所	
皇家宫殿的形体被塑造成天地的象征，其交错的线条与阴阳一致。 这些宫殿坐落的方式完全符合土地的精神［流溢］，仿照太微和紫微［星座］的方圆。 带有装饰的门楼高耸入天，山丘顶上矗立着朱红色的殿堂。 椽子由珍稀材料做成，形状像龙翼。梁柱的基座是玉制的，相互交错的颜色熠熠生辉。 宫殿建在山丘上，入口有三重阶，最上重有栏杆。殿内各房是互通的，由或大或小的门相互贯通。中庭有带有雕刻装饰的柱子，大门两侧有一排排金属人像。还有其他独立的宫室、寝屋、观景楼等散布在山顶周围：清凉亭、公告堂、（冬）暖阁、神仙亭……无法详细讨论……到处都有休憩或宴会的场所。	其宫室也，体象乎天地，经纬乎阴阳。据坤灵之正位，放太紫之圆方。树中天之华阙，丰冠山之朱堂。因瑰材而究奇，抗应龙之虹梁。列棼橑以布翼，荷栋桴而高骧。雕玉瑱以居楹，裁金壁以饰珰。发五色之渥彩，光焰朗以景彰。于是左墄右平，重轩三阶。闺房周通，门闼洞开。列钟虡于中庭，立金人于端闱。仍增崖而衡阈，临峻路而启扉。徇以离宫别寝，承以崇台闲馆，焕若列宿，紫宫是环。清凉、宣温、神仙、长年、金华、玉堂、白虎、麒麟，区宇若兹，不可殚论。增盘崔嵬，登降炤烂，殊形诡制，每各异观。乘茵步辇，惟所息宴。

续表

(六) 后宫	
后宫（女人的居所）首先由两大建筑组成，一是皇后的居所，一是第一层级的妃嫔的居所；接着是合欢、增城……（列举共十二座建筑）；成帝时建的昭阳宫特别精美，屋宇不露栋梁，墙壁不现原墙，表面覆盖着刺绣的丝绸挂件。珍珠、黄金、玉盘、翠羽、奇石装饰在墙壁上。殿堂闪耀着珍奇玉石、珊瑚宝树的光辉。淑女们的红丝袖在微风中飘动，绣着花的丝衣各色各样……如同女神。这些宫殿共有十四种等级，里面住了数以百计的嫔妃。	后宫则有掖庭、椒房，后妃之室。合欢、增城、安处、常宁、茝若、椒风、披香、发越、兰林、蕙草、鸳鸾、飞翔之列，昭阳特盛，隆于孝成。屋不呈材，墙不露形。裛以藻绣，络以纶连。随侯明月，错落其间。金釭衔璧，是为列钱。翡翠火齐，流耀含英。悬黎垂棘，夜光在焉。于是玄墀扣砌，玉阶彤庭，碝磩彩致，琳珉青荧，珊瑚碧树，周阿而生。红罗飒纚，绮组缤纷。精曜华爥，俯仰如神。后宫之号，十有四位。窈窕繁华，更盛迭贵。处乎斯列者，盖以百数。
(七) 行政办公处、档案馆及其他建筑	
左右两侧是百官的场所： 在那里，萧［何］、曹［参］、魏［相］、邴［吉］［这些著名的政治家］为皇帝制定政策。 他们强化［天赐的］王命，传承	左右庭中，朝堂百寮之位，萧、曹、魏、邴，谋谟乎其上。佐命则垂统，辅翼则成化。流大汉之恺悌，荡亡秦之毒螫。故令斯

续表

（七）行政办公处、档案馆及其他建筑	
帝王的统治，为政府提供羽翼，从而［为百姓］缔造文明，传播大汉的崇高，清除已经倒塌的秦朝的毒刺。 这使得［这座城里的］人民唱出和谐的乐声，创作了“画一”之歌。 他们的功绩和德行在创业的皇帝那里闪耀，他们恩惠的膏泽灌注给了民众。 又有天禄阁、石渠阁［建筑］，是存放档案的地方，德高望重的长者在那里谆谆教导，著名的大儒和学者被任命在此处讲解和讨论“经”（scriptures）［字面上是“六门艺术”］〔1〕，审视并校勘异同。 还有承明庐、金马门，是创作的地方，优秀的诗人和有洞察力的人在那里聚集。 他们追寻事物的根本，用尽了［他们］观察［的力量］，充分满足了［他们］聆听［的力量］，他们开展篇章的写作，比较、规范古奥的辞令。	人扬乐和之声，作画一之歌。功德著乎祖宗，膏泽洽乎黎庶。又有天禄、石渠，典籍之府。命夫惇诲故老，名儒师傅，讲论乎六艺，稽合乎同异。又有承明、金马，著作之庭。大雅宏达，于兹为群。元元本本，殚见洽闻。启发篇章，校理秘文。

〔1〕译者注：这里的“scriptures”应该指的是“六经”。汉儒习惯以“六艺”代称“六经”。

续表

<table>
<tr><th colspan="2">（七）行政办公处、档案馆及其他建筑</th></tr>
<tr><td>这些建筑周围是朝廷的其他职能部门。
在这里聚集着礼乐部门的官员，他们都在考试中名列前茅，是百郡中的正直、孝顺之人。［还有］卫兵、管理衣服的人、管理宦官的人、守门者、守卫皇座的持戟之兵——百种官位，各有其指定的责任。
宫廷宿卫的庐舍有上千排，巡逻兵往来遍布；皇帝行车的路线经过精心设计；飞阁从未央宫通过明光殿（提交奏章的地方）连接到长乐宫，又从那里越过西城墙连到外面的建章宫。</td><td>周以钩陈之位，卫以严更之署，总礼官之甲科，群百郡之廉孝。虎贲赘衣，阉尹阍寺。陛戟百重，各有典司。周庐千列，徼道绮错。辇路经营，修除飞阁。自未央而连桂宫，北弥明光而亘长乐。凌蹬道而超西墉，掍建章而连外属。</td></tr>
<tr><th colspan="2">（八）建章宫及其附属建筑</th></tr>
<tr><td>赋的叙述没有明确的段落，但韵律和句子长短的变化标志着叙述的发展变化。
建章宫的修建既注重艺术技巧又注重祥瑞的寓意。宫殿有一千扇门，一万扇窗子，窗子有可以开关的遮挡板。主殿的屋顶高耸，横梁层层叠加，比未央宫还高。主殿与其他三座大殿以及天梁殿设计得很巧妙，可以很好地采纳日光。相连的露台高耸入</td><td>设璧门之凤阙，上觚棱而栖金爵。内则别风之嶕峣，眇丽巧而耸擢，张千门而立万户，顺阴阳以开阖。尔乃正殿崔嵬，层构厥高，临乎未央。经骀荡而出馺娑，洞枍诣以与天梁。上反宇以盖戴，激日景而纳光。神明郁其特起，遂偃蹇而上跻。轶云雨</td></tr>
</table>

续表

（八）建章宫及其附属建筑	
云，即使是再敏捷的人也会目瞪口呆，不敢登楼。井干楼也是一样： ……还没爬到井干楼的一半，眼神就飘忽，注意力就分散。 抓不住栏杆，失去支撑，几乎要一头栽下去，但克制住了。 因为失去距离［感］，精神混乱，徘徊着一步步下到底部。 假如克服着恐惧上到楼顶，要沿着漆黑的螺旋阶梯下楼也是骇人的。 前后两湖的湖中有三个岛［岛名有神仙的含义］。 这里长着不死的、冬天开花的植物，还有丛生的神木：岩石参差、悬崖峭壁，金属和石头构成壮观的景象。 仙人［的神像］放置在高过人顶的金属柱上，手里拿着碗承接露水：穿越［尘世的］污垢去获取纯净、透明之气［物理-精神宇宙的组成气体或本质］的清澈灵液。 他［皇帝］着迷于文成空洞的冗辞，乘着五利制定的信条：他愿与［赤］松［子］和［王子］乔［传说中的巫师仙人］等人结伴，他们时	于太半，虹霓回带于棼楣。虽轻迅与僄狡，犹愕眙而不能阶。攀井干而未半，目眩转而意迷，舍棂槛而却倚，若颠坠而复稽，魂怳怳以失度，巡回途而下低，既惩惧于登望，降周流以彷徨。步甬道以萦纡，又杳窱而不见阳。排飞闼而上出，若游目于天表，似无依而洋洋。前唐中而后太液，览沧海之汤汤。扬波涛于碣石，激神岳之嶈嶈。 滥瀛洲与方壶，蓬莱起乎中央。于是灵草冬荣，神木丛生。岩峻崷崒，金石峥嵘。抗仙掌以承露，擢双立之金茎，轶埃壒之混浊，鲜颢气之清英。骋文成之丕诞，驰五利之所刑。庶松乔之群类，时游从乎斯庭。实列仙之攸馆，非吾人之所宁。

续表

(八) 建章宫及其附属建筑	
不时在庭中与他作伴。 一处仙人的住所——这不是我们凡人可以找到安宁的地方。	
(九) 皇家狩猎	
接着是阅兵的壮观场景，在狩猎园囿中进行军事展示，对于威吓外邦有作用。皇帝下令之后，就开始做标记，赶猎物的人将鸟兽驱赶往做好标记的方向，军队包围这些地区。皇帝及其侍从官员乘车来到准备好的临时居所，在那里，六队狩猎士兵开始最后的围猎。他们用雷鸣般的轰击和闪电一样的亮光威吓猎物；山丘和池塘都在这过程中一扫而空。接着，屠杀开始了：士兵及其长官挥舞着弓箭、矛头、刀剑，羽毛像一阵风，血点像一阵雨，覆盖了地面，遮蔽了天空。熟练的猎人们以非凡的勇敢亲手杀死了暴怒的虎、犀。狮、熊、象都被网网住。草地和树林间什么也没剩下，鸟兽被杀戮殆尽。	尔乃盛娱游之壮观，奋太武乎上囿。因兹以威戎夸狄，耀威灵而讲武事。命荆州使起鸟，诏梁野而驱兽。毛群内阗，飞羽上覆，接翼侧足，集禁林而屯聚。水衡虞人，修其营表。种别群分，部曲有署。罘网连纮，笼山络野。列卒周匝，星罗云布。于是乘鸾舆，备法驾，帅群臣，披飞廉，入苑门。遂绕酆鄗，历上兰。六师发逐，百兽骇殚，震震爚爚，雷奔电激，草木涂地，山渊反覆。蹂躏其十二三，乃拗怒而少息。尔乃期门佽飞，列刃攒镞，要趹追踪。鸟惊触丝，兽骇值锋。机不虚掎，弦不再控。矢不单杀，中必叠双。飑飑纷纷，

续表

（九）皇家狩猎	
	矰缴相缠。风毛雨血，洒野蔽天。平原赤，勇士厉。猨狖失木，豺狼慑窜。尔乃移师趋险，并蹈潜秽。穷虎奔突，狂兕触蹶。许少施巧，秦成力折。掎僄狡，扼猛噬。脱角挫脰，徒搏独杀。挟师豹，拖熊螭。曳犀牦，顿象罴。超洞壑，越峻崖。蹶崭岩，巨石颓。松柏仆，丛林摧。草木无余，禽兽殄夷。
（十）狩猎之后	
接着皇帝登上属玉馆，从那里观览军队的战利品——大量堆积的被猎杀物。他询问了哪些人立功最多，为他们颁发奖励。供应的食物和酒车接着抵达了，大家举杯痛饮，接着把刚杀的猎物用火把烤熟。宴饮之后人们放松享乐，一些人倚靠着昆明湖畔的遮阴大树和芳香植物。那里可以看到珍稀的鸟类（列举了八个种类名），它们就像云一样聚集，又像雾一样散开。 与此同时，后宫佳丽乘坐着马车	于是天子乃登属玉之馆，历长杨之榭。览山川之体势，观三军之杀获。原野萧条，目极四裔。禽相镇压，兽相枕藉。然后收禽会众，论功赐胙。陈轻骑以行炰，腾酒车以斟酌。割鲜野食，举烽命爵。飨赐毕，劳逸齐，大辂鸣銮，容与徘徊。集乎豫章之宇，临乎昆明之池。左牵牛而右织女，似云汉之

续表

（十）狩猎之后	
来到，开始在装饰华丽的龙形游艇上嬉戏，像风一样漂浮，然后又分别进入四周的几百座宫殿中。食物供应充足，节日的气氛依然在继续。最后大家祭拜天上和地上的神灵，所有人唱着各样的歌曲回程了。	无涯。茂树荫蔚，芳草被堤。兰茝发色，晔晔猗猗。若摛锦与布绣，爥耀乎其陂。鸟则玄鹤白鹭，黄鹄䴔䴖，鸧鸹鸨鶂，凫鹥鸿雁。朝发河海，夕宿江汉。沉浮往来，云集雾散。于是后宫乘輚辂，登龙舟。张凤盖，建华旗。祛黼帷，镜清流。靡微风，澹淡浮。棹女讴，鼓吹震，声激越，謍厉天，鸟群翔，鱼窥渊。招白鹇，下双鹄。揄文竿，出比目。抚鸿罿，御矰缴，方舟并骛，俯仰极乐。遂乃风举云摇，浮游溥览。前乘秦岭，后越九嵕，东薄河华，西涉岐雍。宫馆所历，百有余区。行所朝夕，储不改供。礼上下而接山川，究休佑之所用。采游童之欢谣，第从臣之嘉颂。

续表

（十一）西都宾总结陈词	
整个时期，各郡首府彼此相望，乡邑互相连接；国家的管辖依赖于数十代的基业，家族传承着百年的遗产；士人依靠祖先的［字面上是“古老的”］德望谋生，农人在长久耕作的灌溉田里劳作；商人贩卖的东西是他们家族几代人一直在销售的，工匠使用的圆规和方矩是父辈们传下来的。 一切都生机勃勃、富足丰盈：人人都在其正确的位置上！ 像我这样一个微末之人，在一片古老的废墟中寻找遗迹，聆听老者讲故事，得到的不足十分之一，实在无法呈现完整［的图景］。	于斯之时，都都相望，邑邑相属。国籍十世之基，家承百年之业，士食旧德之名氏，农服先畴之畎亩，商修族世之所鬻，工用高曾之规矩。粲乎隐隐，各得其所。若臣者徒观迹于旧墟，闻之乎故老，十分而未得其一端，故不能遍举也。

附录一 PAN KU'S "*FU* ON THE WESTERN CAPITAL"〔1〕

Preface

One opinion is that the *fu* has come down from the poetry of antiquity.

In the old days [of Chou]... when the royal unction was exhausted, *shih* [songs] were not composed.*

In Han times at first no one had leisure for good writing, but in Emperor Wu's time and then Emperor Hsüan's there came a new respect for ritual and music and for the achievement of literary excellence. In this the common people took delight. Famous songs (four specified) were sung at the imperial sacrifices; reign years were named after poetic objects of happy augury.

The result was that those servants of the Emperor of the

〔1〕 译者注：本书附录部分（附录一至附录四）是对原著第三章至第六章（Chapters Ⅲ－Ⅵ）完整的摘录，保留了原著的体例范式。

* *Note to the Reader*: In Chapters III－VI the indented material is direct translation from the four *fu*; the remainder, set full width, is summary and paraphrase.

> kind whose powers of language were of assistance to him, Ssŭ-ma Hsiang-ju and ...[six others specified], morning and evening debated and took thought, daily and monthly made offerings [of compositions]; whilst great officers of state, Imperial Archivist Ni K'uan and... [four others specified] from time to time composed.
>
> There were those who made themselves channels of popular feeling, and so communicated satirical remarks, others who published abroad the emperor's *virtus* and thus perfected their loyalty and filial piety.

Here was something of like significance for posterity as the songs in the "Odes." Consequently in Emperor Ch'eng's reign these modern compositions "were assessed and entered up, and of those presented to the throne there were over a thousand pieces." The brilliance of Great Han's literature thus became evident, "equal in repute to that of Hsia, Yin and Chou."

> To go further, although both the Way and scholarship have their vicissitudes, yet the principles by which Virtus is established do not vary.
>
> Explore high antiquity and it was like that, examine the Han House and it was like this.

Unimportant though this matter (of *fu* writing) may be, yet the new Han as well as the old literary models ought not to be lost.

Your servant has observed that with peace on all sides and extensive buildings and embellishments in and around the capital, Loyang, there are still old men in the West who resent these developments. They boast of the ancient institutions of Ch'ang-an, aiming to disparage the city of Loyang. Consequently I have composed these *fu* poems on the Two Capitals in order to expose the errors in these men's minds and to confound them by the beautiful ordinances of the present. The wording of the *fu* is as follows:

1. Introduction of the Dramatis Personae

There was a guest from the Western Capital who asked his Eastern Capital host saying: "I have heard that at the beginning of August Han when plans were made, the purpose was to make Loyang the capital:

that then they stopped and went no further, going west and building our Supreme Capital there.

Have you, my host, heard of the ground for this, and have you ever surveyed the state and order of Ch'ang-an?"

The host said: "I have not. I pray you, set forth your store of cherished recollections, disclose your hidden feelings with their thoughts of the past:

enrich me with [knowledge of] the August Way, broaden me with [the glories of] the [former] capital of Han."

2. The Topography and Geography of the Site

The guest then describes first the topographical position of Ch'ang-an and its adjacent territory with mountains guarding it to the east and west, girdled by three rivers, the Yellow River, the Ching, and the Wei. Thus the site was fertile beyond all other sites in that northwestern region, and at the same time it was safe from outside assault: "Heaven and Earth's outstanding site." The Chou Sage-Kings elected to rule from here and so emerged like the dragon; and here the Ch'in (tyrant) gloated like a tiger (over its prey). Then, following the founding of the Han dynasty,

> Heaven and man being here in responsive harmony, royal intelligence was displayed:...
>
> ...favor was extended to the West, here in very truth the capital was built.

There followed the continuous prosperity of twelve successive reigns. Along with that went lavish government expenditure.

3. The City and Its Suburbs

> The walls were [as] of iron, a myriad spans in extent; the encircling moat dug deep as an abyss.
>
> Three stretches of highway were laid out, twelve gates of ingress and egress were erected.
>
> Within were the streets and cross-streets, the ward gates numbered a thousand.
>
> Nine market places were opened, the merchandise displayed, kind by kind in ordered rows.
>
> [The throng was so great] men could not face about, the carriages [so many] they could not make a turn.
>
> The town was so full that it overflowed into the suburbs,

with a hundred stores on either side:...

The red dust rising everywhere, the smoke [of the fires] linking in clouds.

Thus numerous and thus rich was the populace, its gaiety without limit...

Its knights for hire looked like dukes and marquises, its shopgirls more sumptuous than great ladies.

In the spacious environs of the city were the quarters for the aristocracy, and there silken tassels and (princes') crowns were to be seen, and carriage canopies were as thick as clouds in the sky. More especially was this so near the imperial tombs where high provincial dignitaries and the merchants enriched by the trade of five provincial capitals had their residences. This was a device of imperial policy: "to strengthen the trunk and weaken the branches."

4. The Imperial Demesne

Beyond the city's environs lay the imperial demesne of a thousand *li* with its soaring hills, its forests and shady valleys to the south, with Lan T'ien and its beautiful jade. Water was abundant, so there were fruit orchards and plantings of sweet-smelling herbs and fragrant flowers. To the north were the Nine Peaks, partnered by the Dale of Kan Ch'üan ("Sweet Water Spring") with its spirit-inspired palace buildings (*ling kung*). There also were the irrigation canals (engineered) by Cheng and Po, sources of clothing and food (for the people), and fifty thousand marked-out plots of arable land in which were grown the five cereals and mulberry trees and hemp in abundance.To the east were larger canals carrying boats, linking up with the Wei and Yellow rivers,and so threading the mountain ranges and lakes and finally mingling their waters with the waves of the sea. To the west was the imperial hunting park together with enclosed pleasances,with fishponds and stretches of uncultivated low-lying lands, containing in all thirty-six buildings of one sort and another for the entertainment of the court,the whole area being more than four hundred *li* in circumference.Here were to be seen unicorns from Chiu Chen (Annam),horses (of a famous breed) from Ferghana,rhinoceroses from Huang Chih (three thousand *li* away, say the commentators), and birds from T'iao Chih; and strange species from outlandish countries thirty thousand *li* away beyond the K'un Lun Mountains (Northen Himalayas) and the great ocean.

5. The Emperor's Personal Dwelling-Places

The buildings of the imperial palace in their formation were made symbols of the heavens and the earth, their cross-lines in keeping with the Yin and the Yang.

They were situated to conform exactly to spirit [emanations] from the earth, patterned after the round and the square of the T'ai Wei and Tzŭ Wei [constellations].

Here were ornate gate-towers reaching up into the sky, here crowning the hill were the vermilion-coloured halls.

Built of rare materials, its rafters were shaped like dragons' pinions,its pillars had bases constructed of jade,the rich interlacing of colors making an impression of luminous splendor.

The palace being on a hill,the approach was by three flights of steps with balustrading at the top. Within, the rooms communicated, having either large or small doors to give access.There were sculptured pillars in the central court and rows of metal statues of men at both sides of the main entrance. Other separate palaces, sleeping apartments, belvederes, etc. were studded here and there on and below the precipitous summit: the Cool Pavilion, the Hall of Proclamation, the Warmth (in winter) Apartments, the Fairy Pavilion. ... It is impossible to discuss them in detail... everywhere places for resting or feasting.

6. The Rear Palaces

The Rear Palaces (i.e.the women's apartments) consisted first of two buildings, one for the empress, and one for the first-rank concubines, and then Joy-in-Concord, Crowned Walls... (twelve buildings in all mentioned by name); but Blazing Sun built by Emperor Ch'eng was especially fine. Its chambers did not reveal the building materials, the walls did not disclose their shape, the surfaces being covered with embroidered silk hangings.Pearls,gold, jade discs, kingfisher feathers, and precious stones adorned the walls. The hall itself gleamed with precious stones,with coral and precious woods. And there were the ladies,with red silk sleeves fluttering in the breeze,with their flowered silks of various hues... they looked like goddesses.There were fourteen degrees of rank housed in these buildings and the numbers of inmates had to be counted by hundreds.

7. The Administration Offices, the Archives, and Other Buildings

In the buildings to left and right were the locations for the hundred officers of state:

where Hsiao [Ho],Ts'ao [Ts'an],Wei [Hsiang],Ping [Chi], [famous statesmen] made their polices for the crown.

As they lent strength to the [heaven-given] mandate,so they handed down the sovereign rule,and as they gave wings to the government,so they made civilization [for the people],spreading abroad the magnanimity of Great Han, removing the poisoned stings of derelict Ch'in.

This caused the people here [in the city] to sound forth the voice of musical accord,to compose the song "Write the Word for One".

Their merit and their *virtus* shone in the founding emperors, the unguent of their favor imbued the masses.

Here also were the T'ien Lu and Shih Ch'ü [buildings], where the archives were kept,where venerable elders patient in instruction, famous Confucians and learned scholars were commanded to expound and discuss in relation to the Scriptures [lit. Six Arts], to scrutinize and collate in relation to the disagreements and agreements.

> Here also were the Ch'eng Ming and Chin Ma Chambers where the work of composition went on, where fine poets and men of penetration congregated.
>
> Having gone to the roots of things, and having exhausted [their powers of] seeing and satiated [their powers of] hearing, they unfolded sectioned compositions, compared and regulated abstruse patterns of diction.

Beyond all these buildings there were on all sides other buildings housing functionaries of the court.

> Here were gathered the officers of rites and ceremonies, men who had come first in the examinations, the upright and the filial from a hundred prefectures: [also] officers of the guards, keepers of the robes, controllers of eunuchs, guardians of the gates, halberdiers of the throne room—a hundred different offices, each with its prescribed duties.

There were the thousand rows of huts for the garrison of the Palace, whose patrols crossed in all directions; there was the well-planned route of the imperial chariot; and there were the flying galleries which led from the Wei Yang Palace via the Ming Kuang Hall (where memorials were delivered) to the Ch'ang Lo Palace, and from thence crossed the western city wall to the Chien Chang Palace outside.

8. The Chien Chang Palace and Its Appurtenances

The description runs along without very discernible paragraphs although changes in rhyme and the length of the sentences mark the movement of the narrative.

This palace had been built with close attention both to artistic workmanship and the creation of auspicious influences. It had a thousand doors and its ten thousand windows had shutters which could be opened and shut.In the soaring interior of its main hall the roof beams went higher and higher so that it overtopped the Wei Yang Palace, and both it and the other three halls and the T'ien Liang Palace were cunningly devised so as to catch the light of the sun.The adjacent high terrace was such, reaching up into the clouds, that even though one were light and agile, it would be as if, with eyes startled out of focus, one could not ascend. So also with the Ching Kan Tower:

> ...in ascending it before one is halfway in the ascent of the tower, the eyes swing round and the attention is astray.
>
> One loses hold of the railing and thus misses its support, is about to fall headlong but yet held back.
>
> In bewilderment of soul from loss [of sense] of distance—round one turns in one's tracks and goes down step by step to the bottom.

If, in spite of fears, the top of the tower is reached, the descent by the dark spiral staircase is equally daunting.

> As for the two lakes in front and behind, they had three islands [the names having fairy connotations].
>
> Here were undying plants which bloomed in winter, spirit trees in verdant groves: jagged rocks and beetling crags, an

imposing spectacle of metal and stone.

Here [statues of] Immortals placed high overhead on metal columns stood holding bowls for dew:a reaching out beyond the defilement of [this world's] clogging dust to gain the limpid elixir of pure, transparent *ch'i* [constituent gas or essence of the physico-spiritual universe].

He [the emperor] was carried away by Wen Ch'eng's windy verbiage, transported by the principles that Wu Li laid down:with the intent that he might consort with (Ch'ih) Sung [Tzŭ] and [Wang Tzŭ] Ch'iao [magicianimmortals of legend] and their like, and they from time to time keep company with him in this very court.

An abode for immortals—not a place where we mortals can find peace.

9. The Imperial Hunt

And then there were the imposing spectacles of the reviews, the martial displays in the hunting park,useful for the intimidation of barbarian tribes.When the imperial order went out, markers were set up and the beaters drove bird and beast in those directions,whilst troops of soldiers encircled those areas. The Emperor and his attendant officers having been driven to prepared lodges, there six bands of hunters started the final drive.They terrified the game with thunderous bangings and lightning-like flashes; hills and pools were obliterated in the process.Then the slaughter began with arrows and spears and swords wielded by the soldiers and their officers,a wind of feathers and a rain of blood covering the ground and darkening the sky. Skilled hunters did prodigies of daring, killing maddened tigers and rhinoceroses with their own hands.Lions and bears and elephants were among the bag.Nothing was left of the grass and the trees,the birds and beasts were all massacred.

10. After the Hunt

Then the Emperor went up to the Shu Yü lodge, from there to survey the heaped-up masses of the dead, the trophies of his soldiers' valor. Having enquired as to who had specially distinguished themselves,he awarded prizes to them.The provision and wine carts then arrived and a quaffing from goblets was followed by a barbecue of the freshly-killed game,this by the light of torches. After the feast everyone relaxed,some by the shady trees and fragrant plants at the K'un Ming pool.Rare birds were to be seen there (eight names of species given),like clouds collecting,like mist dispersing.

Meanwhile the palace ladies had arrived in their carriages and begun to disport themselves in decorated dragonshaped barges floating like the wind and dispersed among the hundreds of adjacent buildings. With provisions there in plenty the festival air continued. Finally offerings were made to the spirits above and below, and the company returned singing various kinds of songs.

11. The Western Capital Guest Sums Up

Throughout this period the provincial capitals looked across to each other,the townships were linked one to the other:satrapies relied on the foundations of tens of generations,families carried on the inheritance of a hundred years: scholars gained their living from the repute of their ancestors'[lit. ancient] virtues, peasants served the irrigated acres of long-tilled fields: merchants sold what their families for generations before had sold, craftsmen used the compasses and measuring square of their fathers before them.

Everything fresh and abundant:everyone in his right place!

An insignificant person like myself, looking for remains on an old scrapheap,and listening to the tales of old men does not get one part in ten, indeed cannot present a comprehensive [picture].

第四章
张衡《西京赋》

（一）赋中人物介绍	
有一位贵族名叫“凭虚”（“依靠虚无”）；他目空一切、姿态傲慢。 他喜欢以一种举止高雅的方式了解古代的风俗，［并且］对旧史学家很熟悉。 因此，他了解前朝的许多信息，一次他与一位名叫“他住在哪儿”［即“安处先生”］的老师谈话。 他说：假如一个人生活在阳时［运气好］，他就过得舒服；假如他活在阴时［运气坏］，他就过得悲惨。 这件事和天这个等级［的事实］有关。 人假如住在肥沃的土地上，他就活得轻松；人假如住在贫瘠的土地上，他就要辛苦劳作。	有凭虚公子者，心奓体忲，雅好博古，学乎旧史氏，是以多识前代之载。言于安处先生曰：夫人在阳时则舒，在阴时则惨，此牵乎天者也。处沃土则逸，处瘠土则劳，此系乎地者也。惨则鲜于欢，劳则褊于惠，能违之者寡矣。小必有之，大亦宜然。故帝者因天地以致化，兆民承上教以成俗。化俗之本，有与推移，何以核诸？秦据雍而强，周即豫而弱，高祖都西而泰，光武处东而约。政之兴衰，常由此作。先生独不见西京之事欤？请为吾子陈之。

续表

（一）赋中人物介绍	
这件事和地这个等级［的事实］有关。 活得悲惨就缺乏快乐，辛苦劳作就缺乏［可以获得或给予的］善意。人很少能够逆转这些［条件］。 在小事上显然是这样，在大事上也必然如此。 因此各代皇帝与天地保持一致，希望完善文化；百姓接受下达的指示，从而形成风俗。 ［这两种］文化和风俗的基础对彼此有相互调整的作用，那么我们如何检验这些［事情］呢？ 秦朝人的基础在雍［土壤肥沃之地］，他们后来变得强大；周朝人在豫［土壤贫瘠之地］，他们后来变得衰弱。西汉的第一位皇帝在西方建都，他［可以？[1]］十分慷慨；东汉的第一位皇帝定居东边，他［不得不？］十分俭朴。 政府的兴替不可避免地受到这些因素影响。 先生，我是否可以说，您还没有了解过西都的事情，请允许我向您传达。	

〔1〕 译者注：原书用“？”表示对赋文含义的不确定，本书保留这一格式。

续表

（二）长安地势与地理	
这位有文化的贵族首先给这个地域做了描述。这座城市的地点是一个天然受到保护的地区，四周的谷地十分肥沃，一些谷地拥有最优质的［上上］的田地。这个地点是一个拥有种种吉兆的“中枢”。古老传说表明，大帝（最高君主）邀请秦国的统治者与他一起用餐。大帝喝醉了酒，大方地给秦公做了一个金碑作为礼物，那代表着这片肥沃土地的所有权。这就是为什么西方秦国能够惊人地统一中原诸国（战国时期的七大强国）。高祖进入这片土地时，星象显示这里是作为国都的正确地点。[1]娄敬根据天的指示力劝高祖去往西方，高祖压抑了自己对东边故土的留恋。	汉氏初都，在渭之涘，秦里其朔，寔为咸阳。左有崤函重险，桃林之塞，缀以二华，巨灵赑屃，高掌远跖，以流河曲，厥迹犹存。右有陇坻之隘，隔阂华戎，岐梁汧雍，陈宝鸣鸡在焉。于前则终南太一，隆崛崔崒，隐辚郁律，连冈乎嶓冢，抱杜含鄠，欱沣吐镐，爰有蓝田珍玉，是之自出。于后则高陵平原，据渭踞泾，澶漫靡迤，作镇于近。其远则九嵕甘泉，涸阴冱寒，日北至而含冻，此焉清暑。尔乃广衍沃野，厥田上上，寔为地之奥区神皋。昔者，大帝悦秦缪公而觐之，飨以钧天广乐。帝有醉焉，乃为

〔1〕张衡的原话是“五纬［行星轨道］汇聚到东井［星座］”。这一语言十分准确，可以对应高祖统治第一年的《皇帝法令》的内容。学者可参考德效骞对记载中的这次“汇聚”的研究（Dubs, *History of the Former Han Dynasty*, I, pp. 151-153）。显然汉朝史料（见《史记》卷三十七）在天文上有误，误差在一到两年。张衡所说的是，高祖进入关中地区，赢得胜利，就自称获得皇帝的权威。无论行星汇聚的年份在什么时候，这都应该是真实的。

续表

（二）长安地势与地理	
	金策，锡用此土，而翦诸鹑首。是时也，并为强国者有六，然而四海同宅，西秦岂不诡哉！自我高祖之始入也，五纬相汁，以旅于东井。娄敬委辂，干非其议，天启其心，人惎之谋，及帝图时，意亦有虑乎神祇，宜其可定以为天邑。岂伊不虔思于天衢？岂伊不怀归于枌榆？天命不滔，畴敢以渝！
（三）宫殿建筑	
首先建设城墙。接着详细描述未央宫里的紫微宫。修长的、彩虹色的屋脊梁，玉山墙上带有雕刻图案的梁柱，一条通向殿门的平缓的阶梯。“双重门是加固了的，用来抵御奸邪”。经过设计，紫微宫正对着罗盘的四个点，而其他（八座）建筑环绕在其周围，就像众星围绕着北极星。 宫内，仆从往来服侍皇帝，完成他的指令。 宫外有兰台、金马［殿］，官员	于是量径轮，考广袤，经城洫，营郭郛，取殊裁于八都，岂稽度于往旧？尔乃览秦制，跨周法。狭百堵之侧陋，增九筵之迫胁。正紫宫于未央，表峣阙于阊阖。疏龙首以抗殿，状嵬峨以岌嶪。亘雄虹之长梁，结棼橑以相接。蒂倒茄于藻井，披红葩之狎猎。饰华榱与璧珰，流景曜之韡晔。雕楹玉碣，绣栭

续表

（三）宫殿建筑	
们日夜轮班。 还有天麓、石渠［阁］，是校勘典籍的地方。	云楣。三阶重轩，镂槛文棍。右平左墄，青琐丹墀。刊层平堂，设切厓隒。坻崿鳞眴，栈齴巉险。襄岸夷涂，修路峻险。重门袭故，奸宄是防。仰福帝居，阳曜阴藏。洪钟万钧，猛虡趪趪。负笋业而余怒，乃奋翅而腾骧。朝堂承东，温调延北。西有玉台，联以昆德。嵯峨崨嶫，罔识所则。若夫长年神仙，宣室玉堂。麒麟朱鸟，龙兴舍章，譬众星之环北极，叛赫戏以辉煌。正殿路寝，用朝群辟。大厦耽耽，九户开辟。嘉木树庭，芳草如积。高门有闶，列坐金狄。内有常侍谒者，奉命当御。外有兰台金马，递宿迭居。次有天禄石渠，校文之处。重以虎威章沟，严更之署。徼道外周，千庐内附。卫尉八屯，警夜巡昼。植铩悬瞂，用戒不虞。

续表

(四) 后宫	
后宫群落里有……（指出了八座建筑），里面住着“一群年轻的淑女，打扮精美，令观者爱慕”。室内陈设丰富多样，雕刻装饰华美，“翠羽珍珠和美玉相串联……颜色各异的珠宝像黑暗中的烛光”。飞阁连接不断，工匠的高超艺术发挥到极致，这里成为不尽的快乐之地。无论皇帝走到哪里，都有准备好的奏乐和宴饮。“假如他在这里流连到老，忘记回自己的寝殿，[快乐] 将享受不尽”。	后宫则昭阳飞翔，增成合欢，兰林披香，凤皇鸳鸾。群窈窕之华丽，嗟内顾之所观。故其馆室次舍，采饰纤缛。裛以藻绣，文以朱绿，翡翠火齐，络以美玉。流悬黎之夜光，缀随珠以为燭。金戺玉阶，彤庭辉辉。珊瑚琳碧，瓀珉璘彬。珍物罗生，焕若昆仑。虽厥裁之不广，侈靡逾乎至尊。于是钩陈之外，阁道穹隆。属长乐与明光，径北通于桂宫。命般尔之巧匠，尽变态乎其中。于是后宫不移，乐不徙悬，门卫供帐，官以物办。恣意所幸，下辇成燕。穷年忘归，犹弗能遍。瓌异日新，殚所未见。
(五) 权力欲望的爆发	
这就是属于最高帝王的神圣之美 [的感觉]，害怕尊卑之间的差异并不明显。 即使宫殿如此宽广，他们心中的	惟帝王之神丽，惧尊卑之不殊。虽斯宇之既坦，心犹凭而未摅，思比象于紫微，恨阿房之不可庐。

续表

(五) 权力欲望的爆发	
欲望不知道什么是限度。他们渴望超越秦皇，于是甘泉（甜的泉水）这片对人体有益的高地上的旧居所被重建为避暑之地……（写了三座宫殿）山上建了一座塔，名为通天塔，用于引发敬畏感：塔之高，鸟都飞不过顶端；塔之险，靠着栏杆能听见雷声在下回响。	覛往昔之遗馆，获林光于秦余。处甘泉之爽垲，乃隆崇而弘敷。既新作于迎风，增露寒与储胥。托乔基于山冈，直墆霓以高居。通天訬以竦峙，径百常而茎擢。上辯华以交纷，下刻陗其若削。翔鹍仰而弗逮，况青鸟与黄雀。伏棂槛而俯听，闻雷霆之相激。
(六) 建章宫区域（含神明台)	
柏梁台（武帝于公元前116年建）[1]被大火摧毁（于公元前104年），一位蛮族萨满建议用巫术。于是建章宫建立了起来，其壮观程度是未央宫的两倍。其工巧精湛高超（瑰玮），还有自旋的风向标"随着微风盘旋"。 神明［显露精神］台高高耸起，井干楼的一百层阶梯层层堆叠， 你顺阶而上，能激动欣喜地看到北极星。 从尘土中自由地飞上天空，	柏梁既灾，越巫陈方。建章是经，用厌火祥。营宇之制，事兼未央。圜阙竦以造天，若双碣之相望。凤骞翥于甍标，咸溯风而欲翔。阊阖之内，别风嶕峣。何工巧之瑰玮，交绮豁以疏寮。干云雾而上达，状亭亭以苕苕。神明崛其特起，井干叠而百增。峙游极于浮柱，结重栾以相承。累层构而遂跻，望北辰

〔1〕译者注：据《史记·平准书》记载，柏梁台建于汉武帝元鼎二年（公元前115年）。

续表

（六）建章宫区域（含神明台）	
你发现彩虹那弯曲的长脊；你研究五星的汇聚。假如你继续走上飞梁，向远处望去，你会发现正前方的瑶光和玉绳。 你想要继续走，但还没走一半就怕得发抖，充满恐惧。 没有都卢［攀爬者］的敏捷，谁能爬得这么高，一往无前呢？	而高兴。消氛埃于中宸，集重阳之清澄。瞰宛虹之长鬐，察云师之所凭。上飞闼而仰眺，正睹瑶光与玉绳。将乍往而未半，怵悼栗而耸兢。非都卢之轻趫，孰能超而究升？
（七）建章宫区域（续）	
四座壮丽宽敞的大殿有着一排排屋脊梁，屋檐翘起，光线因此而得以进入。天梁宫的门廊宽阔，只开半扇门就足以让一架旗帜飘扬的四马大车轻松通过。到处都是回廊和亭阁……“一百扇门，一千扇窗户”，道路小径到处交错，“睁着眼都找不到回去的路”。珍台从西至东，下降又升起，跨过城墙。这是一条隐秘的交通路线，时刻有门卫看守。 这里有两片大湖，湖中有岛，岛上有仿造而成的仙山——瀛洲、方丈和蓬莱，按照一定方位布置而成，从狩猎园囿可以登高望见。四周是有神秘药效的草药，湖中有大鱼，有时在浅滩搁浅。	駊娑骀荡，焘奡桔桀。枍诣承光，睽罛庨豁。增桴重棼，锷锷列列。反宇业业，飞檐辙辙。流景内照，引曜日月。天梁之宫，寔开高闱。旗不脱扃，结驷方蕲。栎辐轻骛，容于一扉。长廊广庑，连阁云蔓。闬庭诡异，门千户万。重闺幽闼，转相逾延。望窗窱以径廷，眇不知其所返。既乃珍台蹇产以极壮，墱道逦倚以正东。似阆风之遐坂，横西洫而绝金墉。城尉不弛柝，而内外潜通。前开唐中，弥望广潒。顾

续表

（七）建章宫区域（续）	
按照这种方式，他［武帝］选择少君的学说，相信栾大的主张。 他认为用这样的方法可以延续人的自然寿命。 他钦慕古代［的仙人］，［赤］松和［王］乔，他在天路上遇到了羡门。他想要乘鼎湖的龙［据说黄帝就这么做过］——他哪里会关心世俗的志向？ 但假如他真的能世世代代活下去，他又何必大费周章修筑陵墓呢？	临太液，沧池漭沆。渐台立于中央，赫昈昈以弘敞。清渊洋洋，神山峨峨。列瀛洲与方丈，夹蓬莱而骈罗。上林岑以垒嵲，下崭岩以岩齬。长风激于别隯，起洪涛而扬波。浸石菌于重涯，濯灵芝以朱柯。海若游于玄渚，鲸鱼失流而蹉跎。于是采少君之端信，庶栾大之贞固。立修茎之仙掌，承云表之清露。屑琼蕊以朝飧，必性命之可度。美往昔之松乔，要羡门乎天路。想升龙于鼎湖，岂时俗之足慕？若历世而长存，何遽营乎陵墓？
（八）都城、城郊及其居民	
我们现在来看都城，都城的城墙上有三个门，每个门都能容纳十二架马车。城内街道十字交错，建筑占地均匀划分，椽屋整齐排列。北部城区是最高等级的房屋，由最好的匠人建得很结实。“木材装饰得像衣服的丝线，土［墙］涂成红紫色”，还陈列着皇家军械库里的武器。“除非他是	徒观其城郭之制，则旁开三门，参涂夷庭，方轨十二，街衢相经。廛里端直，甍宇齐平。北阙甲第，当道直启。程巧致功，期不陁陊。木衣绨锦，土被朱紫。武库禁兵，设在兰锜。匪石匪董，畴能宅

续表

(八) 都城、城郊及其居民	
石（显）、董（贤）［众人皆知的宠臣］，否则谁能住在那里？” 九个市场都有官员把守。“出售货物的人获得双倍利润，寻求商品的人不会空手［离开］”。各个等级的商人小贩，(尤其是）沿街叫卖的男男女女，好货与次货一起出售，“骗骗蠢笨的乡下人，愚弄那些小镇来的人”。 商人之家“打扮得和王室子孙一样奢华”。至于翁伯、浊、质和张里的家族（当时有名的百万富豪），他们“敲击钟［表示饭时到了］，从鼎（大锅）里吃饭……［今天］东都的公爵在仪表上都比不过他们”。那些不怕死亡的“流浪勇士”，结成帮派，拥有的跟随者“如云一般……他们一言不合就像老虎、野豹一般咆哮”。来自全国的学者时刻准备着就任何话题开始辩论，他们无处不在，每条街道、每个巷弄中，“把毛发都拆解开，连肌肉的每一条纹理都分辨得一清二楚……那些他们喜欢的人，就［在仕途上］长出毛皮与羽翼；那些他们讨厌的人，则［因为前途暗淡］而生出了疮伤”。	此？尔乃廓开九市，通阛带阓。旗亭五重，俯察百隧。周制大胥，今也惟尉。瑰货方至，鸟集鳞萃。鬻者兼赢，求者不匮。尔乃商贾百族，裨贩夫妇。鬻良杂苦，蚩眩边鄙。何必昏于作劳，邪赢优而足恃。彼肆人之男女，丽美奢乎许史。若夫翁伯浊质，张里之家，击钟鼎食，连骑相过。东京公侯，壮何能加？都邑游侠，张赵之伦。齐志无忌，拟迹田文。轻死重气，结党连群。寔蕃有徒，其从如云。茂陵之原，阳陵之朱。趫悍虓豁，如虎如貙。睚眦虿芥，尸僵路隅。丞相欲以赎子罪，阳石污而公孙诛。若其五县游丽，辩论之士。街谈巷议，弹射臧否。剖析毫牦，擘肌分理。所好生毛羽，所恶成疮痏。

续表

(九)狩猎禁苑	
皇畿一千里的范围都在都城管理者的控制之下。 这片地方有一百四十五座各类娱乐建筑。东、西、南、北都是……种种地标性建筑。这里有一片鸟兽鱼群保护区。树木种类有……(举出了八种),茂密地生长着……草本植物有……(举出了十三种),其中低矮的地被竹繁茂丛生。山丘、河谷、平原连绵不绝。还有幽深的昆明湖,其四周岸边堤坝种着柳树。湖中有各种珍稀的鱼类。鸟儿(举出五种)“在初春时到来,秋末则寻求更暖和的地方:它们形态、鸣声各异,不可胜数”。冬天,林务员们准备好狩猎的场地。他们烧尽树丛,去除木块,砍掉荆棘。	郊甸之内,乡邑殷赈。五都货殖,既迁既引。商旅联槅,隐隐展展。冠带交错,方辕接轸。封畿千里,统以京尹。郡国宫馆,百四十五。右极盩厔,并卷鄠鄠。左暨河华,遂至虢土。上林禁苑,跨谷弥皋。东至鼎湖,斜界细柳。掩长杨而联五柞,绕黄山而款牛首。缭垣绵联,四百余里。植物斯生,动物斯止。众鸟翩翻,群兽駓騃。散似惊波,聚似京峙。伯益不能名,隶首不能纪。林麓之饶,于何不有?木则枞栝棕楠,梓棫楩枫。嘉卉灌丛,蔚若邓林。郁蓊薆薱,橚爽櫹槮。吐葩扬荣,布叶垂阴。草则葴莎菅蒯,薇蕨荔苀。王蒭莔台,戎葵怀羊。莽蓴蓬茸,弥皋被冈。篠簜敷衍,编町成篁。山谷原隰,泱漭无疆。乃有昆明灵沼,黑

续表

（九）狩猎禁苑	
	水玄址。周以金堤，树以柳杞。豫章珍馆，揭焉中峙。牵牛立其左，织女处其右。日月于是乎出入，象扶桑与蒙汜。其中则有鼋鼍巨鳖，鳣鲤鱮鲖。鲔鲵鲙鲉，修额短项。大口折鼻，诡类殊种。鸟则鹔鷞鸹鸨，驾鹅鸿鶤。上春候来，季秋就温。南翔衡阳，北栖雁门。奋隼归凫，沸卉軿訇。众形殊声，不可胜论。于是孟冬作阴，寒风肃杀。雨雪飘飘，冰霜惨烈。百卉具零，刚虫搏挚。尔乃振天维，衍地络。荡川渎，簸林薄。鸟毕骇，兽咸作。草伏木栖，寓居穴托。起彼集此，霍绎纷泊。在彼灵囿之中，前后无有垠锷。虞人掌焉，为之营域。焚莱平场，柞木翦棘。结罝百里，迒杜蹊塞。麀鹿麌麌，骈田逼仄。

续表

（十）皇家狩猎	
天子乘着六马之车而来，带着种种合宜的象征性附属物品。伴随他的是一千辆马车，车声如雷。一万名骑手像龙一样腾跃。 这不只是玩乐，因为有基于虞初的九百［章］的那些不可思议、活泼生动的书籍：在休闲娱乐中人们所需要的东西都已经准备就绪。 因此蚩尤握住他的戟，展开他粗糙的外披［虎皮］，以此抵御任何可怕的事物。 通过这个方式我们了解了山间神灵和水中妖鬼的恶劣［把戏］。没有哪个能跨过皇帝的道路。 天子的卫兵在两个地点列队，点着火把，敲出如雷的鼓声。狩猎开始了。鸟兽惊恐不堪，冲撞着车轮，无处寻求庇护…… 没有一支箭在释放后落空，没有一根镖是徒劳飞出的。 鸟兽被屠杀后的僵硬的尸体像［水滩上的］被潮水冲刷后的卵石般闪耀。 可以看到陷阱［的受害者们］被串联起来，用棍棒和竹竿打死……	天子乃驾雕轸，六骏駮。戴翠帽，倚金较。璇弁玉缨，遗光儵爚。建玄弋，树招摇。栖鸣鸢，曳云梢。弧旌枉矢，虹旃蜺旄。华盖承辰，天毕前驱。千乘雷动，万骑龙趋。属车之箧，载猃猲獢。匪惟玩好，乃有秘书。小说九百，本自虞初。从容之求，寔俟寔储。于是蚩尤秉钺，奋鬣被般。禁御不若，以知神奸，魑魅魍魉，莫能逢旃。陈虎旅于飞廉，正垒壁乎上兰。结部曲，整行伍。燎京薪，駴雷鼓。纵猎徒，赴长莽。迾卒清候，武士赫怒。缇衣韎韐，睢盱拔扈。光炎爥天庭，嚣声震海浦。河渭为之波荡，吴岳为之阤堵。百禽惨遽，骙瞿奔触。丧精亡魂，失归忘趋。投轮关辐，不邀自遇。飞罕潚箾，流镝揺擽。矢不虚舍，铤不苟

续表

（十）皇家狩猎	
在太阳落下、［阴暗］来临之前，杀戮完成了十分之七八。 如果说山鸡和野兔逃跑得飞快，还有敏捷的羽翼和轻盈的步伐：它们注定会撞进放鹰者的手中，会被皮绳拴着的猎狗撕碎。 至于那些不肯屈服的野兽，毛发竖直，目眦欲裂，骇人的犀牛和虎豹——对付它们的是专业的猎人，中黄、［夏］育、［乌］获一样的猎人。他们用红色发带束起竖直的头发，赤手空拳，冲锋盘旋，出击抓挠。他们能跳进荆棘丛，撕开篱笆。他们勇敢灵敏，能跳进洞穴从窟里抓出狐狸，能冲上悬崖抓住野驴，还能荡着树枝捉猴。	跃。当足见蹍，值轮被轹。僵禽毙兽，烂若碛砾。但观罝罗之所羂结，竿殳之所揘毕，叉蔟之所搀捔，徒搏之所撞挘，白日未及移晷，已狝其十七八。若夫游鷮高翚，绝坑逾斥。毚兔联猭，陵峦超壑。比诸东郭，莫之能获。乃有迅羽轻足，寻景追括。鸟不暇举，兽不得发。青骹挚于韝下，韩卢噬于緤末。及其猛毅髬髵，隅目高眶。威慑兕虎，莫之敢伉。乃使中黄之士，育获之畴，朱鬘鬣髽，植发如竿。袒裼戟手，奎踽盘桓。鼻赤象，圈巨狿。摣狒猥，批窳狻。揩枳落，突棘藩。梗林为之靡拉，朴丛为之摧残。轻锐僄狡趫捷之徒，赴洞穴，探封狐。陵重巘，猎昆駼。杪木末，擭獑猢。超殊榛，摕飞鼯。

续表

（十一）狩猎之后	
这时后宫佳丽们谈笑着到来，心里十分高兴。她们观看了被杀死的鸟兽，接着去长杨宫集合，临走前还转身又看了一眼。 那些徒步狩猎的人在此休息，车马列队展出。 鸟兽的尸体被堆积起来，点过数目，无论是多是少：狩猎的战利品被分配，打猎优胜者都按功获得赏赐。 军团整队，排成一千排。酒肉在火把光照下分配给人们。一位总务人员骑着马前来巡察。皇帝相当慷慨，“步兵和骑手都很高兴，士兵们忘记了疲惫”。 马车官命令重新系上马绳，调转车头向右行进。 他们在五柞馆外漫步走过，在昆明湖畔旋走或伫立。 皇帝及其侍从登上岛上的高地，继续射猎翱翔的野雁和鹤。接着他们去掌管船只的人那里让他准备娱乐项目。两侧和顶部有羽毛装饰的游艇进入湖中：“划桨的女人们放声歌唱，一人领起，其他人合唱”。还演奏《淮南》《阳阿》之歌。水中的鬼蛇都	是时，后宫嬖人昭仪之伦，常亚于乘舆。慕贾氏之如皋，乐《北风》之同车。盘于游畋，其乐只且。于是鸟兽殚，目观穷。迁延邪睨，集乎长杨之宫。息行夫，展车马。收禽举胔，数课众寡。置互摆牲，颁赐获卤。割鲜野飨，犒勤赏功。五军六师，千列百重。酒车酌醴，方驾授饔。升觞举燧，既釂鸣钟。膳夫驰骑，察贰廉空。炙炰夥，清酤𢽾。皇恩溥，洪德施。徒御悦，士忘疲。巾车命驾，回旆右移。儴佯乎五柞之馆，旋憩乎昆明之池。登豫章，简矰红。蒲且发，弋高鸿。挂白鹤，联飞龙。磻不特絓，往必加双。于是命舟牧，为水嬉。浮鹢首，翳云芝。垂翟葆，建羽旗。齐栧女，纵櫂歌。发引和，校鸣葭。奏《淮南》，度《阳阿》。感

续表

（十一）狩猎之后	
吓跑了。接着钓鱼开始了。工具有钩子、捞网和拖网——掌管沼泽的人自己都破坏了规则，还管得了其他吗？鱼卵都被消灭殆尽，水草被连根拔起。 ［这种］对于打猎和捕鱼的过分欲望，［这些］捕捉幼小生物的活动。 这样的洗劫和搜刮，对胎儿和卵籽的抢夺［取］： 今日肆意抢夺［取］，明日我［如何］有闲暇去怜悯后人？ 在安定的年代，怎么意识得到［一切］都会倾覆？ 接着皇帝躺在他无价的被衾上，在其他无比华美的附属品的伴随下放松玩乐。他出现在竞技场。在这里有一种不可思议的娱乐活动叫作“角抵”正在上演。强壮的人比拼举重，杂耍和变戏法（列举六种）正在演出。合唱人员打扮成仙女正在歌唱。穿着豹皮和熊皮的人正在舞蹈。穿成白虎的人弹奏大型的琴。扮成绿龙的人吹着笛子。一些舞蹈者起初像旋风，一会儿又像落雪。一只巨兽出现了，它有八百尺长。转身时就像陡峭	河冯，怀湘娥。惊蝄蜽，惮蛟蛇。然后钓魴鳢，纚鰋鲉。摭紫贝，搏耆龟。搤水豹，馽潜牛。泽虞是滥，何有《春秋》？擿漻澥，搜川渎。布九罭，设罜麗。摷鲲鲕，殄水族。蕖藕拔，蜃蛤剥。逞欲畋魰，效获麑麇。摎蓼浶浪，乾池涤薮。上无逸飞，下无遗走。擭胎拾卵，蚳蝝尽取。取乐今日，遑恤我后？既定且宁，焉知倾陁？大驾幸乎平乐之馆，张甲乙而袭翠被。攒珍宝之玩好，纷瑰丽以奓靡。临迥望之广场，程角抵之妙戏。乌获扛鼎，都卢寻橦。冲狭燕濯，胸突铦锋。跳丸剑之挥霍，走索上而相逢。华岳峨峨，冈峦参差。神木灵草，朱实离离。总会仙倡，戏豹舞罴。白虎鼓瑟，苍龙吹篪。女娥坐而长歌，声清畅而蜲蛇。洪

续表

（十一）狩猎之后	
的神山，上面有熊虎相斗……变魔术的人会突然变换装束、改变身形，他们会吞剑、喷火……烟越来越浓黑。 ［但有位］东海［巫术师］黄老大师能用金剑施咒， 让白虎驯服——最后他却救不了自己。 他紧紧抱住自己罪恶的、有毒的巫术——于是法术没有起效。	涯立而指麾，被毛羽而襳襹。度曲未终，云起雪飞。初若飘飘，后遂霏霏。复陆重阁，转石成雷。礔砺激而增响，磅礚象乎天威。巨兽百寻，是为蔓延。神山崔巍，欻从背见。熊虎升而挐攫，猨狖招而高援。怪兽陆梁，大雀踆踆。白象行孕，垂鼻辚輑。海鳞变而成龙，状蜿蜿以蝹蝹。含利颬颬，化为仙车，骊驾四鹿，芝盖九葩。蟾蜍与龟，水人弄蛇。奇幻儵忽，易貌分形。吞刀吐火，云雾杳冥。画地成川，流渭通泾。东海黄公，赤刀粤祝。冀厌白虎，卒不能救。挟邪作蛊，于是不售。
（十二）皇帝的淫逸	
于是搭起支柱、旗帜，演出最后一出戏。表演杂耍的男孩在杆子间上下飞掠，几乎就要摔倒，又用脚后跟勾住了。 这么多把戏演完了，［皇帝］心	尔乃建戏车，树修旃。侲僮逞材，上下翩翻。突倒投而跟絓，譬殒绝而复联。百马同辔，骋足并驰。橦末之伎，态不可弥。弯弓

续表

（十二）皇帝的淫逸	
智沉迷。 周而复始的快乐达到极点，厌倦开始纠缠他的心胸。 门卫得到提醒，［皇帝］要微服私访。 他降尊为普通人，在城郊漫步。 龙能够变身的能力展现出真正的皇家威仪。 接着他到一家欢愉之馆，找了一位温顺的美人，她调动起她含情脉脉的挑逗逢迎。 一个眉目传情就足以倾覆城墙的防御！展季［柳下惠，周朝的清廉学者］抑或是佛僧，谁能免得了被打动呢？ 后宫的十四等女子为吸引皇帝而相互竞争，为名誉而争夺，然而得宠与失宠却不是恒定不变的。只有个人情感［爱］能解决问题。 ［武帝的］卫皇后因她茂密的头发而兴起，［成帝的］飞燕皇后通过身体之轻巧而获得宠爱。	射乎西羌，又顾发乎鲜卑。于是众变尽，心醒醉。盘乐极，怅怀萃。阴戒期门，微行要屈。降尊就卑，怀玺藏绂。便旋闾阎，周观郊遂。若神龙之变化，彰后皇之为贵。然后历掖庭，适欢馆。捐衰色，从嫿婉。促中堂之陿坐，羽觞行而无算。秘舞更奏，妙材骋伎。妖蛊艳夫夏姬，美声畅于虞氏。始徐进而羸形，似不任乎罗绮。嚼清商而却转，增婵娟以此豸。纷纵体而迅赴，若惊鹤之群罴。振朱屣于盘樽，奋长袖之飒纚。要绍修态，丽服扬菁。眳藐流眄，一顾倾城。展季桑门，谁能不营？列爵十四，竞媚取荣。盛衰无常，惟爱所丁。卫后兴于鬒发，飞燕宠于体轻。
（十三）总结陈词	
因此——他的目的完全在于穷尽欲望，放纵自身，极致享乐。他从《唐	尔乃逞志究欲，穷身极娱。鉴戒《唐诗》，他人

续表

（十三）总结陈词	
诗》中得到警戒：“如果你现在不享用你所有的东西，别人就会享用之”。[1] 他拥有创造先例的权威——现有程序和规则［礼］的约束力又在哪里呢？ ［成帝］［给后宫］在婕妤之上又添加了一个等级；董贤［哀帝宠臣］已经封爵，又进封一等。 ［成帝］承诺赵皇后在她之上不会有别人；［哀帝］想和［圣王］尧尊崇［圣王］舜那样尊崇董贤。 ［正是此时］王闳在侍坐时提出抗议，认为汉朝多年安定，没有变革。 高祖开创了传统，他的子孙在其基业上搭建。 一段时期的辛苦带来了持久的和平，秩序得到保持，没有蓄意的行为［无为］。 有那么多可以沉迷的欢愉，为什么要忧虑、思考呢？ 这么多年都是如此，两百多个季	是婾。自君作故，何礼之拘？增昭仪于婕好，贤既公而又侯。许赵氏之无上，思致董于有虞。王闳争于坐侧，汉载安而不渝。高祖创业，继体承基。暂劳永逸，无为而治。耽乐是从，何虑何思？多历年所，二百余期。徒以地沃野丰，百物殷阜。岩险周固，襟带易守。得之者强，据之者久。流长则难竭，柢深则难朽。故奢泰肆情，而馨烈弥茂。

[1] 译者注：《诗·唐风·山有枢》，一说刺晋僖公不能及时以自娱乐，曰：子有衣裳，弗曳弗娄，宛其死矣，他人是婾。

续表

（十三）总结陈词	
节。土壤肥沃，边疆土地多产，货物大量堆积。高高的山路给每个人带来安全，形成一条容易防守的环绕带。 获得这些好处的人拥有权力；拥有这些好处的人在这片土地上长存。 溪水流得远，就很难止住；根须扎得深，［树］就很难腐烂。 结果产生了过度奢侈放荡的倾向——芳香变得刺鼻，还越来越恶臭。	
（十四）凭虚公子的谦辞	
先生，您不足道的学生生于汉朝［初年］的三百年后，这些东西都是从那些没有听过的［即道听途说的］人那里听来的，因此就像做梦一样不可靠，连一部分的真相都没能捕捉到。 如今［我们的］皇家主子和天共享“大帝”的称号；他们占据了整个世界，将其变为一个家族。 在所有富有的基业里，没有比我们更强大的。 遗憾的是，［现在］我们不被允许将奢侈靡丽作为国家的荣耀。 而过度节俭带来的是狭隘的心胸，	鄙生生乎三百之外，传闻于未闻之者，曾仿佛其若梦，未一隅之能睹。此何与于殷人之屡迁，前八而后五？居相圮耿，不常厥土。盘庚作诰，帅人以苦。方今圣上，同天号于帝皇，掩四海而为家，富有之业，莫我大也。徒恨不能以靡丽为国华，独俭啬以龌龊，忘《蟋蟀》之谓何？岂欲之而不能，将能之而不欲欤？蒙窃惑焉，愿闻所以辩之之说也。

续表

（十四）凭虚公子的谦辞	
使人忘记《蟋蟀》之歌所诉说的。 　　我们想要的获得不了，能获得的我们不想要，难道不是这样吗？ 　　我十分愚笨，不敢错误地确定——请让我听听这些事情如何［正确］解释。	

附录二　CHANG HENG'S "*FU* ON THE WESTERN CAPITAL"

1. The Introduction of The Interlocutors

There was a nobleman Stayed-on-Vanity; he had a supercilious mind and an arrogant carriage.

In a gentlemanly way he liked to be learned about antiquity, [and] was versed in the old historiographers.

Hence, having much information about former generations, he had a conversation with a teacher by the name of Where-did-he-Live [i. e. Anonymous].

He said: If a man be living in a *yang* time [of good fortune], then he is comfortable: if he be living in a *yin* age [of ill fortune], then he is miserable.

This is a matter connected with the class [of facts] called Heaven.

If a man's dwelling-place is on fertile soil, then he is in easy circumstances: if it is on lean land, then he is burdened with toil. This is a matter connected with the class [of facts] called

Earth.

To be miserable is to be short of pleasure,to be burdened with toil is to be straitened in [the] kindness [one can give or receive].

Rarely are there men who are able to go counter to these [conditions].

In small matters this is certainly so: in large matters it is also bound to be so.

Hence emperors accord with Heaven and Earth with a view to perfecting culture, the masses accept instruction from above and thereby fashion custom.

Since [the two] bases of culture and custom have an adjusting effect on each other, how do we verify these [matters]?

The Ch'in line having their base in Yung [a rich soil area] became strong,Chou being in Yü [a poor soiled area] became weak. The first emperor of Earlier Han made his capital in the west, and was [? could be] lavish; the first emperor of Later Han dwelt in the east and was [? had to be] frugal.

As to the rise and fall of governments, it is invariably according to these factors.

You, Sir, may I say, have not looked into Western Capital matters: allow me to present them to you.

2. The Topography and Geography of Ch'ang-an

The cultured nobleman first gives a description of the region. There is the moral,that the site of the city is a naturally protected area and the valleys round are fertile, some with fields of the highest grade (*shang shang*). The area constitutes a "hub" of auspicious influences. According to an ancient legend, "Ta Ti" (Supreme Sovereign) invited the ruler of the Ch'in state and having feasted him, and being himself well liquored, very kindly made him a gift of a gold tablet as deed of ownership over this fertile area. This accounts for the amazing fact that Western Ch'in was able to unite all the states (the seven powerful states of Warring States China). Then when Emperor Kao Tsu entered this area the stars gave evidence of this being the right place for the capital,[1] and when Lou Ching, taught by Heaven, urged him to go west, did he not repress his longing for his native place in the east.

3. The Palace Buildings

First the city walls were built. Then, inside the Wei Yang Palace was elaborated the Tzŭ Wei Palace with its long ridge-beams all colors of the rainbow and carved pillars on jade pediments. A gently graded road led up to it. "Double doors were reinforced to guard

[1] Chang Heng's actual wording is "five *wei* [planetary orbits] converged so as to lodge in the [constellation] Tung Ching." This precision of language equates this passage to that in the "Acts of the Emperors" under Kao Tsu's first year. The student should note Dubs' investigation of the alleged convergence (Dubs, *History of the Former Han Dynasty*, I, pp. 151–153). Apparently the Han records (see "Record of History," 37) were in error astronomically to the extent of one to two years. As far as Chang Heng is concerned in this matter, what he stated was that Kao Tsu assumed imperial authority when he entered the Kuan Chung area and won a victory. That would seem to be true, whatever the actual year of the planetary convergence.

against the treacherous." It was planned to face four-square to the four points of the compass whilst the other buildings clustering around it (eight are designated) were like the stars encircling the North Star.

> Within were the ushers in constant attendance, to take orders and do service to the emperor.
>
> Without were the Lan T'ai and Chin Ma [buildings] where [officials] were by rotation on duty for the night.
>
> Next came the T'ien Lu and Shih Ch'ü [buildings], the places where the collation of texts proceeded.

4. The Rear Apartments

Among the Rear Palaces were... (eight designated) in which were "bevies of modest young women, beautifully bedecked—how one would admire what one saw if one looked." The furnishings there were profuse, richly carved and ornamented, "kingfisher feathers and pearls strung together with fine jades... and pearls of different hues like candles in the dark." What with flying galleries communicating and the art of skilled craftsmen carried to perfection, here was the place for unceasing delight. Wherever the Emperor went, there the music stands were ready and a feast prepared. "If he stayed to the end of his days, forgetting to return to his chamber, [the pleasure] would be inexhaustible."

5. The Outbreak of Megalomania

> Yet such was [the sense of] the divine beauty appertaining to great monarchs, the fear was lest the difference between high and low should not be marked.

Spacious as the palace area was, their hearts' desires knew no bounds. They yearned to outdo the Ch'in Emperor, so the old lodge in the Kan Ch'üan (Sweet Spring) healthy up-land was rebuilt as a summer residence... (three palaces specified). And on the range above was built a tower, Sky Communicating Tower, calculated to excite awe: so high that birds could not reach the top of it, so thrilling, for as one leant on the balustrade, one heard the thunder reverberating below.

6. The Chien Chang Palace Area, with Its Spirit-Revealing Tower

The Po Liang Terrace (built by Emperor Wu in 116 B.C.) having been destroyed by fire (in 104 B.C.), a barbarian shaman advised on magic techniques. So the Chien Chang buildings were erected twice as gorgeous as those of the Wei Yang. The craftsmanship was of a high degree of virtuosity (*kuei wei*), with its achievement of revolving weathervanes "hovering to the breeze."

> The Shen Ming [Spirit-Revealing] Tower reared itself aloft
> and the Ching Kan Tower, in a hundred piled-up storeys,

One storey succeeds another, as you go up and up—you catch sight of the North Star, and are thrilled with delight.

Rising free from the world's dust into the upper air,

You spy out the long back of the curving rainbow: you study the leaning together of the Hyades. If you go on to the flying balcony and look beyond, you observe straight before you Jade-Light and String-of-Jade.

You are about to go on—but before you have gone halfway you are shaking with fear, filled with apprehension.

Without the Tu Lu's [climber's] agility, who can climb high and keep going higher?

7. The Chien Chang Area (continued)

Four lofty and spacious halls are specified with rows and rows of roof beams and the eaves elevated so that light could penetrate. Then there was the Sky-Bridging Palace with a portico so huge that with only one leaf of its door open a four-horse carriage with banners flying could drive through with a loose rein. It was such a medley of corridors and pavilions… "with a hundred doors and a thousand windows," with such a medley of interlacing paths that "as you gaze, you cannot find your way back." And then there was the Chen T'ai Terrace dipping up and down as it went east to cross the city wall, making a private means of communication, with the watchmen always on guard.

Two spacious lakes were there with islands on which were

replicas of the fairy mountains, Ying Chou, Fang Chang, and P'eng Lai, arranged in a pattern with the Hunting Park rising to view beyond. And round about were herbs of mystic potency, and in the lakes hugh fish which sometimes got caught in the shallows.

> After this fashion he [Emperor Wu] selected Shao Chün's doctrines and believed in Lüan Ta's dogmatizing.

He held that with such techniques a man's natural life could be extended.

> He admired [the immortals] of the past, [Ch'ih] Sung and [Wang] Ch'iao, met Hsien Men in the roads of the sky: he thought of mounting the dragon from the Lake of Tripods [as the Yellow Emperor was said to have done]—how could he care for conventional ambitions?
>
> But if it was really possible to live from generation to generation, why such feverish activity in building his mausoleum?

8. The City and Its Suburbs with Their Inhabitants

We pass now to view the city with its walls and three gates each admitting twelve carriages and its criss-crossing streets, with its building plots evenly spaced and its raftered dwellings in orderly rows. In the northern quarter were the highest grade houses, stoutly built by the very best craftsmen, "with the timbers adorned like the silk of robes, with the earth [walls] colored in red and purple," and stands of weapons from the imperial armoury. "Unless he were a

Shih [Hsien] or a Tung [Hsien] [notorious palace favorites], who could dwell here?"

For the nine markets there were official guards. "Those who sold goods made a double profit, those who sought goods did not [go away] empty-handed." Actually merchants and pedlars of all degrees, (especially) the men and women hawkers, sold inferior goods mixed with those of high quality, "deceiving stupid rustics, and making fools of small-town folk."

The merchant families were "dressed as luxuriously as the scions of the imperial house." As for the families of Weng Po, Cho, Chih, and Chang Li (well-known millionaires of the time), "bells were struck [for meals] and they ate out of *ting* [cauldrons].... The dukes of the Eastern capital [today] cannot better them in appearance." The "wandering braves," men who were reckless of death, made gangs among themselves, and had followers "like clouds... quick to quarrel, roar—of a sudden, like tigers, like wild cats." As for the scholars from the country round, ready to debate any topic, they were in every street and alleyway, "splitting hairs, tearing muscles apart.... Those whom they liked grew the fur and feathers [of a career], those whom they hated, grew the boils and bruises [of no career]."

9. The Hunting Park

The Imperial Demesne [*chi*] of a thousand *li* was under the control of the Intendant of the Capital.

Within the area were one hundred and forty-five pleasure buildings of various kinds. North, south, east, and west were… landmarks.Within this area was a preserve for birds and beasts and fish.Of trees there were… (eight named) growing thickly.… Of herbs there were… (thirteen named),with dwarf bamboos growing luxuriantly in clumps.Endless were the hills and valleys and level pastures.There, also,was the dark pool of K'un Ming,encircled by an embankment which was planted with willows. There were all sorts of strange species of fish in it.With regard to the birds (five species named), "at the beginning of spring they were ready to arrive, at the end of autumn they sought a warm climate: so many different shapes and voices that it is impossible to describe them." In the winter the foresters prepared the terrain for the hunt. They burnt over the woods, cleared away the timber, and cut back the brambles.

10. The Imperial Hunt

The Son of Heaven came riding in his six-horse carriage with the appropriate symbolic appurtenances.Accompanying him were a thousand carriages thundering along and ten thousand horsemen galloping like dragons.

> It was not only play, for there were books of magic and lively tales,based on Yü Ch'u's nine hundred [chapters]: what was wanted in relaxation, all waiting ready.
>
> Thus it was that Ch'ih Yu grasped his halberd, spread his

shaggy coverlet [a tiger skin], a guard against aught uncanny.

By this means was known the malignant [tricks] of the spirits among the mountain and water demons, not one could cross the emperor's path.

The imperial guards were on parade at two points, the torches lighted, the drums a-thunder. The hunt was on. Birds and beasts were completely panic-stricken and in their terror dashed themselves against the carriage wheels, having nowhere to take cover...

No arrow was fruitlessly discharged, no dart flew in vain.

The stiff corpses of the slain, bird and beast, glistened like tide-washed pebbles [on a beach].

And there to view were the strung-together [victims] of the traps, battered to death with staves and poles...

Before the sun was down and [the shadows] come, the killing was done, out of ten, seven, or eight.

If the pheasants or crafty hares were so swift as to escape, there remained the swift of wing and the light of foot: they were bound to be struck down into the falconer's glove or be crunched by a dog at the end of a leash.

As for the savage indomitable beasts, with bristles erect and eyes glaring out of the corners of deep sockets, the terrifying *ssŭ* (rhinoceros) and tigers whom no one could withstand—there at work were the professional huntsmen of the kidney of Chung Huang and the stamp of [Hsia] Yü and [Wu] Huo, with red fillets in their bristling hair, bare-armed and spear-handed, advancing and circling, striking and grabbing. They could plunge through bramblebrakes and tear fences apart. High-hearted and nimble, they could dive into caves and snatch a fox from its hole, dash up overhanging hills to catch the wild ass, or swing out to the end of a branch and seize hold of a monkey.

11. After the Hunt

At this time would come the ladies of the harem, laughing and chattering, delighted to be there. After gazing their fill at the dead birds and beasts—and turning round for another look—they would repair to the Ch'ang Yang lodge.

> Those who hunted on foot were rested and the horses and chariots were paraded.
>
> The corpses of the birds and beasts were put in piles, their numbers counted, many or few: the plunder was apportioned out, victor's bounty carefully awarded.

The regiments were drawn up in a thousand rows, and wine and meats were distributed in the light of torches. A steward came on horseback to inspect. Such was the Emperor's bounty "the runners and drivers were pleased, the soldiers forgot their fatigue."

> The carriage-officer ordered the horses to be reharnessed and the carriages to turn and move over to the right.
>
> They wandered by the Wu Tsa lodge, they circled or stood by the K'un Ming lake.

The Emperor and his entourage would climb the terrace on the island there and proceed to shoot at high-flying wild geese and cranes. Then they would go to the Warden of Boats to provide entertainment. Barges with feathered sides and covers put out into the lake: "the oarswomen breaking into song, one leading, the others coming in with a chorus." Also the Huai Nan and Yang O action-songs were performed, and water demons and snakes frightened away. Then fishing started with hooks and nets, including drag-nets—but since the Warden of Marshes himself broke the regulations, what did it matter? The spawn were exterminated and the water weed dragged up by the roots.

> [This] overweening lust for hunting and fishing, [these] exertions for capturing small fry.
>
> This ransacking and scouring, this womb-grabbing and egg-snatching [*ch'ü*]:
>
> Snatching [*ch'ü*] at pleasure today, [how] have I leisure to pity what comes after me tomorrow?
>
> In a time of settled peace, how realize it [all] will totter to ruin?

Then the Emperor took his ease in the midst of his priceless coverlets and other appurtenances of extraordinary beauty. Then he favored the arena with his presence. There was staged the "marvelous entertainment called '*chüeh ti*'? [horn butting]." Strong men balanced weights, acrobats and jugglers performed (six kinds of feats noted). Choirs dressed as fairies sang, and men in the skins of leopards and bears danced, and others as white tigers struck great lutes, whilst green dragons played flutes. Some dancers at first would be like the whirlwind and then like falling snow. A colossal beast would appear,eight hundred feet long,and when it turned its back it was a fairy mountain with precipitous sides and bears and tigers pouncing on each other.... Conjurors would suddenly change their appearance and split their shapes, swallow swords and belch forth fire... smoke growing darker and darker.

[But there was the case of] Old Master Huang [a magician] of the Eastern Ocean who with his sword of gold worked spells,

aiming at pacifying white tigers—in the end he could not save himself.

He hugged his evil, poisoning magic—and thus it was that it did not work.

12. The Emperor's Undignified Amour

So then, when the final scene was staged, with masts erected and flags displayed,when boy acrobats flitted up and down between the masts, seeming to fall yet caught by the heels.

Thus,with the completion of these many scenes,the mind [of the Emperor] was intoxicated.

With the round of pleasures carried to the extreme,boredom came ravelling in his breast.

The sentries of the gates being warned, [the Emperor] would creep out incognito.

He descended to the level of the common man, and roamed through the suburbs.

The dragon's ability to transform himself manifests the true imperial majesty.

Thereafter he would seek a pleasure house and a compliant beauty, who would exercise all her languishing and provocative blandishments.

One ogling glance enough to topple down a city's defences! Who, whether a Chan Chi [Liu-hsia Hui, an incorruptible Chou scholar] or a Buddhist monk, could avoid being moved?

With fourteen ranks [of women in the harem] competing in fascination and grasping at the honor, favor and disfavor are never constant; it is personal feeling [*ai*] alone that clinches the matter.

[Emperor Wu's] Consort Wei rose through her luxuriant locks, [Emperor Ch'eng's] Consort Flying Swallow came to favor by the lightness of her body.

13. Final Conclusions

So then—his intent full set to exhaust desire, giving himself up to enjoy to the full, he took warning from the Songs of T'ang: "If you do not enjoy your possessions now, another will enjoy them."

The authority was his to create a precedent—where then the restraint of established procedure [*li*]?

[Emperor Ch'eng] added [to the harem] a new rank above that of *chieh yü*, Tung Hsien [Emperor Ai's favorite] being already made a duke was yet further ennobled.

[Emperor Ch'eng] promised concubine Chao that there should be none above her; [Emperor Ai] thought to exalt Tung

Hsien as [Sage-king] Shun was exalted by [Sage-king] Yao.

[This was when] Wang Hung in attendance at the side protested that the Han years had been ones of peace not of revolutionary change.

Emperor Kao Tsu created the heritage, his descendants built on his foundation.

Labor for a season brought lasting ease, order was maintained without overt action [*wu wei*].

With pleasures all there to be indulged, why should one worry, why should one take thought?

For so many years was this so, two hundred seasons and more: merely the soil was fertile, the outlands productive, all commodities in heaped abundance: the high passes bringing safety on every hand, forming a girdle easy to protect.

Those who had gained them had the power; those in possession of them endured in the land.

Where a stream flows far it is hard to stop, where the roots are deep [the tree] can hardly rot.

The result was the dissolute temper of luxury in excess—a sweet odor became pungent and more and more rank.

14. The Nobleman Makes His Bow

Your unworthy pupil, Sir, was born three hundred years after [the beginning] of Han, and hearing these things from those who never heard them [i. e. learning them only from hearsay] has been uncertain as one in a dream and cannot grasp even one part of them.

Today [our] Imperial Masters share the title of "Sovereign August" with Heaven; they have covered the whole world and made it one family.

Of all rich inheritances, there is none so great as ours.

The pity is that [now] we are not allowed to make lavish elegance the country's glory.

Yet parsimony goes with a mean spirit and forgets what the "*Song of the Cricket*" says.

Is it not true that what we want we cannot get and what we can get we do not want?

I am stupid and in error to be sure—pray let me hear the view by which these matters are [rightly] explicable.

第五章
班固《东都赋》

（一）东都主人反驳西都宾观点	
东都主人深吸一口气，感叹道：啊！生活环境和风俗对人有影响！先生，您确实是秦之人，骄傲地夸耀那些建筑，还有山河边界的保护作用。 确实您了解昭襄王和秦始皇。［那么］您是怎么认识大汉的政令和作为的？ 拿大汉的最初时期来说：大汉的突然兴起是源于一位卑微的普通人登上皇座。从几个［重要的］年岁里开创了一万代。 这是六经无法描述的东西，是早前的圣人无法提及的东西。 值此之际，［兴起的皇帝］攻打那些不听命令的人，符合天［的意志］，惩戒那些制造事端的人，符合人	东都主人喟然而叹曰：“痛乎风俗之移人也！子实秦人，矜夸馆室，保界河山，信识昭、襄而知始皇矣，乌睹大汉之云为乎？夫大汉之开元也，奋布衣以登皇位，由数期而创万代，盖六籍所不能谈，前圣靡得而言焉。当此之时，攻有横而当天，讨有逆而顺民。故娄敬度势而献其说，萧公权宜而拓其制。时岂泰而安之哉，计不得以已也。吾子曾不是睹，顾曜后嗣之末造，不亦暗乎？

续表

<table>
<tr><th colspan="2">（一）东都主人反驳西都宾观点</th></tr>
<tr><td>民的渴望〔1〕。
于是娄敬计算时势，提出自己的理论［即定都长安］；萧何则权衡各方要求，扩展了都城的规划。
是因为当时国家昌盛，［皇帝］满意［萧何的决策及其建筑的宫殿］吗？其实不是；必然是因为政策。
我亲爱的先生，您没有［把这件事］解释正确；您被后世种种微不足道的成就弄得眼花缭乱，您难道不是处在蒙昧之中吗？</td><td></td></tr>
<tr><th colspan="2">（二）王莽篡位与国家重兴</th></tr>
<tr><td>现在让我给您讲讲建武［光武帝统治初期］政府和永平［明帝统治时期］的事情，详细审视他们至高无上的纯净，以便我纠正您错误的心境。
此前王莽叛乱，汉朝血统中断。
天和人开始一致屠杀；宇宙的六方都联手摧毁他［王莽］。在接下来的混乱中，活着的人几乎都被消灭；祖宗被隔断；山谷里的棺材没有一口</td><td>今将语子以建武之治，永平之事，监于太清，以变子之惑志。
往者王莽作逆，汉祚中缺，天人致诛，六合相灭。于时之乱，生民几亡，鬼神泯绝，壑无完柩，郛罔遗室。原野厌人之肉，川谷流人之血，秦、项之灾，犹不克半，书契以来，</td></tr>
</table>

〔1〕版本异文问题见孙志祖《文选考异》及 G. Margouliès, *Le "Fou" dans le Wen-Siuan*, Paris, 1926, pp. 55–56。

续表

（二）王莽篡位与国家重兴	
不被摧毁的；城里的房子没有一座是完好的；乡间满是尸体，河里淌着血水： 秦和项羽之间战祸的可怕程度还不及这一半：自从书写开始以来，这样的故事还没有被记录过。 因此民众大声哭嚎，向上天哀叹；上天的君主［上帝］怜悯地俯视，委任圣皇［光武帝］以统治权。 于是圣皇占卜，找到正确的征兆，在义愤中发起了雷霆般的攻击。越过大河，跨过北岳，立下政权之名号，在洛阳建都。 他恢复了一百位君王的被毁坏的［功业］，辅助了宇宙的涤荡力量。 他修复了一个新时代的开端，建立了政府，在这个过程中延续了上天［的行为］。 他复兴了［圣王］尧的传统，恢复了汉朝的脉络，给人民带来食物补给，重塑了国家的边疆土地。他的功绩超过从前的所有人，他的功劳比三五[1]还多。	未之或纪。故下人号而上诉，上帝怀而降监，乃致命乎圣皇。于是圣皇乃握乾符，阐坤珍，披皇图，稽帝文，赫然发愤，应若兴云，霆击昆阳，凭怒雷震。遂超大河，跨北岳，立号高邑，建都河、洛。绍百王之荒屯，因造化之荡涤，体元立制，继天而作。系唐统，接汉绪，茂育群生，恢复疆宇，勋兼乎在昔，事勤乎三五。岂特方轨并迹，纷纶后辟，治近古之所务，蹈一圣之险易云尔？且夫建武之元，天地革命，四海之内，更造夫妇，肇有父子，君臣初建，人伦寔始，斯乃伏羲氏之所以基皇德也。分州土，立市朝，作舟舆，造器械，斯乃轩辕氏之所以开帝功也。龚行天罚，应

〔1〕“三五”传统上有不同说法。当时的一种观点认为“三”指的是圣王伏羲、神农和燧人，“五”指的是黄帝、颛顼、帝喾、尧和舜。

续表

（二）王莽篡位与国家重兴	
他不仅统一了社会标准、排列出壮观的人伦等级，处理必须事项，就像古今圣王那样一个人从混乱中带来了秩序。 他还在［新秩序的］最初时期，也就是天地还在动荡的时候，在四海之内各处重造了夫妇；他为父亲与儿子们创造了［新的］开端。 君王和臣民首次得到确立，人与人的关系开始了。 这是伏羲［第一个圣王］确立皇帝君王之德行的方法。 这也是黄帝在划分职权，建立市场，制造舟车、器械和武器时展现出的作用；还有汤和武在执行上天的惩罚时展现出的荣光。我们的皇帝迁都时效法了殷朝和周朝的中兴。起初他和高祖一样，“没有一寸土地，没有一个人可以使唤”。他严守纪律和传统，比文帝更恭敬。他向远古追寻，在泰山举行封禅祭典，于是取得了比武帝更大的荣光。因此光武帝， ……根据六经教育自己的德行，关注过去的时代，辩论其功绩。他仁慈的圣王功业得以完成，皇帝君王的道也完善了。	天顺人，斯乃汤、武之所以昭王业也。迁都改邑，有殷宗中兴之则焉。即土之中，有周成隆平之制焉。不阶尺土一人之柄，同符乎高祖。克己复礼，以奉终始，允恭乎孝文。宪章稽古，封岱勒成，仪炳乎世宗。按《六经》而校德，眇古昔而论功，仁圣之事既该，而帝王之道备矣。

续表

(三) 明帝的功绩	
到了明帝永平（持久的和平）时期，这样完美的光辉有两倍之盛。这表现在三雍（明堂、灵台、辟雍）[1] 的崇高建制上，表现在礼服上，在培养文学上，在非凡之美的展现上，在光武神殿的肃穆集会上。皇帝在其领土上做了一次皇家巡行，审视一切， ……他认真地观察这无数郡县所拥有的、所缺少的，审视他的统治范围，将皇家的光芒播撒到黑暗的地方。 接下来他扩大了洛阳老城， ……大规模地将其像扇形展开，光彩非凡，匀称调和；[于是] 在诸夏［中国］的中间装饰加工他的汉都，成为世界所有地方的控制点和王权中心。 在这座皇城之内，房屋都光彩照	至于永平之际，重熙而累洽，盛三雍之上仪，修衮龙之法服，铺鸿藻，信景铄，扬世庙，正雅乐。神人之和允洽，群臣之序既肃。乃动大辂，遵皇衢，省方巡狩，穷览万国之有无，考声教之所被，散皇明以烛幽。然后增周旧，修洛邑，扇巍巍，显翼翼。光汉京于诸夏，总八方而为之极。是以皇城之内，宫室光明，阙庭神丽，奢不可逾，俭不能侈。外则因原野以作苑，填流泉而为沼，发苹藻以潜鱼，丰圃草以毓兽，制同乎梁邹，谊合乎灵囿。

[1] 我在这里或是别处都没有尝试给出“明堂”“灵堂”和“辟雍”的英文对应词。这三者都是功能性建筑的类别，而这些名称并未表明它们所履行的各种职能。明堂字面上是明亮的殿堂，用来指示太阳的光明，或是皇权的光明、圣人的智慧之光、具有广泛影响的高尚道德之光等。灵台字面上是神灵的高台，这让人想到原始时期天空中的迹象给人带来震撼和敬畏，使人信仰万物有灵，从而创造出天象观测相关的伪科学。实际上汉代人已经使用了许多仪器，拥有严谨的数学计算，因此这个名称比较不符实际。辟雍的形制有很多种说法。班固似乎认为辟雍是圆形的壕沟围绕在方形的建筑周围。另一个解释是“至高无上的和谐”。

续表

（三）明帝的功绩	
人，表现出神一般的艺术性，那是挥霍浪费都无法超越的，那是节俭都不会称其为挥霍的。 都城外边，他建了一个园子。园子里丰富的草木喂养了动物。这里有个湖，湖里水草遮蔽了鱼儿。园子的规模和古时候一样合宜。	
（四）皇家狩猎地与季节性田猎	
在合适的时候皇帝会在这个园子里举行季节性的田猎、检阅兵马、给士兵进行军事训练。狩猎时他一定会使用《王制》和《诗》中的狩猎歌曲（举出四首）。在一定仪典之后，皇帝坐在由与季节对应颜色的马拉着的玉饰的车上带领车队出发了……“庄严又温雅”。大自然的精灵在一旁侍奉，狩猎的第一阶段开始了，“一千辆马车雷鸣般前行，一万位骑手旋转着飞腾”。标枪在云中扫过，羽旄擦去了彩虹。旗帜刷过天空，“一场璀璨闪耀的展示……”三支军队来到园囿中央，整顿军马。每支分队都站在自己分配好的位置上。信号火炬举起，所有骑兵、驾车士兵、弓箭手一齐冲出，追逐正在被驱赶的猎	若乃顺时节而蒐狩，简车徒以讲武，则必临之以《王制》，考之以《风》《雅》，历《驺虞》，览《四驖》，嘉《车攻》，采《吉日》，礼官整仪，乘舆乃出。于是发鲸鱼，铿华钟，登玉辂，乘时龙，凤盖棽丽，和銮玲珑，天官景从，寝威盛容。山灵护野，属御方神，雨师泛洒，风伯清尘，千乘雷起，万骑纷纭，元戎竟野，戈鋋彗云，羽旄扫霓，旌旗拂天。焱焱炎炎，扬光飞文，吐焰生风，欱野喷山，日月为之夺明，丘陵为之摇

续表

（四）皇家狩猎地与季节性田猎	
物。鸟兽没有时间逃跑。 一眨眼间，猎物已经装满了车。［因为］没有完全沉迷于狩猎的欢愉，没有进行大规模的屠杀。 骑马侍从回到路上，马车也按秩序离开。	震。遂集乎中囿，陈师案屯。骈部曲，列校队，勒三军，誓将帅。然后举烽伐鼓，申令三驱，轻车霆激，骁骑电骛，由基发射，范氏施御，弦不睼禽，辔不诡遇，飞者不及翔，走者不及去。指顾倏忽，获车已实，乐不极盘，杀不尽物，马踠余足，士怒未渫，先驱复路，属车按节。
（五）万方朝拜洛阳	
于是他［皇帝］［向天、地和祖先］献祭三牺，供五种祭祀动物，向天上地下的神灵履行职责，怀念百位神灵。 在参拜辟雍时，他在明堂向公众［以及五帝］展现自己的荣光，播撒他令人敬畏的力量。 他登上灵台，审视祥瑞。他上下观看乾坤［天地的象征］，将这些征兆与［他的］圣人之体相关联。 他以中夏［中国］为目标，在那里传播其德行。他审视四方边疆，在那里提升其崇高的威望。	于是荐三牺，效五牲，礼神祇，怀百灵，觐明堂，临辟雍，扬缉熙，宣皇风，登灵台，考休徵。俯仰乎乾坤，参象乎圣躬，目中夏而布德，瞰四裔而抗棱。西荡河源，东澹海漘，北动幽崖，南曜朱垠。殊方别区，界绝而不邻。自孝武之所不征，孝宣之所未臣，莫不陆詟水栗，奔走而来宾。遂绥哀牢，开永昌，春王三朝，会同汉京。

续表

（五）万方朝拜洛阳	
他的影响力从东、西、南、北传播到遥远的地区，在那里一个国家和另一个国家的边界都挨不到一起。那里连武帝、宣帝的力量都没能征服。 陆地上和水里的人，没有一个不是上气不接下气、浑身颤抖着跑来表示敬意。 安宁立即来到了［云南的］哀牢，哀牢成了永昌的辖区。 这一年年初第一个月的第一天，所有人在汉都集会， ……天子收到了从四海而来的地图和报告，接受了一万个国家的朝贡。 他安抚了蛮族和诸夏（汉化的国家）。在云龙之庭的帐子里，有官员协助诸侯（属国国君）遵守皇家礼仪。一场宴会举办了起来，桌子上摆着一千盅酒，盛在金和玉做的酒杯里。还有珍馐与壮实的小公牛。大乐师及其合唱团与舞蹈人员出场表演传统乐曲。受到皇帝广播的德行感染，四方蛮夷也演奏了他们的曲目。皇帝情绪欢快，臣子也吃饱喝足。代表和睦的自然烟雾笼罩了下来。钟声响起，官员们退去了。	是日也，天子受四海之图籍，膺万国之贡珍，内抚诸夏，外绥百蛮。尔乃盛礼兴乐，供帐置乎云龙之庭，陈百寮而赞群后，究皇仪而展帝容。于是庭实千品，旨酒万钟。列金罍，班玉觞，嘉珍御，太牢飨。尔乃食举《雍》彻，太师奏乐，陈金石，布丝竹，钟鼓铿鍧，管弦晔煜。抗五声，极六律，歌九功，舞八佾，《韶》《武》备，泰古毕。四夷间奏，德广所及，僸佅兜离，罔不具集。万乐备，百礼暨，皇欢浃，群臣醉，降烟煴，调元气，然后撞钟告罢，百寮遂退。

续表

（六）节俭务本的乐境，庠序盈门	
于是皇帝看到了一万个地方的乐事之欢愉，用他的恩惠为它们涂上膏泽。他害怕奢侈之精神可能兴起，担心懒惰会出现在东方的主要行业［即农业］中。 他重振旧规章，传达下清晰的命令：公布法令，宣扬节俭、中庸，用经济展现出完全的朴素。 他去掉了后宫华丽的装饰，省掉了自己车马的修饰；他停止了工匠和商人们［从事］的败坏道德的追求；他宣扬在土地里劳作和［种植］桑树的伟大事业。 这些命令传达四海之内。不必要的东西都被丢弃了。人们返回到了基本［的需求］。俗艳的东西被逐出社会。人们遵守真实的原则。女人们纺织丝绸，男人们耕作除草。日用器具都是黏土或葫芦做的。人们崇尚素白或黑的衣服。 他［皇帝］认为精制丝绸的绮丽是一种耻辱，不穿着这些。他轻视珍稀、精致的东西，不认为这些有价值；他任金子留在深山，任珍珠留在水底。 因此人们洗净了身上的污点，去	于是圣上睹万方之欢娱，又沐浴于膏泽，惧其侈心之将萌，而怠于东作，乃申旧章，下明诏。命有司，班宪度。昭节俭，示太素。去后宫之丽饰，损乘舆之服御，抑工商之淫业，兴农桑之盛务。遂令海内弃末而反本，背伪而归真。女修织纴，男务耕耘。器用陶匏，服尚素玄。耻纤美而不服，贱奇丽而不珍，捐金于山，沈珠于渊。于是百姓涤瑕荡秽，而镜至清。形神寂寞，耳目不营。嗜欲之源灭，廉耻之心生。莫不优游而自得，玉润而金声。是以四海之内，学校如林，庠序盈门。献酬交错，俎豆莘莘。下舞上歌，蹈德咏仁。登降饫宴之礼既毕，因相与嗟叹玄德，谠言弘说。咸含和而吐气，颂曰：盛哉乎斯世！

续表

（六）节俭务本的乐境，庠序盈门	
除了不纯洁的东西，能够照见自己身上纯净的高度；身体和灵魂都不受干扰，感官清净，肉欲的源头被切除，于是产生了谦虚、羞耻之心［字面意思是心-思[1]］。 没有一个人不是自由、放松、满足的。［没有一个人不］拥有玉的光泽和金的鸣响。 这是因为四海之内的中央学校就像森林一样，地方学校挤满了人，排到了门口：这里有礼仪的交流，礼仪的用具和手段应有尽有：下面在跳舞，上面在唱歌；履行德，歌唱仁［坦率[2]］。 宴会上，相互鞠躬的礼仪完毕了，所有人都用美好、高贵的语言赞美神秘的“德”。 他们的口中充满和气，他们吐出和谐的精华，赞颂这昌盛的日子。	
（七）东都主人总结陈词	
今天参与讨论问题的人们只知道背诵虞［舜］和夏的书籍，歌唱殷和周的歌曲，讲述伏羲《易》中的有	今论者但知诵虞、夏之《书》，咏殷、周之《诗》，讲羲、文之《易》，

〔1〕 译者注：“心-思”修中诚原文为“heart-mind”。
〔2〕 译者注：“坦率”修中诚原文为“man-to-man-ness”。

续表

(七) 东都主人总结陈词	
文饰的语句，讨论孔子的《春秋》。 很少人能够参透那些清晰透彻的、在古今都被模糊了的东西的本质；很少人［能够］深究汉德之道。 先生，您对过去的制度很熟悉，您看起来很正确，其实被非本质的东西带偏了。 回忆过去，［从而］知晓现在，这已经是很困难的事情了，能够了解德行的人实在很少了。 此外，生活在西部边境守卫关隘，与生活在国土的中心怎么能相比呢？在这里一千个地方就像轮子的辐条一样集中在一起。西边的河流山川无法和洛阳的相比，洛阳以黄河为带，又有洛河流经，还有出现（神秘的）图书手稿的（两条）河流。建章宫和甘泉宫供的是小神灵（仙），而灵台、明堂是天人之间的和谐关系得到有效掌控的地方，这二者不能相比……长安的游玩场所怎能和辟雍相比？辟雍周围环绕着象征四海的水，带来道德的丰富。您那些不法的亡命之徒、放荡市民怎能与（洛阳的）对正确程序、节奏秩序与	论孔氏之《春秋》，罕能精古今之清浊，究汉德之所由。唯子颇识旧典，又徒驰骋乎末流。温故知新已难，而知德者鲜矣。且夫僻界西戎，险阻四塞，修其防御，孰与处乎土中，平夷洞达，万方辐凑？秦岭九嵕，泾渭之川，曷若四渎五岳，带河泝洛，图书之渊？建章、甘泉，馆御列仙，孰与灵台明堂，统和天人？太液昆明，鸟兽之囿，曷若辟雍海流，道德之富？游侠逾侈，犯义侵礼，孰与同履法度，翼翼济济？子徒习秦阿房之造天，而不知京洛之有制；识函谷之可关，而不知王者之无外。

续表

(七) 东都主人总结陈词	
严谨行为的普遍遵守(翼翼济济)相比? 您徒劳地研究那飞入高空的秦[宫]阿房;您没看见洛阳如何遵循规划;您了解函谷的重兵把守的关卡,却不知道王的统治没有边界。	
(八) 西都宾甘拜下风	
主人的讲话还没结束,西都宾就控制不住面部表情,眼睛从右转到左,因忧虑而向后退去,绕着圈下了台阶;他小心地举起双手告辞。 主人说:“回到您的位置上,我要给您五首[我创作的]诗词。” 宾客读完之后惊叹:“绝妙! “这些诗的主旨比扬雄的还要正确,主题比司马相如还要真实。 “我的主人,您不仅博学,还碰巧遇上这个幸福的年代。 “我真是个孩童,我胡言乱语、不尊重人,我不知分辨。 “既然我现在听闻了真正的道,请允许我终日唱诵这些诗句。”	主人之辞未终,西都宾矍然失容,逡巡降阶,㩧然意下,捧手欲辞。主人曰:“复位,今将授子五篇之诗。”宾既卒业,乃称曰:“美哉乎斯诗!义正乎扬雄,事实乎相如,匪唯主人之好学,盖乃遭遇乎斯时。小子狂简,不知所裁。既闻正道,请终身而诵之。”

续表

（九）五首颂诗	
颂诗如下： 明堂 啊！辉煌的明堂！闪烁着［天的］光芒的明堂！ 圣皇［明帝］进行祭祀，多么恭敬，多么威严！ ［在这里］高高的神明被招待宴饮，按照时间顺序分别在五个位置进行。 谁是他们的配［辅助］？已故的祖先光武帝。 从地的一端到另一端，永恒的天［之下］，每一个［高位之人］都按照自己的官职帮助协作！ 多么宏伟，多么绵长，真正带来神恩祝福！	其辞曰： 明堂诗 于昭明堂，明堂孔阳。圣皇宗祀，穆穆煌煌。上帝宴飨，五位时序。谁其配之，世祖光武。普天率土，各以其职。猗欤缉熙，允怀多福。
辟雍 这里流淌着辟雍及其荡漾的水波。 圣皇来临，用船做了一座桥在那里［让他通过］。 国家里政治经验丰富的老人，他们头发银白，［他把他们当作］父亲和长兄［来对待］！ 多么严谨的举止，多么光辉夺目	辟雍诗 乃流辟雍，辟雍汤汤。圣皇莅止，造舟为梁。皤皤国老，乃父乃兄。抑抑威仪，孝友光明。于赫太上，示我汉行。洪化唯神，永观厥成。

续表

（九）五首颂诗	
的孝行和友善！ 高于一切之上的他是多么高贵威严地揭示了我们汉朝的道！ 汉朝之道的改造力量是那么广阔，像神一样！我们将永远看见这道的胜利！	
灵台 在这里人们走进灵台，受人尊崇的灵台！ 对时间很严谨的皇帝登上灵台，审视祥瑞的征兆。 太阳、月亮和星星揭露出它们的本质，五种力量展现其序列。 吉祥的风多么轻柔，甘甜的雨多么丰沛！ 一百种谷物蓬勃而起！植物都繁茂地生长！ 一次又一次的丰收！对皇帝来说是多么大的欢乐！	灵台诗 乃经灵台，灵台既崇。帝勤时登，爰考休徵。三光宣精，五行布序。习习祥风，祁祁甘雨。百谷蓁蓁，庶草蕃庑。屡惟丰年，于皇乐胥。
宝贵的三角鼎 啊，来自高峰的进贡，来自大河的珍宝！［或许］放射着金属的色泽，［或许］笼罩着飘扬的烟雾！ 宝贵的三角鼎出现了，它们的颜色相互融合！	宝鼎诗 岳修贡兮川效珍，吐金景兮歊浮云。宝鼎见兮色纷纭，焕其炳兮被龙文。登祖庙兮享圣神，昭灵德兮弥亿年。

续表

（九）五首颂诗	
闪耀着光芒，遍布着龙文！ 呈在祖先的殿堂，献祭给神灵！ 为神灵之德增添光泽，十万年！	
白雉 打开神灵之书，展开祥瑞的图画！ 捕捉到白雉，献上白乌！ 许许多多欢快的征兆集中在都城里。 竖起它们闪耀的双翅，立起尾巴上的羽毛！ 它们的外表如此干净、纯洁、精巧！ 皇帝的德行通过它们展现出来，和周成［王］可以媲美！ 在时空中不断延展，实现上天的恩惠！	白雉诗 启灵篇兮披瑞图，获白雉兮效素乌，嘉祥阜兮集皇都。发皓羽兮奋翘英，容洁朗兮于淳精。彰皇德兮侔周成，永延长兮膺天庆。

附录三 PAN KU'S "*FU* ON THE EASTERN CAPITAL"

1. The Eastern Capital Host Jibes at the Western Capital Guest's Opinions

The Eastern Capital Host drew a deep breath and exclaimed: Alas, the effect that habitat and custom have on people! You, Sir, are indeed a man of Ch'in, boasting proudly of buildings and the protection of boundaries by mountains and rivers.

In truth you know about King Chao-hsiang and have an understanding of the First Emperor.How [then] can you discern the words and deeds of great Han?

Take the First Day of Great Han: it burst forth from a humble commoner ascending the imperial throne, from a few [momentous] years initiating a myriad generations.

This was something the Six Scriptures could not describe, something it was impossible for the former sages to mention.

At this juncture [the rising emperor] attacked thecontumacious, thus conforming to [the will of] Heaven, punished the troublemakers, thus following the desires of the people.[1]

So it came about that Lou Ching, having calculated the situation, offered his theory [that the capital should be at Ch'ang-an]; Hsiao Ho, having weighed what was required, extended the layout of the Capital.

Was this because the times were flourishing and [the Emperor] was content with it [the decision and the palace Hsiao Ho had built]? Indeed no; it was perforce the policy.

My dear Sir, you have not discerned [this matter] aright; and being dazzled by the trifling accomplishments of succeeding generations, are you not in a state of darkness?

2. Wang Mang's Usurpation and the Salvation of the Country

Now I will speak to you about the government of Chien Wu [Emperor Kuang Wu's opening term of rule] and about the events of Yung P'ing [Emperor Ming's reign], scrutinizing their supreme purity in order that I may correct your erroneous frame of mind.

In the previous period there was Wang Mang's revolt and the Han line was broken midway.

Heaven and man embarked on concerted slaughter; all within the six points of the universe joined in destroying him [Wang Mang]. In the ensuing disorder the living were almost

[1] For the problem raised by textual variants at this point see Sun Chihtsu, *Wen Hsilan K'ao I*, ch. I, and G. Margouliès, *Le "Fou" dans le WenSiuan*, Paris, 1926, pp. 55–56.

wiped out, the ancestors were cut off, no coffin in the valley was not destroyed, no house in the city's precinct left intact; corpses filled the countryside, rivers ran with blood:

The disasters of the war between Ch'in and Hsiang Yü were not half so frightful: since writing began no such tale has been recorded.

Therefore the common people wailed aloud, made their plaint on high; the Sovereign on High [Shang Ti] in pity looked down, and gave mandate to the Sage Emperor [Kuang Wu].

Thus it was that the Sage Emperor made divinations and found the right prognostications, and then, in his indignation, launched thunderous attacks. Having crossed the Great River and strode over North Peak, he named his regime and established his capital at Loyang.

He restored the ravaged [works of] a hundred kings, assisted the cleansing powers of the universe.

Fixing the beginning of a new era, he established his government, in very deed continuing [the act of] Heaven.

He revived the tradition of [Sage-King] Yao, restored the line of Han, bringing food and plenty to the living, restoring the frontier lands of the state, his merits beyond all those in the past, his labors more than the labors of the Three and the Five.[1]

It was not that he merely unified social standards and paraded a pompous show of hierarchy and dealt with that

[1] There are various traditions. A contemporary one identified the "Three" as the Sage-kings Fu Hsi, Shen Nung, and Sui Jen, and the "Five" as the Yellow Emperor, Chuan Hsu, Ti K'u, Yao, and Shun.

> necessity, of the present as of the past, to have one sage man tread the path of bringing order out of anarchy.
>
> He also on that First Day [of the new order], when Heaven and Earth were in revolution, everywhere within the four seas recreated husbands and wives; made a [new] beginning for fathers and sons.
>
> Sovereign and subject were for the first time established, the relations of man with man started.
>
> These were the very means by which Fu Hsi [the first Sage-King] founded the *virtus* of emperors and kings.

So also it was with the efficacy shown by the Yellow Emperor in dividing the provinces and establishing market days, making boats and carriages, implements and weapons: with the glory of royalty shown by T'ang and Wu in enacting Heaven's punishments. In his changing of the capital our Emperor emulated the middle revival of the Yin era, and that of the Chou. In having at first "no inch of ground or man to command" he was on a par with Emperor Kao Tsu. In his discipline of himself and observance of tradition he was more reverent than Emperor Wen, in searching antiquity and performing the *jeng* sacrifice on Mount T'ai he achieved greater glory than Emperor Wu. Thus Emperor Kuang Wu

> … schooled himself in the *virtus* according to the Six Scriptures, brought past ages into focus and argued their merits: and his humane sageful works being completed, the *tao* of the emperors and kings was perfected.

3. The Emperor Ming's Achievements

Coming to the Yung P'ing (Lasting Peace) period of Emperor Ming, this splendor of perfection was redoubled, showing itself in developing the lofty procedure of the Three Yung (the Ming T'ang, Ling T'ai and Pi Yung),[1] in the ritual robes, in the fostering of literary refinement, in the display of conspicuous beauty, in the solemn gathering in the Kuang Wu fane. The Emperor made a royal progress throughout his dominions, examining everything,

> ...in his own person seeing what the myriad states had and what they lacked, examining the extent of his influence, diffusing the royal light that it might brighten dark places.

Thereafter he enlarged the ancient city of Loyang,

> ...fanning it out on a grand scale, in towering grandeur and resplendent symmetry; [thus] embellishing [his] Han capital in the midst of Chu Hsia [China], making a control for all parts of the world and forming their crowning point.

---

[1] I have not attempted here or elsewhere to give English equivalents to the terms "*ming t'ang*" "*ling t'ai*" and "*pi yung.*" All three were sets of functional buildings, and these names give no indication as to the various functions fulfilled. *Ming t'ang*, lit. "bright hall," may signify bright with the brightness of the sun, or of imperial prestige, or of sage-like intelligence, or of widely influential moral excellence. *Ling t'ai*, lit. "spirit terrace," gives a clue to the primitive pseudo-science of astronomical observation dating from the time when signs in the heavens struck an animistic awe into the hearts of the watchers. The title does not do justice to the use of instruments and strict mathematical calculation in Han times. As for *pi yung*, there were alternative forms to the graphs. Pan Ku seems to favor the interpretation which indicates a circular moat of flowing water with square buildings within the circle. Another interpretation was "sovereign concord."

> Here within the royal city the houses were resplendent, revealing a divine artistry, which prodigality could not surpass, which frugality could not call prodigal.

Outside the city he constructed a park where the rich herbage nourished the animals, and a lake where water plants concealed the fish. The size of it was of the modest proportions of the parks of antiquity.

4. The Imperial Hunting Preserve and the Seasonal Hunts

In the park on suitable occasions the Emperor conducts the seasonal hunts, reviewing horse and foot and training them in martial exercises. In so doing he is sure to use the "Royal Regulations" and hunting songs in the "Odes" (four mentioned). After certain rites the carriages move off with the Emperor leading in his jade-adorned carriage with horses of the due seasonal color… "majestic, debonair." With the nature spirits in attendance the first stage of the hunt has begun "with a thousand chariots thundering along, and a myriad horsemen whirling in flights," lances sweeping the clouds, feathered plumes obliterating the rainbow, banners brushing the sky, "a brilliant scintillating display…." On arrival at the center of the park, the three army corps are drawn up, each detachment taking its allotted station. The signal torches are raised, and the whole force of drivers, horsemen, and bowmen rush to meet the driven game. There is no time for bird or beast to escape.

In the blink of an eye,suddenly the game carts are full,[for] the pleasure of the hunt is not indulged to the full,there is no wholesale slaughter.

The outriders return to the roads,the carriages move off in due order.

5. All Nations Turn to Loyang

Thus it is that he [the Emperor] offers the Three Sacrifices [to Heaven, Earth, and the Ancestors], presents the five sacrificial animals, does his duty to the gods above and below, cherishes the hundred dieties.

In his audiences [with the Five Ti] in the Ming T'ang, in his visits to the Pi Yung, displays his glory, diffuses his august influence.

Ascending the Ling T'ai,examining the favorable auspices, as he looks up and looks down to the Ch'ien and the K'un [symbols of heaven and earth] he relates the signs to [his] Sacred Person.

He marks Central Hsia [China] and diffuses his *virtus* there, he scans the four frontiers and uplifts his sublimity there.

West,east, north, and south goes his influence into outlandish regions where the borders of one country are not neighbor to another.In lands where the might of Emperors Wu and Hsüan had not brought submission.

No one on land or water but breathless and trembling comes running to pay homage.

> Forthwith peace comes to Ai Lao [in Yunnan] and it becomes the commandery of Yung Ch'ang.

On the first day of the first month at the beginning of the year all meet in the Han capital,and

> ...the Son of Heaven receives maps and reports from the four seas, accepts the tribute treasures from ten-thousand countries.

He tranquilizes the barbarians as well as the *Chu Hsia* (Sinicized states).So in tents in the Cloud-Dragon Court there are officers to assist the *ch'ünhou* (vassal kings) to comply with imperial etiquette. A great feast is held, with a myriad vessels of wine, with goblets of gold and jade, with rare delicacies and fat bullocks.The Music Master and his orchestra and dancers are there and perform traditional measures.The barbarians also present their music from the four quarters, inspired by the Emperor's far-extended *virtus*. So with the Emperor in convivial mood his subjects drink well and the primordial vapor of harmony descends. At the sound of a bell the officers retire.

6. The Joyful State of Sober Simplicity and Earnest Endeavour, with Schools Everywhere

> Thus it is that the Emperor, surveying the pleasure of joy in ten thousand places, as he bathes them in the unction of his grace, fears lest the spirit of extravagance may arise and there be sloth over the staple occupation of the East [i.e. agriculture].

He revives old regulations,sends down clear fiats: publishes statutes to exalt frugality and moderation,with economy to show complete simplicity.

He discards the beautiful ornaments of the women's apartments, dispenses with the trappings of his carriages; he stops the demoralizing pursuits in which craftsmen and merchants [engage], he exalts the great work of tilling the soil and [planting] mulberry trees.

So then the orders go forth to all within the four seas, unessentials are discarded, and a return made to basic [needs], the meretricious is outlawed and men abide by the true; women weave silks and fabrics, men give themselves to ploughing and weeding; utensils for daily use are of clay or calabash; with clothes, preference is given to plain white and black.

He [the Emperor] counts the prettiness of fine silks a disgrace and will not wear them; he despises the rare and exquisite and attaches no value to them: he leaves gold in the mountains, pearls in the depths of the waters.

Thus it is that the people cleanse themselves of blemishes and cast away impurities, and so can mirror to themselves the height of purity: body and soul untroubled, the senses inactive,the fountain head of concupiscence is extinguished, and the spirit [lit. heart-mind] of modesty and shame is born.

No one but is free and easy and satisfied in himself, [no one but] possesses the sheen of jade and the ring of gold.

This is because within the four seas central schools are as a forest, country schools full to the doors: there is interchange of civilities, the ritual implements in good supply: dancing below, singing above, treading out *virtus* [*tê*], singing over *jên* [man-to-man-ness].

At the feasts when the courtesies of bowing are ended, all praise the mysterious *virtus* in beautiful and noble terms.

Their mouths are filled with concord, they breathe its essence forth, acclaiming the day of abundance that is here.

7. The Eastern Host's Final Argument

Nowadays people who engage in discussion only know how to recite the books of Yu [Shun] and Hsia, to chant the songs of Yin and Chou, to expound Fu Hsi's patterned lines in the *Changes*, to discuss Confucius' *Spring-and-Autumn Annals*.

Few there are who are capable of getting the essence of what is transparent and what is blurred in the past and the present, [capable of] enquiring deeply into the way in which the *virtus* of Han came to be.

You, Sir, are well acquainted with past institutions, but you are also speciously carried away by non-essentials.

To recall the past and [thereby] know the present has become difficult, and those who understand the *virtus* are few indeed.

Also, to live away there on the western frontier guarding the passes, how can this be comparable to living in the center of the realm, to which "ten thousand places converge like the spokes of a wheel"? The western rivers and mountains do not compare with those of Loyang where the Yellow River makes a girdle and the Lo River flows past, the (two) waters of the (Mystic) Diagram and the Script. The buildings of Chien Chang and Kan Ch'üan, with the offerings there made to minor spirits (*hsien*), do not compare with the Spirit Terrace and Bright Hall where the concord between Heaven and man is effectively controlled.... How can the Ch'ang-an pleasure ground be equal to the Pi Yung, encircled as it is by water which symbolizes the four seas and brings the riches of the Way and the *virtus*? The lawlessness of your bravos and dissipated townsfolk is not to be compared with the universal observance of right procedure (in Loyang), its rhythmic order and strict behavior (*i i ch'i ch'i*).

> Vainly have you studied the O Pang, the Ch'in [Palace] that soared into the heavens; you are ignorant of how Loyang conforms to a plan: you know well the guarded pass at Hsien Ku, but you are ignorant of the fact that true Kingship has no frontiers.

8. The Guest's Discomfiture

The host's speech was not concluded when the Western capital guest, his eyes jumping from right to left, being out of countenance, shrank back and round to descend the steps in plain fear; minded to take his leave, he held out his hands in farewell.

The host said, "Go back to your place, I am going to give you five pieces of verse [which I have composed]."

The guest, having finished reading, exclaimed, " How admirable!

"These verses are in their main ideas more right than Yang Hsiung, in relation to their matter more real than Ssu-ma Hsiang-ju.

" Not only are you, my host, most erudite, but also you have lighted on this happy age.

"Child that I am, I talk wildly and disrespectfully, I do not know how to discriminate.

"Now that I have heard the True Way, I beg leave to chant these verses all my days."

9. The Five Odes

The Odes are as follows:

Ming T'ang

Hail resplendent Ming T'ang! Ming T'ang of [heavenly] radiance!

The Sage Sovereign [Emperor Ming] did sacrifice, reverently, majestically!

[Here] the High Gods are feasted, at five stations in timely order.

Who is *p'ei* [ancillary] to them? Late-Ancestor Kuang Wu.

[Under] universal Heaven from end to end of Earth, each [dignitary] assisting according to his office!

How superb, how continuous, verily bringing many blessing!

Pi Yung

Here flows the Pi Yung with its rippling waters.

The Sage Sovereign arrives, a bridge of boats made there [for him to cross].

The silver-haired veterans of the state, [whom he treats as] fathers and elder brothers!

What strictness of deportment, what brilliance of filial piety and friendliness!

How majestically the All Highest reveals the ways of our Han!

Their transforming power so wide, so god-like! To all time may we see their success!

Ling T'ai

And here one traces the Ling T'ai, the Ling T'ai long venerated!

Careful to time the Emperor ascends, here he examines the proofs of blessing.

Sun, moon and stars disclose their essence, the five forces display their sequence.

How gently the auspicious winds, how abundant the sweet rain!

The hundred grains burgeoning forth! The plants all growing in profusion!

Rich harvests again and again! What joy to the Emperor!

Precious Tripods

Ah tributes from the high peaks, treasures from the great rivers! [May be] emitting a metallic sheen, [may be] beclouded with flying vapor!

Precious Tripods appear, their colors mingled in confusion!

Radiant with sparkling light, covered with dragon script!

Presented in the ancestral fane, offerings to the sacred spirits!

Giving lustre to [their] spirit *virtus*, for a hundred thousand years!

White Pheasants

Open the spirit books, unroll the auspicious drawings!

The capture of white pheasants, the presentation of white crows!

Happy auguries abound, concentrated in the Capital.

Ruffling their glistening wings, with tail feathers erect!

Their appearance so clean, so pure, so exquisite!

How they display the Sovereign's *virtus*, equalling [King] Ch'eng of Chou!

Extending ever further in space and time, fulfilling the blessings of Heaven!

第六章
张衡《东京赋》

<table>
<tr><th colspan="2">（一）安处先生的反应</th></tr>
<tr><td>安处先生这时候就像一个不能说话的人：他窘迫了一会儿，然后恢复了镇静，微笑道：
先生，您是一位所谓的“有学问”的人，您［只］获得了表面的印象，您重视耳朵，轻视眼睛。
假如［只有］胸襟而没有思想，那么就没有发自礼［关于尊敬的规则］的自我约束。
难怪会出现轻视当下、尊崇过去的行为。
由余是西方蛮夷中被驱逐的大臣，［还能］嘲笑［秦］穆公［因］宫室［而骄傲］。
您珍视过去［从而］知晓当下［当今］，能分别真伪，您怎么会得出这些错误［结论］呢？</td><td>安处先生于是似不能言者，怃然有闲，乃莞尔而笑曰：“若客所谓，末学肤受，贵耳而贱目者也！苟有胸而无心，不能节之以礼，宜其陋今而荣古矣！由余以西戎孤臣，而悝穆公于宫室，如之何其以温故知新，研核是非，近于此惑？”</td></tr>
</table>

续表

（二）朝代革命（公元前3世纪）的真实教训	
以周朝末期为例。“周朝无法统治”……沦为“西边来的老虎”。当时七大力量正努力获得优胜地位，竞相以奢侈取胜……贪婪的秦朝用它的尖嘴从远方攻来，赢得了整片地区。他［始皇］想要独占奢侈，认为没有谁能与之相比。于是他修建了宫殿，以最大限度征税，对小错误都残暴地惩罚……可怜的“黑头人”［普通人］走路都在害怕和颤抖。 被当成奴隶对待， 人民不堪这样的使唤，于是将他们的肩膀靠着大汉休息，很高兴地推崇了高祖。 高祖顺从天命，发出“战令”，横扫敌人。他说没有时间再建一个新都城。秦朝的旧工匠们“目光扫视着阿房宫”，这种建筑实在超过了界限。他将他们的计划一再缩减，但即使这样还是超越了周朝的建筑。 观看者轻视这些建筑，称其简陋；皇帝嘲笑它们太大，让人不舒坦。	周姬之末，不能厥政，政用多僻。始于宫邻，卒于金虎。嬴氏搏翼，择肉西邑。是时也，七雄并争，竞相高以奢丽。楚筑章华于前，赵建丛台于后。秦政利嘴长距，终得擅场，思专其侈，以莫己若。乃构阿房，起甘泉，结云阁，冠南山。征税尽，人力殚。然后收以太半之赋，威以参夷之刑。其遇民也，若薙氏之芟草，既蕴崇之，又行火焉！惵惵黔首，岂徒局高天，蹐厚地而已哉？乃救死于其颈！驱以就役，唯力是视，百姓不能忍，是用息肩于大汉而欣戴高祖。高祖膺箓受图，顺天行诛，杖朱旗而建大号。所推必亡，所存必固。扫项军于垓下，绁子婴于轵涂。因秦宫室，据其府库。作洛之制，我则未暇。是以西匠营宫，目玩阿房。规

续表

(二) 朝代革命（公元前3世纪）的真实教训	
	摹逾溢，不度不臧。损之又损，然尚过于周堂。观者狭而谓之陋，帝已讥其泰而弗康。
(三) 凭虚公子的粗陋无知	
而且高祖皇帝在天的职权之下建立了一个家族，改造了我们中国的土地。文帝是一个俭朴的人，他的统治崇尚和平之德。武帝极大地扩展了我们的领土，在泰山上祭祀。宣帝以其严威调和了戎、狄蛮夷，使他们前来进贡。所有这些皇帝都供奉神牌、按时节进贡祭品。此外，用于祭祀的有铭文的容器被制作得越来越华美。您忽略皇帝真正的杰出之处，关注他们不好的品质， ……难怪您并不反感过去，难怪您把好的东西扔进阴暗里，展现出邪恶；[而且] 我亲爱的先生，您事实上忽视了言辞 [的力量]。 假如您要推崇不加拘束的奢侈，那就使得黄帝的 [茅屋] 合宫、舜的 [茅屋] 总期[1]绝对比不上桀的瑶	且高既受命建家，造我区夏矣。文又躬自菲薄，治致升平之德。武有大启土宇，纪禅肃然之功。宣重威以抚和，戎狄呼韩来享。咸用纪宗存主，飨祀不辍，铭勋彝器，历世弥光。今舍纯懿而论爽德，以《春秋》所讳而为美谈，宜无嫌于往初，故蔽善而扬恶，祇吾子之不知言也。必以肆奢为贤，则是黄帝合宫，有虞总期，固不如夏癸之瑶台，殷辛之琼室也。汤武谁革而用师哉？盍亦览东京之事以自寤？

[1] 黄帝和舜的明堂的名字。

续表

（三）凭虚公子的粗陋无知	
台和纣的琼宫。 谁又能作为［成］汤、武［王］，通过武力革命呢？ 您也应该观察到东都的情况，从而让自己觉醒［意识到重大的事实］。	
（四）洛阳作为真龙天子之都的正当性	
而且，真正的天子拥有道，他的保护力量超越［四］海。 他在保护自己王座时用了人心[1]，他并不依赖关卡的防御来抵挡伤害。 假如人民的诚意不够，为什么谈论崎岖的山峰和狭长的一圈关隘呢！ 秦朝信任它的两座关隘，这两座关隘被突破了两次，于是秦朝陷落了。在一个大圆周内选取一个中心的场所，更明智多了！因此早期帝王（周成王）审视了九个区域，然后， ……用一个测量板［土圭］标记影子，不要太短也不要太长。	且夫天子有道，守在海外。守位以仁，不恃隘害。苟民志之不谅，何云岩险与襟带？秦负阻于二关，卒开项而受沛。彼偏据而规小，岂如宅中而图大。昔先王之经邑也，掩观九隩，靡地不营。土圭测景，不缩不盈。总风雨之所交，然后以建王城。审曲面势，泝洛背河，左伊右瀍。西阻九阿，东门于旋。盟津达其后，太谷通其前。回行道乎伊阙，邪

〔1〕 译者注：“人心”修中诚原文为“human-heartedness”。

续表

（四）洛阳作为真龙天子之都的正当性	
在风雨交汇的点上他建起了一座皇城。 背对黄河，面朝洛河……四周环绕着山丘、河谷（列出详细名称）。 一处温泉从一块红黑石头处涌出……宓妃曾在那里栖息。远古时期那河里曾经有一条龙，后来有一只龟冒出，带来神秘的文字。 召伯审视了地点，只有洛是祥瑞的；周公开创了基业，他的［涂了墨水的？］绳子是直的。 马路和防卫墙建了起来，一座明堂竖立了起来，这里“城市和镇区比例平衡”。汉朝初年打破了这个统续。接着来的是王莽和他那糟糕的过渡时期。 接连六年他舒坦地在神圣的王座上做一个贼：那段时期全国人没有谁敢和他有不同意见。 我们时代的父亲（光武帝）在盛怒下像一条龙一样飞入了战斗。 他把战斧给了二十八个将军，摧毁了篡位者。 他（王莽）有害的影响被消除后，环境又恢复了和谐。	径捷乎轘辕。太室作镇，揭以熊耳。砥柱辍流，镡以大岯。温液汤泉，黑丹石缁。王鲔岫居，能鳖三趾。虙妃攸馆，神用挺纪。龙图授羲，龟书畀姒。召伯相宅，卜惟洛食。周公初基，其绳则直。苌弘魏舒，是廓是极。经途九轨，城隅九雉。度堂以筵，度室以几。京邑翼翼，四方所视。汉初弗之宅也，故宗绪中圮。巨猾闲衅，窃弄神器。历载三六，偷安天位。于时蒸民，罔敢或贰。其取威也重矣！我世祖忿之，乃龙飞白水，凤翔参墟。授钺四七，共工是除。欃枪旬始，群凶靡馀。区宇乂宁，思和求中。睿哲玄览，都兹洛宫。曰止曰时，昭明有融。既光厥武，仁洽道丰。登岱勒封，与黄比崇。

续表

（四）洛阳作为真龙天子之都的正当性	
有着神秘的洞察力（玄览）的智慧的人识别出了如今洛阳的这个都城。 他说：“定居这里”；他说：“荣光会在这里延绵”。 于是道在这片领土上昌盛。泰山登上了，恢复安宁的祭祀举行了，与黄帝确认了家族脉络。	
（五）对新宫殿与园囿的描述和评价	
我们到了明帝的时期，各个方面都在日益繁荣：于是新建了一座崇德[宫]，接着又建起了德阳[宫]。 接着[通往宫殿围墙的]特别的门端门打开了，应门那庄严的结构也树立了起来。 温和与仁慈照耀在崇贤[门]上，公正之名在金商[门]上赞颂。 云龙被画在通往东路的门上；春虎被绘于西区。 双子瞭望塔“威严之符号”建立了起来，这是六经中历史悠久的标准的象征。 在围墙之内建起了含德[殿]、章台[殿]、天禄[殿]、宣明[殿]、温饬[殿]、迎春[殿]、寿安	逮至显宗，六合殷昌。乃新崇德，遂作德阳。启南端之特闱，立应门之将将。昭仁惠于崇贤，抗义声于金商。飞云龙于春路，屯神虎于秋方。建象魏之两观，旌六典之旧章。其内则含德章台，天禄宣明。温饬迎春，寿安永宁。飞阁神行，莫我能形。濯龙芳林，九谷八溪。芙蓉覆水，秋兰被涯，渚戏跃鱼，渊游龟蠵，永安离宫，修竹冬青。阴池幽流，玄泉洌清。鹎鶋秋栖，鹘雕春鸣。雎鸠丽黄，关关嘤嘤。

续表

（五）对新宫殿与园囿的描述和评价	
［殿］、永宁［殿］。 皇帝穿过飞阁时就像一个凡人看不见的神灵。 在游乐园中有濯龙水渊和芳林苑……这里矗立着永安宫。竹子长着冬天的叶子，还有一条地下溪流……与各色鸟类（举出六种）。 （德阳［宫］）南边是一座台子和两座其他建筑……这里有奇树异果，由“钩盾”管理。西边是少华山，山上有凉亭。在［古代周朝］九龙殿内有一个［现在］名叫嘉德［殿］的建筑。 其西门和南门没有装饰、雕刻。这使得我们喜爱节制的君主（明帝）感到高兴。 （三十里之外）东边是大湖……那儿有水禽、芦苇、龟鳖、贝类。其西侧是平乐观园区，视野开阔，有一些金属雕刻，是盘旋飞翔的龙鸟，还有天马朝空中腾跃，“制作精巧，在阳光下闪耀”。 昂贵的开销并未过度，节约并没有导致粗制滥造：在所有既定目标的活动中，［旧的］国君标准一直保持	于南则前殿灵台，和驩安福。謻门曲榭，邪阻城洫。奇树珍果，钩盾所职。西登少华，亭候修敕。九龙之内，寔曰嘉德。西南其户，匪雕匪刻。我后好约，乃宴斯息。于东则洪池清籞，渌水澹澹。内阜川禽，外丰葭菼。献鳖蜃与龟鱼，供蜗蠯与菱芡。其西则有平乐都场，示远之观。龙雀蟠蜿，天马半汉。瑰异谲诡，灿烂炳焕。奢未及侈，俭而不陋。规遵王度，动中得趣。于是观礼，礼举义具。经始勿亟，成之不日。犹谓为之者劳，居之者逸。慕唐虞之茅茨，思夏后之卑室。乃营三宫，布政颁常。复庙重屋，八达九房。规天矩地，授时顺乡。造舟清池，惟水泱泱，左制辟雍，右立灵台。因进距衰，表贤简能。冯相观祲，祈褫禳灾。

续表

（五）对新宫殿与园囿的描述和评价	
着。 请看，这是礼［仪节的精神］，正确的、合适的，一一展现：从一开始就不急不躁，“在既定日期之前就完工了”。 仿佛［君主］说：“劳动者劳作，居住者安逸。” 于是，回忆着圣王和他们的“茅屋”，三套建筑——明堂、辟雍、灵台建立了起来，“在那里学说得到传播，原则得到确立”。明堂有着—— 两重神殿、一排小屋；九个隔间各有八扇窗户。 ［上面］它们像天一样圆，［下面］像地一样方；在连续不同的地点遵循着四季。 一座船做的桥在透明的池塘上架了起来，池水深且宽。 左侧建起了辟雍，右侧盖起了灵台。优秀的人得到拔擢，无能的人被替换，有价值的人被推荐，人才被选拔。冯相［官员］观察［即将来临的］不良影响；为了祛除不良影响而进行了祈祷，为抵御灾害而举行了求福。	

续表

（六）海内外的归服	
于是，新年的第一天，王国的王子王孙从各地前来集合，还有一大群官员，以及受邀前来的边境和远方国家代表，“全都是皇帝的臣子，供上珍宝，带来合仪的礼品”。在谒见堂下，人群分成两部分，前面是几排按等级划分的高级人员，也分成两拨（左和右）。钟鼓准备好了，守卫也站在台阶上，皇帝的马车来到走廊，“旗帜划过虹霓”。堂中燃烧着火把，鼓声雷动，一声声地撞击、摇晃着整片地区…… 皇帝从东边的礼服室下马……戴上与天沟通的王冠，握住玉制印章，系好皇家缨穗，束上干将剑。他背对斧文屏风，坐在一片竹席上，竹席的边是丝绸做的。左右有玉桌。他面朝众人。 百位高官显贵进入大堂，按照等级排列，呈上进贡的珍宝。 天子做了三种等级的正式鞠躬，表示仪式上的认可。 多么庄严，多么宏伟！ 多么端正，多么动人！ 实在是世上最令人印象深刻的景	于是孟春元日，群后旁戾。百僚师师，于斯胥洎。藩国奉聘，要荒来质。具惟帝臣，献琛执贽。当觐于殿下者，盖数万以二。尔乃九宾重，胪人列。崇牙张，镛鼓设。郎将司阶，虎戟交铩。龙辂充庭，云旗拂霓。夏正三朝，庭燎晢晢。撞洪钟，伐灵鼓，旁震八鄙，軯磕隐訇，若疾霆转雷而激迅风也。是时称警跸，已下雕辇于东厢。冠通天，佩玉玺，纡皇组，要干将。负斧扆，次席纷纯，左右玉几，穆穆而南面以听矣。然后百辟乃入，司仪辨等，尊卑以班，璧羔皮帛之贽既奠，天子乃以三揖之礼礼之。穆穆焉，皇皇焉，济济焉，将将焉，信天下之壮观也。乃羡公侯卿士，登自东除，访万机，询朝政，勤恤民隐，而除其眚。人或不得其

续表

（六）海内外的归服	
象！ 皇帝接下来邀请一些公侯（亲王与高级贵族）和首席大臣来到皇座前。他与他们磋商需要处理的问题和政府措施。 他同情人民的苦难，抚平他们的悲痛。 假如有人没能［在生活中］获得自己的位置，他［皇帝］就像是自己把这人推进了一条干涸的壕沟一样， 承担着天下（天之下的一切）的重任，没有闲暇休息的时间。 皇帝打开谷仓，还有存储的财富，慷慨地赐予甚至是最低的官员，增加他们的薪资，给公爵家族赐予祭祀用的动物。 在宴会上所有人都喝着美酒，品尝肉食，“亲王与臣下都陶醉在友好中”。然后众人愉快地散去，但皇帝， ……反复省察，勤劳不止。 他纯净的美誉与黑暗的［宇宙之］德相结合，他有力的影响灌注了［自然的］自为[1]。	所，若已纳之于隍。荷天下之重任，匪怠皇以宁静。发京仓，散禁财。赉皇僚，逮舆台。命膳夫以大飨，饔饩浃乎家陪。春醴惟醇，燔炙芬芬。君臣欢康，具醉熏熏。千品万官，已事而踆。勤屡省，懋乾乾。清风协于玄德，淳化通于自然。宪先灵而齐轨，必三思以顾愆。招有道于仄陋，开敢谏之直言。聘丘园之耿洁，旅束帛之戋戋。上下通情，式宴且盘。

〔1〕 译者注：“自为”修中诚原文为“self-so-ness”。

续表

（六）海内外的归服	
他模仿早先的神灵［即圣人］，跟随其步伐。因为害怕僭越，他必然思考再三。 他将有德之人从卑微中召集起来；他愿意接受最直白的斥责。 他邀请了一位乡里的正直人士，送给他代表委任的丝绸。 上下之人都以同道之情相互交流——看，多么安宁和快乐。	
（七）祭天	
说到祭天，那是报告地［在庄稼方面］的成就。［天子］向上天祈求繁荣［福］，思考如何小心谨慎［地做一切事情?］，在［对天的］尊敬中完成每项被任命的行为，在［对天的］庄重中完成每项仪典。 于是祭祀在一丝不苟的诚意中进行。供品被呈上：正如人们所说的，“实在是一位天之子!” 礼服和祭祀王冠在各个方面都按照要求……用了一辆特别的马车，带着特别的旗帜，象征“天体不可偏离的秩序”；六匹黑马，系着有特别装饰的马缰；马车上系着铃铛，随着车子的移动而叮叮作响……礼服和马	及将祀天郊，报地功，祈福乎上玄，思所以为虔。肃肃之仪尽，穆穆之礼殚。然后以献精诚，奉禋祀，曰：“允矣，天子者也。”乃整法服，正冕带。珩紞纮綖，玉笄綦会。火龙黼黻，藻綷鞶厉。结飞云之袷辂，树翠羽之高盖。建辰旒之太常，纷焱悠以容裔。六玄虬之弈弈，齐腾骧而沛艾。龙辀华轙，金鍐镂锡。方釳左纛，钩膺玉瓖。銮声哕哕，和铃鉠鉠。重轮贰辖，疏毂飞軨。

续表

（七）祭天	
车装饰形成和谐的色彩。 “九乘九辆马车”（三马并排）跟在后面，车上有形成扇形的旗帜和蓝绿色的遮篷。前一排马车得到命令前进后，第二排马车才开始前行：一种“鸾”色彩图案的幡、虎皮覆盖的马车、丝滑的旗。接着是王室骑兵拉着军旗（详细列举），举着一根根戟。马毛带有装饰。骑兵戴着雉尾。 两侧是来自承华［马厩］的血马，戴着摇摆的饰物穿流而过。 轻步兵跟随其后……整个队伍装饰豪华，大规模地向前稳步行进。马车嘎吱嘎吱，铿锵作响（肃肃，习习，隐隐，辚辚[1]）。 后卫队还没从城门塔（下）走出去，旗帜已经在郊外土地上飞旋了。 ［这一切］都是赞美圣王虞［祭祀礼服］的崇高之美，都是全心全意敬畏眼光敏锐的神明！ 笛子、古筝在鼓声的伴奏下奏响六首曲子。结束之后，不同等级的宫殿舞蹈者开始表演。	羽盖威蕤，葩瑵曲茎。顺时服而设副，咸龙旗而繁缨。立戈迤戛，农舆辂木。属车九九，乘轩并毂。㦸弩重旃，朱旄青屋。奉引既毕，先辂乃发。鸾旗皮轩，通帛绪旆。云罕九斿，闟戟轇輵。髶髦被绣，虎夫戴鹖。驸承华之蒲梢，飞流苏之骚杀。总轻武于后陈，奏严鼓之嘈囐。戎士介而扬挥，戴金钲而建黄钺。清道案列，天行星陈。肃肃习习，隐隐辚辚。殿未出乎城阙，旆已回乎郊畛。盛夏后之致美，爰恭敬于明神。尔乃孤竹之管，云和之瑟，雷鼓䨻䨻，六变既毕，冠华秉翟，列舞八佾。元祀惟称，群望咸秩。扬槱燎之炎炀，致高烟乎太一。神歆馨而顾德，祚灵主以元吉。

[1] 译者注：“辚辚”修中诚原文作“*ling ling*”。

续表

（七）祭天	
举行了大祭祀，山丘河流的神灵都按照秩序得到侍奉。 聚集起来的火焰飞扬起来，烟雾越飘越高，直到太一那里。 众神享受着气味，注意到了［其中展现出的］美德。他们为具有洞察智慧的君主赐福，赐予新年的好运。	
（八）其他仪典与道德象征	
（1）明堂和五帝 于是尊敬明堂里的［五］帝。光武帝被提升到副配的位置。 ［他们的］方位被明确，礼仪被修正，五神［轮流］作为首位前来。 ［特别的］尊敬被致予赤帝，［其他］四位神灵都很积极地赞同。 于是春秋遵循固有的轨道，四季来来去去。 （2）祭祖 ［瞧，］炽热的孝心被种种［季节性的］产物所触动，想念起［它的先祖］！ 皇帝亲自监督，四季祭祀用的器具和肉食在各个祖先殿宇里都秩序井然。于是按照“明朗的礼法”开展	然后宗上帝于明堂，推光武以作配。辨方位而正则，五精帅而来摧。尊赤氏之朱光，四灵懋而允怀。于是春秋改节，四时迭代。蒸蒸之心，感物增思。躬追养于庙祧，奉蒸尝与禴祠。物牲辩省，设其楅衡。毛炰豚胉，亦有和羹。涤濯静嘉，礼仪孔明。万舞奕奕，钟鼓喤喤。灵祖皇考，来顾来飨。神具醉止，降福穰穰。及至农祥晨正，土膏脉起，乘銮辂而驾苍龙，介驭闲以剡耜。躬三推于天田，修帝

续表

（八）其他仪典与道德象征	
仪典。表演了“万”舞。先帝的神灵降临、宴饮。喝足之后，他们“赐予了很多好运”。 （3）籍天田 当农人的吉兆之日来临时，肥沃土地中的生机开始萌动。皇帝乘着他的鸾车，驾着天青色的马匹，身旁带着一把犁。他亲自驶过“天田”里的三道犁沟，耕作三千亩地（一亩大约为西方十分之一英亩）。在这里种下了为祭祀祖先和上天的黍稷。于是他增强了要身体力行的想法。他的广大臣民都受到感动，要“努力除草、耕作”。 （4）射礼及其筹备 同样在春天举行的还有日落时分在辟雍举办的箭术比赛典礼：这是和睦的象征。准备工作及时提前做好了：钟鼓架……所有器具各就各位，旗帜飘飞， 伯夷作为仪式的发起者和辅助者，后夔坐着进行自己的工作。 靶子竖了起来，有五个内外界限。镊子已准备好了（用于把箭头从靶子里拔出）。	籍之千亩。供禘郊之粢盛，必致思乎勤己。兆人劝于疆场，感懋力以耘耔。春日载阳，合射辟雍。设业设虡，宫悬金镛。鼖鼓路鼗，树羽幢幢。于是备物，物有其容。伯夷起而相仪，后夔坐而为工。张大侯，制五正，设三乏，厞司旌。并夹既设，储乎广庭。于是皇舆夙驾，輂于东阶，以须消启明。扫朝霞，登天光于扶桑。天子乃抚玉辂，时乘六龙。发鲸鱼，铿华钟。大丙弭节，风后陪乘。摄提运衡，徐至于射宫。礼事展，乐物具。《王夏》阕，《驺虞》奏。决拾既次，雕弓斯彀。达余萌于暮春，昭诚心以远喻。进明德而崇业，涤饕餮之贪欲。仁风衍而外流，谊方激而遐骛。日月会于龙狵，恤人事之劳疚。因休力以息勤，政欢忻于春酒。

续表

（八）其他仪典与道德象征	
皇家马车黎明时分就在东阶上等候，直到雾气散去，“太阳升到扶桑之上”。接着天子让马车前行，“大丙唤马跟随，风后一路护送”，稳步靠近射箭之宫。 （5）神秘之箭：酒节的重要性及宴乐国叟 仪式按规矩逐步展开，乐器同时演奏。《王夏》完毕后，《驺虞》开始演奏。拇指环已经戴好，雕弓拉满。 这［即正中靶子］激发了晚春时节更多的谷物萌芽，这揭示出正直之心有着影响深远的教导意义。 他［皇帝］发扬开明之德，赞扬皇家传统，他洗刷掉了狼吞虎咽的贪欲。 仁慈的精神［字面上为“风”］溢出流淌到了境外；正义被激发，快速地传播到远方地区。 太阳和月亮在龙尾［第十个月］相遇。他怜悯其人民劳作的苦痛。 他们都从劳苦中得到休息，春酒使他们更加快乐。 于是他（天子）光着右臂，给国	执銮刀以袒割，奉觞豆于国叟。降至尊以训恭，送迎拜乎三寿。敬慎威仪，示民不偷。我有嘉宾，其乐愉愉。声教布护，盈溢天区。

续表

（八）其他仪典与道德象征	
家值得尊敬的老者切肉。他从高高的阶层下来，传达给别人尊敬的精神。他通过自己对于礼仪的高度重视教育人民“不要争抢”。他的教条原则传播到天境。	
（九）东汉的田猎	
文明之德得到发扬，被束缚的军事活力被释放。 一年三个季度都用于农耕，［第四季度］武力的炫目在中国［展现］。 冬季的第二个月，在西园举行大阅兵。 在那之前，掌管猎物的人开始干活，把鸟兽集中起来。完成之后，他们报告“一切就绪”。轻马车队伍前进了，“标枪矛刺如林”，旗帜飘扬。每驾马车由四匹训练有素的马拉着。军队到了，部署在岗位上，等待着接收停驻、前进和撤退的信号。在指挥下，负责人员杀掉了祭祀用的动物，这是对可能不遵守命令的人的一种警示。教条和禁令都得到清晰的指示。 他们高举着火炬，士兵们像星星一样分散开，一部分排成雁鹤［楔形］，	文德既昭，武节是宣。三农之隙，曜威中原。岁惟仲冬，大阅西园。虞人掌焉，先期戒事。悉率百禽，鸠诸灵囿。兽之所同，是谓告备。乃御小戎，抚轻轩，中畋四牡，既佶且闲。戈矛若林，牙旗缤纷。迄于上林，结徒为营。次和树表，司铎受钲。坐作进退，节以军声。三令五申，示戮斩牲。陈师鞠旅，教达禁成。火列具举，武士星敷。鹅鹳鱼丽，箕张翼舒。轨尘掩远，匪疾匪徐。驭不诡遇，射不翦毛。升献六禽，时膳四膏。马足未极，舆徒不劳。成礼三驱，解罘放鳞。不穷乐以

续表

(九)东汉的田猎	
一部分排成鱼群,有的像翅膀一样呈扇形展开。 马车以合适的速度行驶;他们直接向前射箭,箭头不破坏皮毛。各种鸟兽都被捕获……依据礼的原则,三次驱赶就足够了,因为(天子)“不会逞欲,目的在于教导百姓节制;不会将生灵赶尽杀绝,目的在于彰显仁爱之心。他赞赏(圣王)成汤在祭祀时网开一面,体现出对普通民众的关怀;并且以文王在渭阳之事为榜样,(文王在渭阳打猎时)“丢失了一只熊,但收获得一个人才”。 他的恩泽延伸到虫子这种小生物。他的威严震慑八方。 他既“文雅又尚武”: ……[周]在敖从事打猎,多么琐碎的小事;[成王]春天在岐阳狩猎,又怎么值得一提呢?	训俭,不殚物以昭仁。慕天乙之弛罟,因教祝以怀民。仪姬伯之渭阳,失熊罴而获人。泽浸昆虫,威振八寓。好乐无荒,允文允武。薄狩于敖,既琐琐焉,岐阳之蒐,又何足数。
(十)驱除群厉	
年末要阻挡瘟疫,驱逐各种鬼厉。 官员方相手里拿着战斧,萨满拿着蓖草扫帚。一大群男孩和女孩缠着红头巾,穿着黑衣服,举着桃木弓箭。	尔乃卒岁大傩,驱除群疠。方相秉钺,巫觋操茢。侲子万童,丹首玄制。桃弧棘矢,所发无臬。飞砾雨散,刚瘅必毙。煌火驰

续表

（十）驱除群厉	
箭漫无目标地射出，像下星星雨一样。“有害的鬼厉必然都倒地死亡”。 它们像火焰一样急速远去，如同流星。赤疫［红色的流行病］被逐出四海。 然后，恶鬼上升到了银河。它们［和土地］的飞桥被斩断了。 魑魅[1]被杀了，獝狂［无头恶鬼］被切成两段；蟡蛇［有个像车轮的头］被砍头，方良［湿地恶灵］被打碎头部。 耕父被囚禁在清泠［溪］，女魃［旱灾恶魔］在神潢［溪］溺水。夔［树林岩石间的龙形怪物］、魖［旱灾恶魔］、罔象［树石妖］被摧毁。［八兄弟］野仲［飘忽不定的火妖］被根除。游光［火妖］被消灭。 因此全世界的妖魔因害怕而颤抖——更不用说小鬼和［老妖父］毕方［让房子着火的妖怪］了。 度朔［仙山］是一道防卫，有郁垒把守，神荼辅助——这是一个交	而星流，逐赤疫于四裔。然后凌天池，绝飞梁，捎螭魅，斮獝狂，斩蟡蛇，脑方良。囚耕父于清泠，溺女魃于神潢。残夔魖与罔象，殪野仲而歼游光。八灵为之震慴，况鬾蜮与毕方。度朔作梗，守以郁垒，神荼副焉，对操索苇。目察区陬，司执遗鬼。京室密清，罔有不韪。

〔1〕这些是个体名称还是种类名称并不总是十分明确的。我的结论基于注疏、《山海经》、《庄子》第十九篇和王充《论衡》中的《订鬼》一文。译者注：“魑魅”修中诚原文为“*li chu*”。

续表

（十）驱除群厉	
织联锁的设计，一道用绳索束缚的篱笆。[1] 神官［与他的小吏］目光搜索每个洞口和角落，捕捉漏网的妖魔：都城里的房屋一丝不苟地得到清理，没有什么是“尟”［违背正确、违背法规］的。	
（十一）巡游	
于是阴阳和谐交互，所有生物都按时萌芽生长。神谕显示这是一次合宜的旅行，最终的回答也实在是有利的。他［天子］登上车驾，进行皇家的巡游，到了泰山，敦促［人民］在大平原的土地上劳作。 他将［各地］度量衡统一起来，把轮辙标准化，［从而］给贫穷人和富人同等的对待。 他审视有问题的官员和名誉好的官员，将他们降职或升职；接着他调	于是阴阳交和，庶物时育。卜征考祥，终然允淑。乘輿巡乎岱岳，劝稼穑于原陆。同衡律而一轨量，齐急舒于寒燠。省幽明以黜陟，及反旆而回复。望先帝之旧墟，慨长思而怀古。俟阊风而西遐，致恭祀于高祖。既春游以发生，启诸蛰于潜户。度秋豫以收成，观丰年之多稌。

〔1〕《论衡》第六十五篇引《山海经》（《山海经》的现存文本没有这个段落）说：“在寒冷的大洋中间有度朔山，山上有一棵大桃树，大三千里。桃树枝条的东北方被叫作妖魔之门，一万个妖魔从那里进进出出。上面有两位天人，一位叫神荼，另一位叫郁垒。他们管控这一万个妖魔。有害、作恶的妖魔他们就用芦苇绳索绑起来喂给老虎。因此黄帝做了一个法事，将其驱逐。他用桃木做了一个人像，把神荼、郁垒和老虎涂在房门上，并把薰草绳挂起来，阻挡妖魔。”

续表

（十一）巡游	
转旗帜往回走。 他观看早前君主的旧墓地，长久地沉思，追忆往昔。 他等待秋风的到来，接着往西走［到长安］，在那里对高祖［汉朝第一位皇帝］忠诚地祭祀。 他的旅途正好在春天昆虫苏醒的时候发生，于是他设想了丰富的收成，奖励了农田管理官的勤勉。他观察的范围“从日出之谷”延伸到西边昆仑的幽暗地区。在那里他把思绪投向天的尽头，投向未来的更远的日子，计划着未来的年月。于是“他返回家乡，免于劳作，胸中充满了祝福和安宁”。 所有好的力量都聚集起来，达到完美。皇家果园里，（杰出的）驺虞和腾黄马居住在马厩里，温顺驯良。（惊人的）鸾和凤凰鸟在歌唱。（神话中的）草木植物繁荣生长。 ［皇家的］恩典声名远播，就像一张被衾。它的露水延伸到偏僻的沙漠：北边给丁令［北纬30度，东经80度：西伯利亚］带去和平；南边使越裳［安南南部］和睦；西边涵	嘉田畯之匪懈，勤致赉于九扈。左瞰旸谷，右睨玄圃。眇天末以远期，规万世而大摹。且归来以释劳，膺多福以安悆。总集瑞命，备致嘉祥。圉林氏之驺虞，扰泽马与腾黄。鸣女床之鸾鸟，舞丹穴之凤皇。植华平于春圃，丰朱草于中唐。惠风广被，泽洎幽荒。北燮丁令，南谐越裳，西包大秦，东过乐浪。重舌之人九译，佥稽首而来王。

续表

（十一）巡游	
盖了大秦［罗马帝国］；东边延伸到乐浪［朝鲜］：延伸到那些需要通过九个［不同的］口译员传递语言的民族，他们都低下头，表示效忠。	
（十二）朝廷上的议论	
因此，讨论搬迁城市、改变都城，应该要和盘［庚迁到］殷的先例相一致：［讨论］从奢侈变为节俭，［应该］要和斯干［诗］中的［建筑的简洁］美相一致：［讨论］登上［泰山］举行封［祭祀］，下［至梁父］举行禅［祭祀］。于是［汉］德［能够］与黄帝［之德］相结合。 行为变成无为，忙碌不再忙碌，于是人民持久［的忠诚］带来普遍的和平。 他［皇帝］看到了适度和节俭；他高度重视不受拘束的朴素。 他思考孔子的“自我克制”；他践行老子的持久的充足。 于是他使得自己的心灵不从正确的道路上偏离，他的眼睛不看那些引起欲望的东西。 他蔑视犀角和象牙，对珍珠玉石不	是故论其迁邑易京，则同规乎殷盘。改奢节俭，则合美乎斯干。登封降禅，则齐德乎黄轩。为无为，事无事，永有民以孔安。遵节俭，尚素朴，思仲尼之克己，履老氏之常足。将使心不乱其所在，目不见其可欲。贱犀象，简珠玉，藏金于山，抵璧于谷。翡翠不裂，玳瑁不蔟。所贵惟贤，所宝惟谷。民去末而反本，咸怀忠而抱悫。于斯之时，海内同悦，曰：“吁！叹帝之德馨，侯其袆而。”盖蓂荚为难莳也，故旷世而不觌。惟我后能殖之，以至和平，方将数诸朝阶。然则道胡不怀，化胡不柔？声与风翔，泽从

续表

（十二）朝廷上的议论	
屑一顾；他让金子留在山里深埋，把稀罕的玉石丢在峡谷里。 雄性翠鸟的羽毛他不拔；陆龟的甲壳他不收集。 他推崇的是实实在在的价值；他珍视的是谷物。 ［所以］人民抛弃枝条［非本质的东西］，回归到根本［本质］；珍惜忠诚，拥抱真挚。 此时，［四］海之内所有人都一起庆祝，欢呼："汉朝皇帝之德，多么芳香！" 蓂荚[1]［一种极佳的植物］很难种植，因此在一个被忽视的时代它是不被看到的。 只有我们的君主能种植这种植物。他运用至高无上的和谐与安宁，［只有他］能在宫殿的台阶上数出［它的叶子］。 这样一来，道怎么可能不被珍视，［皇家的］教化力量怎么可能不发挥安抚作用？ 声名与［天的］风一同飞翔，仁	云游。万物我赖，亦又何求？德宇天覆，辉烈光烛。狭三王之趢趗，轶五帝之长驱。踵二皇之遐武，谁谓驾迟而不能属？

[1] 蓂荚的叶子每月第一日展开。于是皇帝对于长短月份有一个绝对可靠的向导，能够保持历法准确。

续表

（十二）朝廷上的议论	
慈跟随着［天的］雨云移动。 ［皇帝说：］"万物依赖的是我们——除此之外，它们还寻求谁呢！" "德覆盖［一切］，天覆盖［一切］。一团熊熊燃烧的火焰，一束发亮照耀的光。 "［我们］认为三皇［夏、商、周政权］的小房屋［即制度］太贫乏，不足以居住。［我们］赶上了五帝，在他们那漫长、紧迫的道路上赶上了他们。 "［我们］踏着两位大尊者［伏羲与神农］远去的步伐——谁说［我们］开始得太晚，追不上他们？"	
（十三）关于帝王及其生活的一些反思	
我还没有列举完东都的优点。不巧我正生着麻烦的疾病，所以无法对那样细微的精华做出评估。 因此［，先生，］我的回答十分粗略：大致如下。 假设一个人沦落至放荡，无法回头，他会意识不到自己的心思正在随意游走。 ［假如］他毫不控制地放纵享受，接下来就会困在苦难中。	东京之懿未罄，值余有犬马之疾，不能究其精详。故粗为宾言其梗概如此。若乃流遁忘反，放心不觉，乐而无节，后离其戚，一言几于丧国，我未之学也。且夫挈瓶之智，守不假器。况纂帝业而轻天位。瞻仰二祖，厥庸孔肆。常翘翘以危惧，若乘

续表

（十三）关于帝王及其生活的一些反思	
“一个字就可能几乎毁掉一个国家”——这不是我所学到的。 ［正如谚语所说，］专业搬运水罐的人会紧紧抓住水罐，不会借给别人。 皇家遗产的继承人又怎么能随意对待天赐的位置呢！ 仰望两位先祖［高祖和光武帝］和他们无可估量的功业，他们的进取之路始终伴以对危险的戒惧，就像一个人策马疾驰却没有缰绳一样。 ［举］白龙［的故事为例，白龙］伪装成鱼，受到豫且的粗暴对待。 ［因此］拥有无数战车［的君王］即使无所畏惧，也可能会被一个普通人胁迫。 他一整天都不离开保护他的那些环绕物［行李车］〔1〕——假如他微服私访，会去哪儿呢？ 君主用［宽松的］黄色盖毯塞住自己的耳朵；他们不会从车里向外观看。	奔而无辔。白龙鱼服，见困豫且。虽万乘之无惧，犹怵惕于一夫。终日不离于辎重，独微行其焉如？夫君人者，黈纩塞耳，车中不内顾。佩以制容，銮以节涂，行不变玉，驾不乱步。却走马以粪车，何惜騕褭与飞兔。

〔1〕 引用《道德经》第二十六章：“一个重要人士即使一整天在外奔走也不会和他的行李车分开”（韦利）。译者注：即“终日行不离辎重”。

续表

（十三）关于帝王及其生活的一些反思	
腰间的悬挂饰物管控其行为举止；马车铃使得在路上［行走］十分慎重。 行走时，玉［的鸣响］不会变化；驾驶时，［马］不会走乱步伐。 ［他］把跑得飞快的马退回去拉粪车，甚至不吝惜騕褭和飞兔这样的骏马。	
（十四）社会经济情况	
当他［皇帝］着手使用［国家的］财富、利用其货物时，一直都有人害怕［不同］种类的商品会被用尽；［当］他征税、征调徭役时，一直有人害怕民力会被耗尽。 让［货物］按照原则得到分配，［劳动力］在合适的时间使用。 让山间没有［任意的］砍伐和削剪，打猎时不要杀掉子宫［里的生命］。 那么植物和树木就会茂盛，鸟兽就会繁衍。 人们会忘记其辛劳，会乐意将自己的财富贡献［给国家使用］。 于是百族之间会同样充足富裕；高低贵贱不同的人群都能共享这种和	方其用财取物，常畏生类之殄也。赋政任役，常畏人力之尽也。取之以道，用之以时。山无槎枿，畋不麑胎，草木繁庑，鸟兽阜滋。民忘其劳，乐输其财。百姓同于饶衍，上下共其雍熙。洪恩素蓄，民心固结。执义顾主，夫怀贞节。

续表

（十四）社会经济情况	
平和友好。 ［汉朝统治］长久以来积累了大量的同情和理解，人心［长期以来］都牢固地团结在一起［对皇帝忠诚］。 他们坚守公正对待的原则，尊敬其君主。普通人都崇尚正直与克制。	
（十五）凭虚公子被迫面对事实	
王莽对天命的背叛感到愤怒，对皇族血统的割断感到愤恨，于是发起了其黑暗的阴谋，暗中执行计划，之后以叛国的身份兴盛了十八年。 皇帝踏上王座的台阶，汉朝统治的恩典按照正当的状况展开。 为了这样的成就，为了皇家的传统，我们正义地欢庆。 高贵的先生，您现在是不负责任。您想要为了［您的］快乐耗尽人民——您忘了他们的怨恨会变成大规模仇杀。 您会在傲慢的膨胀中耗尽物品——于是突然间受压迫者就起来反叛、制造苦难。 只有靠水才能行舟，也是因为水船会倾覆。	忿奸慝之干命，怨皇统之见替，玄谋设而阴行，合二九而成谲。登圣皇于天阶，章汉祚之有秩。若此，故王业可乐焉。今公子苟好剿民以媮乐，忘民怨之为仇也，好殚物以穷宠，忽下叛而生忧也。夫水所以载舟，亦所以覆舟。坚冰作于履霜，寻木起于蘖栽。昧旦丕显，后世犹怠。况初制于甚泰，服者焉能改裁？

续表

(十五) 凭虚公子被迫面对事实	
一个人鞋上有霜时坚冰正在形成；一棵八尺高的树是从种植一株树苗开始突然出现的。 假如［您］清晨起来，变得高贵了，［您的］子孙可能依然很懒惰；更何况一个人原先按照贵族的尺寸裁剪［自己］的衣服，他不可能改变［成以节俭的尺寸］裁剪［衣服］。	
(十六) 安处先生总结陈词	
司马相如和扬雄作关于长安狩猎的诗时他们分别做了设想。司马相如想象拆掉园林的墙和四周环绕的沟渠。扬雄设想禁止设下网罟和陷阱。但即使采取了这些措施， ……最终这些措施在那种条件下会没有效用，只会揭示出［其政权］的缺点和过度放肆。 大臣们越来越奢侈、无视其君主，忘了统治国家的持久基础是什么。 因此，东边的函谷［关］里，［王莽军队］正敲着鼓，而西边政府所在地正在倒塌，没有一个人举起手［去拯救］。	故相如壮上林之观，杨雄骋羽猎之辞，虽系以颓墙填堑，乱以收罝解罘。卒无补于风规，祇以昭其愆尤。臣济奓以陵君，忘经国之长基。故函谷击柝于东，西朝廷颠覆而莫持。凡人心是所学，体安所习。鲍肆不知其臭，玩其所以先入。《咸池》不齐度于蛙咬，而众听或疑。能不惑者，其唯子野乎？

续表

(十六) 安处先生总结陈词	
人们总是觉得自己学到的东西是正确的，因为四肢在习惯的位置上才会舒服。 在干鱼铺里的人不会意识到店里的味道，他已经习惯了一开始走进来时困扰他的东西。 ［黄帝和尧的］《咸池》音乐和青蛙的嘎嘎声［即挑动情欲的淫乐］不能和谐——但一些不加分辨的普通人会疑惑［哪个更好］。没有疑惑的人，唯一一个是子野［周朝大音乐家］吗？	
(十七) 凭虚公子的忏悔	
贵族公子陶醉在高等的学说中，充分吸纳了文明的原则。他受到美德的感触，不敢反驳，［心中］欢愉和恐惧在交战：他像一个醉汉，理智已经游离，日夜疲惫不堪。他像一个被夺走了生命之精华［气］、被剥离了身体灵魂［魄］的人。 他忘了自己在争论什么，迷失了自己在吹嘘的东西。 长久的停顿后他说： 我是个多么粗鄙的人啊，我所学的一切都是不正确的，还坚持错的东	客既醉于大道，饱于文义。劝德畏戒，喜惧交争。罔然若酲，朝疲夕倦，夺气褫魄之为者也，忘其所以为谈，失其所以为夸。良久乃言曰：“鄙哉予乎！予习非而遂迷也，幸见指南于吾子。若仆所闻，华而不实。先生之言，信而有征。鄙夫寡识，而今而后，乃知大汉之德馨，咸在于此。昔常恨《三坟》《五典》

续表

(十七) 凭虚公子的忏悔	
西! 我很高兴有您,我的指导者,来指出[学说]的真正方向。[1] 您的仆人所听说的是似是而非的、没有事实依据的,而先生您所说的是有证据的。 我是个粗俗的人,不明是非。从现在起我知道大汉之德的芳香都包含在此。 此前我经常哀叹失去了《三坟》和《五典》[古老的经文]。 回顾过去的历史,我无法看到炎帝或帝魁[神话帝王]的美。 现在我已经从[您的]学识中获取了很多,大庭[一位伏羲之前的道家贤者]的[德行]怎么能超越现在这位呢? 您的使者尽管愚钝,也或多或少明白了这一点。	既泯,仰不睹炎帝帝魁之美。得闻先生之余论,则大庭氏何以尚兹?走虽不敏,庶斯达矣。”

[1] 译者注:原著将“幸见指南于吾子”翻译成“Happily I have you, my Master, to point out the true south [of doctrine]”。“指南”在文言原文中喻指“指导、指示方向”,作者将其翻译成“to point out the true south [of doctrine]”,则是采用了当时在汉学家中流行一时的“以字本位训诂破译汉诗”的翻译方法。

附录四 CHANG HENG'S "*FU* ON THE EASTERN CAPITAL"

1. The Teacher's Reaction

Teacher Anonymous at this point was like one who could not speak: he was disconcerted for a moment. Then he regained his composure, smiled and said:

You, Sir, are one of those called learned in non-essentials who have gained [only] surface impressions and have prized the ear and despised the eye.

If there be the breast [only] and no mind, then there can be no self-restraint coming from *li* [the code of honor].

No wonder there is this despising of the present and glorifying of the past.

Yu Yü, the poor exiled minister among the western barbarians, [could yet] deride Duke Mu [of Ch'in] for [pride in] his buildings.

How then, with your cherishing the past [and so] knowing the new [present], discriminating the true and the false, could you approach these erroneous [conclusions] of yours?

2. The Real Lesson of the Dynastic Revolutions (Third Century B. C.)

Take the last days of the Chou dynasty."It could not govern"... and so fell to "a tiger from the west." At that time the Seven Powers strove for preeminence, rivaling each other in extravagance....Ch'in with its voracious beak struck from afar and won the whole area. He [the First Emperor] thought to monopolize luxury, counting none equal to himself. So he built his palaces and taxed to the limit, for small defaults punishing barbarously .... The poor "blackheaded ones" [the common people] went in fear and trembling.

> Treated as serfs
>
> the people unable to bear this usage, rested their shoulders against Great Han, were happy to honor Kao Tsu.

Kao Tsu, in obedience to Heaven, issued a "great war cry" and swept away his opponents. He had no time, he said, to build another capital. His western craftsmen, "their eyes playing over O Pang," went beyond all bounds. He cut their plans again and again, although even so they transcended the Chou buildings.

> Observers despised them and called them mean; the Emperor ridiculed them as too big and uncomfortable.

3. The Grossness of the Nobleman's Blindness

Moreover, Emperor Kao Tsu under heavenly authority established a family and remade our land of China. Emperor Wen, a man of personal frugality, governed by exalting the *virtus* of peace. Emperor Wu enormously expanded our territory and made the sacrifice on Mount T'ai. Emperor Hsiüan, by his severity, reconciled the Jung and Ti barbarians, so that they came to pay homage. All the emperors kept their spirit tablets enshrined and served them with due seasonal offerings. Also, the inscribed sacrificial vessels were continuously made more and more splendid. Thus in omitting the Emperor's true excellencies and noting their bad qualities,

> ...no wonder you have not been disgusted by the past, have thrown into the shade the good and displayed the evil; [and] in fact, my dear Sir, have been ignorant of [the forces of] words.
>
> If you must make unbridled luxury reputable, this is to make the Yellow Emperor's [thatched] Ho Kung and Shun's [thatched] Tsung Ch'i[1] definitely not equal to Chieh's Yao Tower and Chou's Ch'iung House.
>
> Who, then, could have been a [Ch'eng] T'ang and [King] Wu, making revolution by force of arms?
>
> You should also make observation of the conditions in the Eastern Capital and thereby awaken yourself [to the major facts].

[1] The names by which the Ming T'ang of the Yellow Emperor and that of Shun were known.

4. The Rightness of Loyang as the Capital for True Sons of Heaven

> Moreover, the true Son of Heaven has the Way, his sphere of protective power goes beyond the [four] seas.
>
> In protecting his throne he uses human-heartedness, he does not depend against injury on the defence of passes.
>
> If there be no good faith in the people, why speak of craggy mountains and a girdle of narrow passes!

The Ch'in regime put its trust in the Two Passes, and it fell through their twice being penetrated. How much wiser to have a site central to a wide circumference! Thus an early king (Ch'eng of Chou) examined all the Nine Regions, and

> ...with a measuring tablet [*t'u kuei*] marked the shadows, neither too short nor too long.
>
> There at the meeting point of the winds, and rains, he thereafter built a royal city.
>
> There with the Yellow River at the back and facing the Lo River... with the hill slopes and the valleys encircling it (named details given).

A hot-water spring issues from a red and black rock.... The Goddess Fu Fei there has her haunt, and in high antiquity first a dragon and then a turtle emerged from the river, bringing mystic writings.

> Lord Shao examined the localities, only Lo was auspicious: Duke Chou began the foundations, his [? inked] string was straight.

Wide roads and battlemented walls were built, a *ming t'ang* erected, and here was "a city and township in balanced proportions." The beginning of Han broke the succession. Then came Wang Mang and his wicked interregnum.

Throughout thrice six successive years he took his ease as a thief on the heavenly throne: in that time throughout the nation, not one dared have an opinion other than his.

The Father of our Age (Kuang Wu) in his rage at this flew like a dragon into battle.

He gave battle-axes to twenty-eight generals, and the usurper was destroyed.

With his (Wang Mang's) malignant influence extirpated, the elements were again in harmony.

The wise man, with mystic penetration (*hsüan lan*), discerned the Capital, this Loyang.

He said, "Abide here"; he said, "Glory will be continuous here."

So with the Way flourishing in the realm, the ascent was made of Mount T'ai and the sacrifices of peace-returned celebrated, and kinship claimed with the Yellow Emperor.

5. The New Palaces and Pleasaunces Described and Appraised

We pass to Emperor Ming's time, with prosperity increasing in every direction: so, a new Towering-*Virtus* [palace], followed by erection of Solar Virtue.

Then was opened the special gate [to the palace enclosure] Southern-Beginning, and the stately structure of the Door-of-Fulfilment.

Benignity and mercy shone on [the gate] Honor-for-the-Worthy,the repute of justice was extolled [in the gate] Winter-Metal.

Cloud-dragons were painted on the gate that led to the Eastern Road;Spirit-Tigers were depicted in the western quarter.

Built were the twin watch-towers Symbol of Majesty, emblems of the time-honored standards in the Six Scriptures.

Within the enclosure came *Virtus*-Embodied, Tower-of-Beauty, [the halls] Celestial-Prosperity, Light-Dispensing,

Reviving-Decrees,Welcome-of-Spring, Enduring-Peace, Lasting-Repose.

Flying galleries through which the Emperor passed like a spirit,unseen by mortal men.

There in a pleasaunce is Glittering-Dragon Pool and Fragrant Grove.... There stands the palace Lasting Peace with bamboos in winter leaf, with an underground stream ... and various kinds of birds (6 species noted).

To the south (of the Palace of Solar Virtue) are a terrace and two other buildings... with rare trees and precious fruits "in the charge of the *Kou Tun* officer." West of it is the Shao Hua hill with a kiosk on it.Within the [ancient Chou] Nine Dragon building space is what is [now] called Felicitous-Virtue.

Its west and south doors being without ornament or carving,

this absence of it pleased our Sovereign (Emperor Ming), lover of moderation.

(Thirty *li* away) to the east is the Great Lake… with its water fowl, its bulrushes, tortoises, and shellfish. On its west side is the Peace-rejoicing campus with its wide views and its metal statues of dragon birds in curling flight, and heavenly horses rearing into the air "cunningly wrought and glittering in the sun."

> Costly spending has not run to excess, economy has not resulted in crudity: the [old] kingly standards have been kept, in all the activity of a set goal.
>
> Behold, here is *Li* [the Ritual Mind], the right and fitting in full display: from the beginning no violent haste, "the work completed before the day is out."
>
> As if [the sovereign] had said "The laborers labor, the dwellers are at ease."

So, with recollections of Sage Kings and their "thatched cabins," there was construction of the three sets of buildings, the Ming T'ang, Pi Yung and Ling T'ai, "where doctrine is disseminated and abiding principles are set forth." The Ming T'ang consisted of

> duplicated shrines, a series of lodges, with eight windows to each of nine compartments.
>
> [Above] they are circular like the sky, [below] square like the earth, and the seasons are followed at successive sites.
>
> A bridge of boats was constructed across the transparent pool, its waters deep and wide.
>
> To the left the Pi Yung was built, to the right the Ling T'ai established. The good were promoted, the incapable replaced, the

worthy recommended, the talented selected. The P'ing Hsiang [official] observes [impending] malignant influences; intercession is made for their removal, prayers offered against calamities.

6. The Empire and Beyond Doing Homage

Thus it is, on the first day of the new year the princes of the realm assemble from all parts, and with them a crowd of officials, also by invitation representatives of border and remote countries, "all subjects of the emperor, offering treasure and bringing ceremonial gifts." Below the audience hall is a crowd divided into two companies, in front of them rows of graded dignitaries also divided into two companies (left and right). The bells and drums are there, the guards on the steps, as the imperial carriage comes to the porch, with "banners brushing the rainbow." Torches in the hall are ablaze, and the thunder of the drums shakes the whole neighborhood, crash on crash....

The Emperor dismounts by the eastern robing-room... dons the Heaven-Communicating crown, grasps the jade seal, ties the imperial tassels, girds the *Kan-chiang* sword. With his back to the axe-screen and seated on a bamboo mat with silk edging, with jade tables to left and right, he faces the audience.

As the hundred dignitaries enter the hall they are marshalled according to rank, and their tribute treasures presented.

The Son of Heaven with three grades of formal bows makes ceremonial acknowledgement.

How stately, how majestic!

How correct, how impressive!

Truly the most impressive spectacle in the world!

The emperor then invites some *kung hou* (princes and high nobles) and chief ministers to come up to the throne. There he confers with them on untoward circumstances and government measures.

He pities the people in their sufferings and removes their woes.

Should one man not obtain his place [in life], it was as if he [the Emperor] had pushed him into a dry moat,

Bearing the heavy burden of *T'ien hsia* [All-under-Heaven] having no idle moment for being at rest.

The emperor opens the granaries with their wealth in reserve and distributes largesse to the officials down to the meanest, increases their allowances and gives presents of sacrificial animals to ducal families.

At the feast all drink rich wine and savory meats, "prince and subject intoxicated with good will." Then the great company disperses in elated mood, but the emperor

...labors at repeated investigations, unceasing in energy.

His pure repute unites with the Dark *Virtus* [of the universe], his weighty influence is imbued with the self-so-ness [of nature].

Patterned on the Early Spirits [i.e. the Sages], following in their tracks, he is sure to think thrice for fear of transgression.

He summons the virtuous from obscurity; is open to reproof

in the straightest language.

He invites some village incorruptible,sending him the silk of commission.

High and low communicate in fellow-feeling—behold,there is peace and joy.

7. The Sacrifice to Heaven

Turning to the sacrifice to Heaven,the report in the suburb of Earth's achievement [with the crops],[the Son of Heaven] prays to Heaven for prosperity [*fu*],takes thought how to be scrupulously careful [? in all he does],with every prescribed action complete in [its] reverence, every rite perfect in [its] solemnity.

Thereafter the sacrifice is made in unalloyed sincerity,the offerings are presented: as is said, " In very truth a Son of Heaven!"

With robes and sacrificial crown correct in every required respect... a special carriage is used with a special banner symbolizing " the undeviating order of the heavenly bodies," and six black horses with special ornamented harness; and bells,attached to the carriage, chime as it moves.... Robes and carriage trappings make a harmony of color.

"Nine-times-nine carriages" (three abreast) follow,with their scalloped banners and blue-green canopies; and only when the previous carriages are given the command and are away,do the next first carriages move off: a color scheme of *luan* banners and tiger-skin covered carriages and silken flags. Then come the household cavalry with their standards (specified), a mass of halberds with their horses' manes embellished and the men wearing pheasants' tails.

Flanking blood-horses from the Ch'eng-hua [stable], streaming along with tossing trappings.

Light troops follow ... and the whole procession moves decorously and smoothly in mass formation, the carriages squeaking and clanging(*su su, hsi hsi, yen yen, ling ling*).

Before the rearguard is out from (under) the city gatetower, banners are wheeling on to the suburban plot.

[All this] in admiration of Sage-King Yü's supreme beauty of [sacrificial robes], in devout reverence for the discerning gods!

The flutes and zithers with the accompaniment of the drums discourse six numbers, and when that is finished, the ranks of palace dancers perform.

The great Sacrifice is celebrated, the spirits of the hills and rivers all served in due order.

The flames of the massed fire soar up, higher and higher goes the smoke, up to the Supreme One.

The gods enjoy the odors and take note of the virtue [thus displayed], they bless the discerning lord with New Year good fortune.

8. Other Ritual Duties and Moral Allegorizing on Them

A. The Ming T'ang and the Five Shang Ti

Thereafter honor is paid to the [Five] Shang Ti in the Ming T'ang; Kuang Wu is promoted to be associate.

[Their] directional positions are distinguished aright and the procedure rectified,the Five Essences take the lead [in turn] and come pressing forward.

[Special] honor is paid to the Fiery-colored One, the four [other] spirits are energetic and indeed sympathetic.

Thus it is that spring and autumn follow in due course,the four seasons come and go.

B.The Ancestral Sacrifices

[Lo] the fervently filial heart touched by the [seasonal] products, thinking much [of its forebears]!

In person the Emperor sees to it that the utensils and meats for the four seasonal sacrifices are all in order in the several ancestral fanes.The rites are then carried out with "enlightened decorum" and the Wan dance performed.The spirits of the departed emperors descend and feast. Having all been well wined, they "send down good fortune in masses."

C.The Ploughing of the Field of Heaven

When the day of good omen for the farmers arrives, and the pulses in the fertile earth begin to stir, the Emperor goes in his *luan* carriage with azure colored horses, riding with a plough by his side. In person he drives three furrows in the "heavenly field," preparing the thousand *mou* (each about one tenth of a Western acre).There the millet for the sacrifices to his ancestors and to Heaven is grown, so there he perfects his thoughtfulness in physical exertion.Thus the mass of his subjects is stirred to " be energetic in weeding and hoeing."

D.The Archery Rite and Its Preliminaries

Alike in the spring there is held in the Pi Yung,at sunrise,the ceremony of the contest in archery: a symbol of concord. The preparations are duly made beforehand: the stand for the bells and drums... every instrument in place, flags a-flutter, with

> Po I as originator and helper in procedure, Hou K'uei seated and doing his task.

The targets are set up with their five inner and outer demarcations, the tweezers in readiness (for plucking out the arrows from the targets).

The imperial carriage at dawn waits by the eastern steps until the mists clear and "the sun has risen over Fu Sang." Then the Son of Heaven starts the carriage moving and with " Ta Ping to gentle his steeds along and Feng Hou as escort" smoothly approaches the archery building.

E.The Mystic Arrow: The Significance of the Wine Festival and Entertainment of the Veterans

> With the rites duly unfolded,with the musical instruments all there, with the Wang Hsia finished, with the Tsou Yü being played, the thumb-ring fitted, the carved bow stretched.
>
> It [i. e. the hitting of the target] stimulates the extra grain-shoots in late spring, reveals the heart of integrity in a far-reaching parable.
>
> He [the Emperor] promotes enlightened virtue [tê] and

exalts the imperial heritage;he washes away the fierce appetites of ravening greed.

The spirit [lit. wind] of humanity overflows and streams abroad; righteousness is stimulated and speeds into distant parts.

When sun and moon are met in the Tail of the Dragon [tenth month], he pities the pain of labor in his people's tasks.

They all rest from their labors and merriment is increased by the spring wine.

So also he (the Son of Heaven),with his right arm bare,cuts up the meat for entertaining the country's veterans,condescending from his high estate to inculcate the spirit of respect. Thus by his own strict attention to decorum he teaches his people "not to snatch," and the fame of his principles overflows into the heavenly regions.

9. The Later Han Hunt

The civil *virtus* having been revealed, restrained martial energy is set forth.

With three quarters of the year devoted to agriculture, [in the fourth quarter] the dazzle of might [is displayed] in China.

In the second month of winter,a great review is held in the Western Park.

Before that the game-keepers get to work,round up the birds and beasts.On completion they report "All ready." Then the light carriages are started with four well-trained horses to each, "with lances and spears like a forest" and banners all flying. The troops arrive and take up their stations, awaiting the signals for staying, advancing, and retreating. Being fully directed, those in charge kill the sacrificial animal as a warning of what will happen to those who disobey, the principles and prohibitions being clearly set forth.

> With their torches upheld, the soldiers are like the stars in their dispersion, some in goose-crane [wedges], some like fishes in files, or fanning out like a spread of wings.

The carriages drive with reasonable speed; they shoot in a straightforward way, and the arrows do not tear the fur. Every kind of bird and beast is caught.... Three drives are enough on the principle of propriety, for (the Son of Heaven) "does not exhaust his pleasure, with a view to teaching moderation, does not exterminate the creatures with a view to displaying human-heartedness." He admires (Sage-King) Ch'eng T'ang for leaving one side of the net open and in his sacrificial prayer showing concern for the common man, and takes pattern from King Wen at Wei Yang where he "lost a bear but captured a man."

> The dew of his mercy extends to insects and worms. His majesty overawes the eight directions.

He thus being both "truly refined and truly warlike"

> ...the [Chou] pursuit of the chase in Ao, what a trifle it was: [King Ch'eng's] spring hunt in Ch'i Yang, how can it be taken as worth reckoning?

10. The Driving Away of the Demons of Plague

> And then at the end of the year there is the warding off of

pestilence,the expulsion of a host of demons.

The Fang Hsiang officer is there, battle-axe in hand, and shamans carrying rush brooms. Also a great crowd of boys and girls in red turbans and black clothes,with peach-wood bows and arrows. These they shoot off aimlessly,like a rain of stars,and "malignant demons are sure to all fall dead."

Like flames they race away, are like falling stars, Ch'ih I [Red Epidemic] is driven out of the Four Seas.

Thereafter, the demons having ascended the Milky Way, their flying bridge [with earth] is cut.

The *li chu*[1] are killed, the *hsü k'uang* [headless goblins] are cut in two, the *wei i* [with head like a wheel] beheaded, the *fang liang* [marsh goblins] brained.

Keng Fu is imprisoned in Ch'ing Ling (stream), Nü Pa [drought demon] drowned in Shen Huang [stream], the K'uei [dragon shaped monster in trees and rocks], the *hsü* [drought demon] and Wang Hsiang [tree and rock bogy] destroyed, [the eight brothers] Yeh Chung [roving fire demons] exterminated,and Yu Kuang [a fire demon] wiped out.

Because of this the demons all over the world quake with fear—how much more the baby goblins and [Old Father] Pi Fang [who sets houses on fire].

The Tu Shuo [fairy mountain] is a protection, with Yu Lei on guard, with Shen T'u to aid him—an interlocking device, a

---

[1] It is not always clear whether these are individual or class names. My conclusions are based on the commentary, *Shan Hai Ching*, *Chuang Tzŭ*, ch. 19, and the essay "Defining *Kuei*" in Wang Ch'ung's *Lun Heng*.

roped together fence.[1]

With eyes searching every hole and corner, the officer [and his lictors] arrest the demons left over: the houses in the capital being scrupulously cleansed, nothing is there which is *wei* [contrary to right and to rule].

11. The Tour of Inspection

Thus with the Yin and Yang interchanging harmoniously, with all creatures burgeoning in due time, with the oracle having been taken for a felicitous journey, [and] the final reply being truly favorable, he [the Son of Heaven] ascends his carriage and goes in royal progress to Mount T'ai, urging [the people] to the work on the land in the Great Plain.

[As] he unifies weights and measures [everywhere], standardizes the wheel tracks, [so] he metes out equal treatment to the poor and the well-to-do.

He examines the shady and reputable officials for demotion and promotion; then he turns round his banners and goes back.

He observes the old burial grounds of former sovereigns,

---

〔1〕 *Shan Hai Ching* ap. *Lun Heng 65* (the modern text of *Shan Hai Ching* does not contain this passage) says, "In the middle of the Cold Ocean there is the Tu Shuo Mountain, and on it a great peach tree, in size 3000 *li*. The north-east side of its branches is called Demons' Door, where 10,000 demons go in and out. Above are two god-men, one called Shen T'u, the other called Yü Lei. They control the 10,000 demons, and the malignant, injurious demons they bind with cords of rush and feed to tigers. Thus it was that the Yellow Emperor made a rite by which they could be expelled. He made a statue of a man out of peach wood, painted Shen T'u and Yü Lei and the tigers on the door of the house, and hung up ropes of rush with which to keep away the demons."

musing at length,cherishing the past.

He waits for the autumn wind,and then he goes west [to Ch'ang-an], and there makes faithful sacrifice to the High Ancestor [the first Han emperor].

As his journeyings coincide with the rousing of the insects in spring, so he plans abundant harvests and rewards the industry of the field bailiffs. His scope of observation extends "from the valley of the rising of the sun" to the dark region of K'un Lun in the west, and from there he projects his mind to the ends of the heavens and the further days in the future,thereby planning the pattern for future ages to follow. So "he returns home to be free from his labors, bearing in his breast many blessings along with peace."

All felicitous influences are gathered to perfection, the (fabulous) *tsou yü* and *t'eng huang* horses,stabled and "obedient to favor," the (fabulous) *luan* and *feng-huang* birds singing,(fabulous) trees and plants flourishing in the royal orchard.

The repute of the [imperial] grace is a wide-spreading coverlet, the dew of it reaches to obscure deserts: in the north bringing peace to Ting Ling [30°N. 80°E.:Siberia], in the south concord in Yüeh Shang [South Annam], in the west including Ta Ch'in [Roman Empire], in the east going over to Lo Lang [Korea]: to peoples whose languages must pass through nine [different] interpreters, all bowing their heads and doing homage.

12. The People's Argument with the Throne

Hence, if there be discussion over removal of the city and

changing the capital, then it should be in accordance with the precedent of P'an [Keng's removal to] Yin: [if discussion on] change from luxury to frugality, then it [should be] in agreement with the [simple] beauty [of the buildings] in the *Ssŭ Kan [ode]*: [if discussion on] an ascent [of Mount T'ai] for the *feng* [sacrifice] and descent [to Liang Fu] for the *shan* [sacrifice], then the [Han] *virtus* [should be] united with [the *virtus* of] the Yellow Emperor.

With action being non-action and busy-ness not being busy, there is the lasting [allegiance of] the people bringing all-pervading peace.

He [the Emperor] observes moderation and economy; he esteems untrammeled simplicity.

He muses on Confucius' "self-subduing"; he treads in Lao Tzŭ's abiding sufficiency.

Thus he can cause his mind not to be deflected from the right course, his eyes not to see what can arouse desire.

He despises rhinoceros horn and ivory, looks askance at pearls and jade; he lets gold lie buried in the mountain, thrusts aside rare jade in the gorges.

Cock-kingfisher's feathers he does not tear off; tortoise shells he does not collect.

What he honors is solid worth; what he prizes is grain.

[Thus] the people discard the branches [non-essentials] and go back to the root [essentials], cherish loyalty and embrace sincerity.

At this very time all within the [four] seas join in rejoicing, exclaiming, "The *virtus* of the Han emperors, how excellent is its scent!"

The *ming chieh* [1] [a fabulous plant] is difficult to grow, and therefore in a neglectful age it is not to be seen.

Only our sovereign lord can plant it, using supreme harmony and peace, [only he] will be able to count [its leaves] on the palace steps.

That being so, then how can the *Tao* [Way] not cherish, how can the [imperial] transforming power not soothe?

Fame flies along with the winds [of Heaven], mercy follows the movements of the rain-clouds [of Heaven].

[The Emperor says] "It is We on whom all creatures depend—what else is there for them to seek!"

"The *virtus* covers [all], as the heavens cover [all], a flame that blazes, a light that shines.

"[We] count the small house [i. e. institutions] of the Three Kings [the Hsia, Shang, and Chou regimes] too meagre a dwelling, [We] overtake the Five Emperors in their long and urgent course.

"[We] tread in the far-off steps of the Two August Ones [Fu Hsi and Shen Nung]—who says [We] have started too late and cannot overtake them?"

---

〔1〕 The *ming chieh's* leaves were supposed to open on the first day month by month. Hence the Emperor had an infallible guide for the longer and shorter months in the year and could keep the calendar right.

13. Sundry Reflections on Emperors and Their Way of Life

I have not finished cataloguing the excellencies of the Eastern Capital. Since I happen to be suffering from a stupid complaint, I am unable to assess such subtle essences.

Hence my reply [Sir] is crude: in rough outline it is as follows.

Suppose a man slipping into dissipation and forgetting to turn back; he would be giving rein to his mind without being aware.

[Suppose] him enjoying himself without any restraint, later he would be entangled in misery.

"One word can come near to destroying a country"—it is not I who have learnt it.

[As the proverb has it], the man with expertise in carrying pitchers holds on to it and does not lend his vessels out.

How much less can the inheritor of the imperial patrimony treat his heaven-given station lightly!

Look up to the Two Ancestors [Emperors Kao and Kuang Wu] and their immeasurable tasks; their upward flight was constantly attended by fear of danger, as if a man rode at a gallop and had no bridle.

[Take the story] of the white dragon who assumed the guise of a fish and was roughly handled by Yü Chü.

[So] [the lord of] a myriad chariots, although he has nothing to fear, may yet be intimidated by a common man.

All day he does not leave his protective entourage [baggage wagons][1]—if he makes incognito excursions, where does he go?

Monarchs stop their ears with [voluminous] yellow robes; they do not gaze abroad from within their carriages.

Girdle pendants control their demeanor; carriage bells cause measured [pacing on] the road.

In walking [the chiming] of the jades does not change, in driving [the horses] do not break step.

[He] turns back the fleet horses to draw dung-carts, not even begrudging such steeds as Yao Nao and Fei T'u.

14. Plain Facts of Social Economy

When he [the Emperor] proceeds to use up the [nation's] wealth and avail himself of its goods, there is the constant fear lest the [different] classes of commodities be all used up: [when] he taxes and uses the corvee, there is the constant fear lest men's strength be exhausted.

Let [the goods] be allocated according to principle, [the labor] be used at the proper times.

On the hills let there be no [indiscriminate] felling and lopping, in hunting no killing of [life in] the womb.

Then the plants and trees will flourish, the birds and beasts

[1] Allusion to *Tao Tê Ching*, 26: "A man of consequence though he travels all day will not let himself be separated from his baggage-waggon." (Waley)

will multiply.

The people will forget their toil, will be happy to contribute their wealth [to the nation's use].

So the hundred clans will be alike in having abundance;high and low share this peace and amity.

The abundant compassion [of Han rule] has long been stored up, men's hearts [long] been solidly knit together [in loyalty to the Throne].

They hold fast to fair-dealing and pay regard to their Lord, ordinary people cherish integrity and restraint.

15. The Nobleman Forced to Face Unpleasant Facts

Enraged by the treacherous violation of Heaven's mandate, resentful at the severance of the imperial line Whereby Wang Mang, having launched his dark machinations and conducted them in secret, succeeded for eighteen years in his treason,

The Emperor ascended the steps of the throne, and the blessings of Han rule were displayed in due order.

With such a consummation we rightly rejoice in the royal heritage.

You, Noble Sir, are now irresponsible,wanting to exhaust the people in the service of [your] pleasures—you forget that their hatred becomes a mass vendetta.

You would exhaust commodities in inflating your arrogance—suddenly the underdog rebels and creates misery.

It is by water that a boat is borne up, by water also that it is capsized.

Solid ice is forming when frost is on one's shoes; an eight-foot tree springs from planting a sapling.

If [you] rise at dawn [and] become distinguished, [your] descendants may still be lazy: how much more for him who at first cuts [his] robes on a lordly scale is it impossible to change [their] cut [to an economical size].

16. The Final Word from Teacher Anonymous

When Ssŭ-ma Hsiang-ju and Yang Hsiung made their poems on the Ch'ang-an hunts they envisaged, Ssŭ-ma Hsiang-ju the removal of the park walls and surrounding ditches, Yang Hsiung a ban on nets and traps. But even if these measures had been taken,

...in the end they would have been unavailing in the existing conditions, they would only have revealed the defects and excesses [of the regime].

Ministers increased their extravagance and overrode their sovereign, forgetting the enduring foundation of ruling a country.

Hence, while at the Han Valley [Pass] in the east, [Wang Mang's troops] were beating their drums, in the west the seat of government was crashing down with no hand raised [to save it].

It is human for the mind to think that what it has learnt is right, for the limbs to be comfortable in habitual postures.

A person in a dried-fish store is not conscious of its smell, he being used to what assailed him when he first went in.

The [Yellow Emperor's and Yao's] *Hsien Ch'ih* music is not in tune with the croaking of frogs [i.e. lascivious music]—but some undiscriminating commoners would have doubts [as to which is better]. Of those who have no doubts, is Tzŭ Yeh [the great Chou music master] the only one?

17. The Nobleman Repents

The Nobleman, intoxicated with high doctrine, satiated with civilized principles, stimulated to virtue and scared of rebuke, with pleasure and fear at war [within him]: his wits were astray like a drunkard, day and night jaded and weary, like one robbed of his vital essence [*ch'i*], stripped of his fleshly soul [*p'o*].

He forgot what he had argued about, lost what he had bragged about.

After a lengthy pause he said:

What a vulgar fellow I am, having learnt everything wrong and persisted in error!

Happily I have you, my Master, to point out the true south [of doctrine].

What your servant has heard is specious and not according to fact; what you, Sir, have said is to be believed on the evidence.

Vulgar fellow that I am, and lacking in discernment, from now on I know that the scent of the *virtus* of Great Han is all contained here.

Formerly I often deplored the loss of the *Three Mounds* and *Five Codes* [ancient scriptures].

Looking back into past history, I could not descry the beauty of Yen Ti or Ti K'uei [mythical emperors].

Now that I have heard the overflow [from your] learning, Sir, how could Ta T'ing's [a Taoist worthy, pre-Fu Hsi] [*virtus*] surpass the present one?

Your messenger, although unintelligent, has more or less come to understand this.

第七章
对班固《西都赋》的解读

在对此赋详细评论之前，有必要花一点时间先谈谈文学批评的问题，包括总体而言的文学批评和与翻译相关的文学批评。

首先来看看戏剧化呈现的效果。班固借两个想象人物（西都宾和东都主人）之口来讲故事；张衡借一个贵族公子和一位先生（老师）之口来讲故事。一个人年纪很大，积累了相当多的历史知识，但智慧却不如另一人成熟。这样的安排会产生怎样的戏剧化效果？而且为什么要进行这样的戏剧化？对班固的赋而言，答案可以在其序言的结语中找到。他的目的——至少一个表面上的目的——是阻止人们继续抱怨迁都，所以这种戏剧化是一个有效的手段。通过这个方式，他可以让东都的支持者在辩证中胜过对手。他很满意自己的这个做法，并且造成了压倒性的效果。尽管西都宾被挫败是有趣的，这也是班固有意制造的效果，但是作为戏剧化艺术而言，水平是很粗浅的。现代读者对于历史上的戏剧诗人和哲学家的成就十分熟悉，所以这种安排看起来很粗浅。实际上它并不那么简单。班固当时心中所考虑的是公元前 1 世纪的诗人，他们创造出这种文学手法，使得自己的主题客观化，并旨在添加一层反讽意味。

另外，朴实的文学也并非完全没有反讽和讥刺，看一看《诗经》中的周朝民歌就知道。班固在这个案例中使用这种手段的方法有时候缺乏微妙和精巧。他以一种过于直接抨击的效果来说明自己的观点，以至于读者不禁思考，这背后是否有别的什么？读者立即就会产生疑问：都城的问题在班固写这篇赋的时候是否还像赋中所呈现的那样是个热烈讨论的议题？那时候事情已经发生五六十年了，是否还有一些旧的西都学者依然在抱怨都城的变迁，这是可以质疑的。我们可以推测，事实上，赋中呈现出的热烈的争论是对于当时政权的一种绝佳的褒扬手段——至于是虚情假意还是真心实意，还有待考察。

张衡的案例十分不同。他对于上层富裕阶级的反讽性指称使得上述这一点是毫无疑问的。因此赋中的两位对话者——凭虚公子和安处先生——是更加深奥的人物，更加符合司马相如与扬雄的传统脉络。张衡的目标很明确，假如在一定意味上他是模仿班固的，他这么做是为了表现班固这篇受人欢迎的作品中存在危险的肤浅性。对于张衡而言，真正重要的是“对母鹅有益的东西对公鹅同样有益”，或者明确地说，“住在玻璃房里的人不会扔石头”。假如西汉政府能够接受别人批评自己是野蛮的（barbarous），东汉也应该接受同样尺度的评判：既然大汉后来的几位统治者表现出自己相较于西汉不那么野蛮，那么是不是说当前的政权是真正文明的（civilized）？

因此通过对比这两位作者戏剧人格化这一文学手法的使用，我们不仅能够一定程度上洞察他们各自的立场和各自思想的真诚性，我们还能生动地展现出文学在一个文化中起作用的方式。我有一个可能简单但有广泛效力的思考，那就是：作者A创作出了一个杰出的文学艺术作品；同时代或后代的作者B读了这篇作品，受到鼓动，决定跟随这一榜样，努力做得更好。崇拜会带来批评、评论，而批评会带来更深层次的模仿。只有这样文化才能保持活力。在我们现在这个案例中也是一样：东汉时期学者们清晰地意识到，正像古老的《诗经》揭示出了较不发达社会的风气一样，每个时代的诗性写作，尤其是他们当时的写作，都是社会上下真正风气的试金石。总而言之，用一个汉代的看法来说，文学，尤其是想象性的文学，是时代的一面镜子。

由此我们转向一个问题，在费力地读完这四篇赋后，我想读者脑中很可能会有这个问题：这种写作真的是诗吗？也许按照现代西方的特定意义不是。在处理主题方面，赋对细节有一种散文式的关注，对辩论效果的关注则很直白、很仔细，以至于这些篇章只能被视作散文——当然，是修辞性散文，但那依然是散文。然而这样一个评判是正确的吗？对比一下欧里庇得斯的戏剧、维吉尔的《埃涅阿斯纪》，更不用说莎士比亚的戏剧和弥尔顿的《失乐园》和《复乐园》。正是在这个问题上，读者必须仔细阅读，因为译文不可避免地存在缺陷。以上翻译主要目的是取得意义的准确和印象的清晰。为此，原文中字序严格的句子的简洁性一次又一次地被抹除了，押韵也是一样。原文的押韵创造出一种干脆利落、中肯尖锐的交流效果。头韵的变更和长短句的有技巧的变换带来感官上的愉悦。非中文读者能稍微理解原文最本质的诗性效果的唯一途径就是仔细阅读那些简洁、精妙的对仗句。这些对句已经包含了括号中添加的文字。确定了句子的含义后，想象一下删去这些括号里的文字，再读这些句子，就会明白作者对形式的处理多么严格，就会明白赋这种文体取得了多么大的成就，其语言响亮有力、恰当合宜。通过连词之类的辅助手段，现代学者很难捕捉到原文细微的用词与意义。而达到这种程度的成就，所创作出来的就是诗。我们不用再费力强调两位作家对诗歌意象的使用，这是十分明显的。

最后谈谈诗与散文的对比问题。一篇赋诗（*fu* poem）主要是对一个对象（物）的描述，或者是像一座都城这样的有形物，或者是一种心境这样的无形物。对有形物的描述可能需要赋作家进入精神领域，就像我们这里的四篇赋。同样地，对无形物的描绘也可能包含对许多有形的附属物的描写，就像张衡的《思玄赋》，详细记载了环游世界、上升至终极空间边缘的旅途过程。这些长赋是描述性的，提供了多方面的大量信息，从而作者们需要处理篇章安排与有序结构的问题。西汉后期，扬雄在这方面展现出高超技术，因此到班固的时期，区分段落（marking paragraphs）的传统与技巧已经存在。但没有人像班固那样尝试这样大规模地进行描述，尤其是对都城和其中独具特性的实践进行叙述。他的尝试在同时代人看来是成功的，《两都赋》所受的好评就可以证明这一点。

对现代读者来说，班固和张衡的作品阅读起来就是一个问题，而前文的直接翻译与概括的结合或许能够给这个问题的解答提供视角。作品中明显存在篇章安排，但作者对主题的思考从一个阶段过渡到另一个阶段是依靠不止一个手段来呈现的。一个是押韵：前一部分的尾韵会改变——但同一个部分内，尾韵可能每隔几个对句就会变化。另一个是韵律节奏上的变化，例如从四字句结构变为六字句结构；或者一个部分的最后一句或下个部分的第一句在长度上可能不规则。另外，还有引入性的连接短语，如“于此之时”（在这样一个时候）或“而乃”（于是）——不过这样的短语也可能出现在某个段落的中间，用于强调某个点。无论是哪种方式，即使不懂中文的读者也能找到段落区分的向导。这里能做的唯一一条批评就是赋在宏大的组织规模（grand architectonic scale）上缺乏布置。也就是说，没有清晰地区分主要段落和次要段落。总体而言，班固的目标更简单、更浅层，在篇章安排上更适当。张衡的目的更复杂，这体现在他的技巧上。

接下来我们就可以考察两位作家写作的内容，首先看长安，接着讨论洛阳。分析的步骤自然是首先摘出作品的主旨，其次进行批评，接着对比二者的批评。我们首先分析两篇长安赋，接着分析两篇洛阳赋。

班固《西都赋》序

给赋写序的做法似乎源于扬雄（公元前 53—公元 18）这个具有哲学家头脑的人。这是新北方派赋作家的一个醒目特征，也解释了《西都赋》写作的背景。因此一篇序言使得读者理解作者的心境，促使作家可以从一开始就直接把焦点放在要处理的问题上。因此这篇序无论如何在一定程度上都是自我揭露性的。

“或曰”（一种观点认为）这个说法让人想起当时带有论辩风格的文体。《白虎通》和《论衡》也使用了这样的语句，暗示所讨论的问题有一种或更多的观点。班固没有提到别的观点，但他对汉朝中期文学活动有一份生动的描述，这给我们提供了一些线索。对于班固时期朝廷的年轻文人才俊来说，似乎这种前一世纪形成的新文体是司马相如和序中提到的其他人创造的。才华超群的班固却知道得更清楚。刘歆《七略》中列举的四类赋的附录（见《汉书》卷三十）特别提到屈原和荀子的创新。屈原是长江中游的诗人，荀子是在秦朝建立之前在南边避难的北方学者。

尽管班固关注的是对历史的理解，但他在这里的主要兴趣是前一世纪文学的新生。要充分合理地理解他的言论，有必要把他提到的每一位作家——司马相如、吾丘寿王、东方朔、枚皋（有趣的是，他似乎是一位相当轻浮的作家）、王褒、刘向——都认真看待，并关注他们所感兴趣的广泛的新主题及他们所使用的语言的新力量。这些作家大部分都有流传至今的作品。还提到偶尔进行创作的倪宽、孔臧、董仲舒、刘德、萧望之等人。但这样一项研究会使得本书大大偏题。因此需要阐明班固这段论述的更全面的特点。

第一个需要注意的特点是班固引用的“或曰”的观点在毛苌的《诗序》中可以找到。毛苌（公元前 2 世纪）及其对于《诗经》的处理不管在公元前 1 世纪还是在班固的时期都不受主流的解经派欢迎。班固引用他的观点，是在为他发声吗？

第二个特点是班固使用的术语“言语侍从之臣”，也就是运用语言力量来提供服务的皇帝的下属。这十分引人注意。这类人在朝廷带薪任职是从什么时候开始的？某种意义上，过去封建周朝的“儒”就是这样一群人，但是在那个文化程度更低的年代，他们主要是抄写员，是执笔的技术人员。当然还有依靠有野心的诸侯厚待的稷下哲学家团体等。班固并没有忘记这些人，因为他是向“三代”（夏、殷、周）的文学伟业致敬。班固认为从武帝时代开始出现了一种崭新的、史无前例的现象：一群人在朝廷中拿着薪水，他们的真正业务、主要工作就是创意写作。很难想象班固说的不是这个意思。对《汉书》中司马相如和扬雄的传记进行研究就能很明显地看到这一点。他们并不被指望成为行政官员，而是要成为诗人。

第三个特点是对于两种创意写作的强调。一种显然是对皇家之德（virtus）的赞颂歌唱。读者会疑惑，班固所说的“于是他们完善了自身的忠诚与孝顺”指的是什么？这很像是在指一种崇高的责任感，这种责任感驱使一个人去弱化君主的缺点。答案是，另一类的创作者——也就是班固最先提到的——他们的工作是解读大众对于时事的感受，“传达讽喻的评论”。《文选》中司马相如的赋就是此类的典型，十分值得赞扬。一个有趣的例子是扬雄的《甘泉赋》。扬雄在序中叙述了自己被命令写文章赞扬甘泉宫举行的特殊祭祀，并叙述了自己在写作过程中如何遇到了一股“反讽之风”。

第四个特点是班固将新文学创作和圣典“五经”中的旧文学做了对比。在价值上，前者和后者一样重要。因此，在东汉那个崇尚经文的年代，有这么一位作家坦率地将古典和最新的时代平等地对比。他对比的语言堪称典范，用词简洁恰当、清晰明了。旧文学“如彼”（像那样），而新文学“如此”（像这样）。“那样”是在远方的，而“这样”是在自我之内的、亲密而私人的。这种对比是道家哲学家庄子术语的一种特征。《道德经》（第十二章）中有“去彼取此”的表述。

总而言之，班固只在最后几句话中透露了自己的动机——或者说至少是表面上的动机——那就是将两个政权进行对比。既然他要表现某些长安的抱怨者的受挫，为什么要叙述这么多关于创造性作家的细节呢？有两个问题自然就冒出来了。一个是在洛阳的成功已经持续五十年后，是否还存在严重的不满情绪，要求回到长安？另一个问题是，学术界显著的好争论和宗教倾向是否正在吸干创造性写作的源泉？我的猜测是，通过序中的双重强调，班固希望将自己的作品以忠诚的姿态呈现给章帝及其诸位参谋，但同时也希望强调培养诗性人才的重要性。我找不到洛阳朝廷中有什么可识别的建筑是供那些正在成长的未来语言大师集会的。

（一）赋中人物介绍

读者随着对这四篇赋的深入阅读，有时候会质疑，对话者 A 或对话者 B 是不是本人亲自（in propria persona）在说话，又或者班固或张衡多多少少忘记了这些人物是在用第一人称讲话。随之而来的文学批评问题并不是我们所要考虑的，但假设这些人物的伪装面孔在某些时候难以维持，那么赋文作者的自我揭示性就需要我们考虑了。两位诗人的人格个性之对比也因此浮现在眼前。

（二）地势与地理

对长安的支持演说首先以其作为政府的最初选址开始。长安具有独特的自然优势。西都宾关于山川河流的条理清晰的吟诵十分动人，那完全是自然主义的表达——几乎可以说是一种严格的科学方法。山峰拥有宜于设防的防卫关卡，充足的水源供应，肥沃的土壤，这些都被认为是影响皇家决策的重要因素。第（四）部分还补充了一些细节，“五种谷物”（大概包括稻谷）在灌溉的帮助下生长出大量的作物；一条运河（亦或一系列运河）将渭河与黄河连接起来，建立起与大海相通的船运。班固的视野从中国近海延伸到了西部黄河的上游（大约东经95°），这就是他眼中长安之地的规模。他认为周朝是借由龙之德来统治的，这似乎削弱了他世俗的自然主义。但值得注意的是，在接下来的句子里，时间更近的秦朝政权被用现实主义的手法象征为一只老虎。因此我们发现这里有一种高度自然主义的思想在运作。地理特征被敏锐地察觉到了。这部分的概括条理清晰，堪称杰作。

（三）都城及其周边

很明显长安是一个所谓的中心大都市：按照现代概念来看规模不大，但依然是一个大都市。我们可能会认为这些对城墙、壕沟和拥挤街道的描述过于夸张，但整体图景的真实性是错不了的。这是一幅惊人的图景，对历史学家来说十分宝贵，因为尽管班固可能从没去过长安，但他父亲去过，而且很可能还曾在那街市的烟尘中奔波过。我们可以窥见那些富裕的中产阶级店老板的生活，这让我们认识到汉代的一种社会现象，也就是零售行业及其附属产业、奢侈品行业、大规模制造业等的繁荣——至少某些行业如此，以及贸易催生的金钱的力量。问题就出来了：商业如此繁荣的长安在多大程度上能够与恺撒时期的罗马或是中世纪后期甚至是路易大帝时期的巴黎相比较？张衡提供的图景能够加深我们的了解，但目前我们要考虑的相关文献是班固的《汉书·食货志》（卷二十四）。孙念礼（Nancy Lee Swann）博士对此做过详细研究。[1] 我们在其中找到可以印证该图景的大量证据，不仅仅是从首都的角度，而且从地方来看也是如此。尤其明确的是大汉有钱人还延续了平民身份。他们在各个方面、法内法外都有影响力。但汉朝的社会秩序依然本质上是一个贵族—平民等级秩序。这在西都宾对于城郊的描述中也能明显看出。贵族和大产业家居住在城郊，而非都城拥挤的街道上。这些信息尤其有用，因为班固强调，皇家政策要求他们住在那里。西汉很长一段时间内，地方权贵都在做着斗争。皇室的后裔和一些大家族一直在进行谋划，希望获得部分或完全的独立。因此才有了一种聪明的方法，召集潜在的作乱者，让他们

[1] Nancy Lee Swann, *Food and Money in Ancient China*, Princeton University Press, 1950.

去先祖陵墓守灵，从而获得尊荣。

最后要强调的是，在长安之前，中国并没有中心大都市。相关的叙述显然添加了班固的想象成分。

（四）皇家领土

被审视的这片区域被称作周朝封建时期所谓的“皇土”。在一定意义上，一片获得特别恩典的区域这一概念在当时还是真实存在的。在这片区域中，皇家的恩惠（beneficence）基本上能够得到布施。生活满意的农民阶级居住在距离皇家居所如此之近的地方，这个群体显然意义重大。农作物的性质值得我们注意。庄稼不仅包括谷类植物，还包括制造丝的桑树、给普通人制作衣物的麻，等等。赋文的叙述并没有直接点明该地区的高生产力不是单独依靠自然条件形成的。要了解这一点，我们需要看看班固的《汉书》（卷二十九）。其中我们看到建立一个大都城如何面临食物供应的问题。这个问题是秦始皇也面临过的。但直到武帝统治时期，这个问题才被充分解决。大规模灌溉导致大量的强制劳动现象发生。这项工程是实验性质的，一个实验失败后，就要尝试其他措施。用于运输和灌溉的运河得以建立，这是最终获得成功的一个标志。从而水利工程在技术上取得巨大进步。我们是否可以说，尽管圣王禹的传说十分值得崇敬，但这是中国历史上第一次有一个强有力的中央政府拥有足够的资源和工程智慧成就了一个大规模的农业奇迹？

至于那些来自偏远国家的珍奇鸟兽，从理性角度看，读者会在运输的问题上产生怀疑。例如，对于像犀牛那样庞大的动物，从马来半岛运来，需要几个月的海上运输，路途中还要成功解决喂养的问题。那么班固是否有可能在夸大其词呢？另外，他在描写位置的细节方面如此精确，还表明西郊有一片动物生活的圈地。（见第九部分皇家狩猎）

（五）皇帝个人居所

此前班固的描述尽管有一点儿印象主义，但一直很严谨，因此到了宫殿建筑部分，读者会失望地发现描述得是多么粗略。我们不知道主楼的尺寸，也不知道它和周边附属建筑的方位关系。有理由推测，班固可能对《汉书》这旷日持久的任务感到疲倦，这个工作涉及数不清的细节问题。而写作《两都赋》对他来说是一种放松。因此我们可以理解他在这里粗略一点。但洛阳档案馆中可能确实缺乏详细的信息：王莽政权崩塌时，长安大部分地区都被焚毁了。

有一件事值得注意。班固、张衡赋中没有提到任何为宗教服务的建筑。显然，当时特定的宗教仪式都被安排在都城之外进行。问题是，一些旧的禁忌是否在这种安排背后起作用？另外，人们在经典文献的各种篇章中都明确肯定，皇家层面上的生活秩序应该符合并因此象征天地的秩序（天地被视作两个相互关联并创造关联的神秘实体）。关于周朝体制问题的相关表述很可能描述的是一种理想而非真实的情况。但是，根据班固的表述，我们显然应该考虑到一种可能性，那就是西汉做了认真的努力，想让这种象征发挥实效。东汉更是如此。这就可能将宗教引入宫殿。

至于那些横梁、支柱等等，这些属于第一位汉朝皇帝的首席大臣为皇帝建立的建筑（公元前3世纪末）。班固时期所有受过教育的人都知道，皇帝对建造宫殿所产生的巨额开销感到愤怒，但首席大臣向他解释这事关皇家威望，皇帝需要用朝廷的壮丽与宏伟来征服其臣民。于是皇帝的怒火才减轻。西都宾在这一点上没有说什么。但他的创造者班固显然想要指出，这一建筑是不惜成本建成的。他通过文章的整体内容传达了这一思想。他用真正的赋体详细列举了九种建筑，并称还有更多“无法展开叙述的”建筑，还接着铺排了一系列描述，“坚实的基石，飞入云端，从上到下闪耀着色彩：各种形状的组合设计巧妙，眼前的每一样形式都各不相同……”我们遇到了一个困惑，这会是之后我们关注的重点：这些横梁上的龙翼是否只是古老的万物有灵论（animistic）信仰的体现，还是说皇家工匠即兴创作，希望为了美而创作美？

（六）后宫

这里我们获取的信息与在当时的严肃著作中出现的内容并不相同，但后宫的影响在汉代历史上随处可见。正如班固所指出的，宫殿的数目之多就说明了后宫里的人数之多。从专业的娘娘侍女到最卑微的擦洗工都住在这里。班固指出了后宫生活的一个特点：后宫女子的命运是不断变化的。一个出身低微的美丽女孩被雇用，得到女主人的宠爱，成为一个待诏宫女，从而可能得到皇上的宠爱，这个过程是没有障碍的。欧洲也有类似的事情，形式也大体相同。这种“柯林斯式的奢华”之图景对于东西方历史学家都很熟悉。

（七）行政办公处、档案馆及其他建筑

班固把差不多八十行的笔墨献给了他对皇帝个人家庭居所的洛可可式的描述，又用了二十六行来简略概述宫殿的其他部分。这是一种高超的浓缩，但如果我们希望获得不同部门的办公结构等信息，就会感到失望。但是，我们从整个篇章中获得的细节具有特别的价值。

第一段是颂文的传统语言。但在这里我们都能发现宝贵的金子，那就是文中提到的都城中所作的流行歌谣。这印证了德效骞所译的《汉书》给人的印象，那就是当时法治和宪法的雏形正开始出现。班固让我们相信，长安老百姓对此感到十分激动。即使这宪法只是一种尝试，还未编成法典，这件事在汉代历史上也十分重要。

接下来是列举出的四座建筑（在未央宫北面）。我们首先看到的是西汉最后几十年的一项划时代的创造，那就是一所国家图书馆。其中藏有整理、分类、编目后的各类手稿（见《汉书》卷三十）。储藏在天禄阁和石渠阁的政府文件情况如何并没有进行说明，但提到了专门指派官员阐释前人的教义，这说明有更多的重要文件被锁藏在其中。班固提供的信息是只有少数人才能进入到这一文库中。其中显然有博士（Erudites）。他们是最主要的解经官员。实

际上班固并没有使用“博士”这个词。博士在太学进行讲课。太学是武帝开创的，地点距离市区两英里[1]。但是，公元前51年博士与其他著名学者在石渠阁召开会议，显然班固在写作时考虑到了这件事。因此，研究者可以阅读曾祖森的杰作《白虎通》（Tjan, *po Hu T'ung*，第一章第89~94页，莱顿，1949）。如果“六艺”这个术语的使用可以被证明是受到了公羊派反对者的影响，那么班固的概述可以提供一些新的启示。

我们接下来看到另外两个建筑，承明、金马庭，那是创作者们集会的地方。这里就和班固个人息息相关。他描绘出一个作家俱乐部。在序中他告诉我们，他们早晚集会，每天探讨和思考。长安客继续以代表班固思想的语言带着我们前行。这些语言大师“探寻事物的根本”。不仅如此，他们对于眼睛和耳朵接触到的一切信息都很敏感。尽管当时的大量赋篇都没有留存下来，但从那些流传下来的篇目以及刘歆《七略》中列出的赋篇来看，显然作家们的所见所闻来源于亲历的周遭事物。赋文的描述令人十分难忘，让我们隐约窥见朝廷的情况。在宣帝之后，朝政就每况愈下了。认识到这一点，我们还需要知道，正是在雅典的衰落时代，柏拉图和他的学院才兴起来；这些事件并没有构成阻碍，而是在某些方面成为其他一系列事件背后的推动力量。因此尽管我们不应该将长安文学圈子的成员过于理想化——其中显然会有阿谀奉承与谋求名利的人——但是他们确实是在举着自由求知（free enquiry）的旗帜。他们

[1] 译者注：1英里约等于1.6千米。下文则不再一一注明。

致力于探索用语言解释和整理个人经验的可能性。有趣的是，尽管他们和那些更严肃的学者与行政官员的工作并不相同，但同时却对这些学者与官员有一定影响，因为这些人也“时不时进行创作”。刘歆《七略》的赋的部分就出现了许多政治家的名字。尽管这些作家可以免于繁重的行政职责，但他们却需要写作法令或备忘录等。（参见王充《论衡》卷二十三第三篇和卷二十八第二篇）

宫殿区域的其他部分更是概括，但也提供了一定信息。所以，长安的吹捧者只能说出一片各种各样混杂的建筑。皇家的内廷官员在其中办公。此外，除了皇帝和后妃，唯一提到居所的内容和卫兵有关。我们可以从其他段落推断出，官员们如果需要在宫廷里彻夜办公，他们是有地方睡觉的，但唯一可能的推测是这样的安置点比较简陋。高薪官员在城里别的地方有房子。王公成年后就在宫门外的处所居住。

文中提到那些在考试中拔得头筹的官员们，这个时期开始了公务员候选人考察。武帝开创了这一做法，把他的博士们召集起来，任命他们教授候选人。这些候选人是都城里有才智的年轻人，或是由各领域、各州郡和辖区的长官选举出来到首都的小伙子。[1]“廉孝”（正直孝顺的人）这个词在公元前1世纪的“帝王记录”（“本纪”）[2]中一再出现。这个术语指代合适的候选人。显然这些人都有着极高的道德水平。重要的是，平民出身者也能够被举荐。

---

〔1〕 第十一章第（七）部分对于教育的发展问题有更多阐述。
〔2〕 这是《汉书》及其他朝代史书中朝廷编年史部分的标题。

考试的性质是笔试，回答应对政治时事相关的问题。公务员的选拔并不是定期的、规律的，但一旦有对新鲜血液的需要，或是皇帝认为有必要在学者中重建声望，就会进行选拔。这个段落的遣词造句给人一种强烈的印象，那就是经受检验的都是年轻官员。获得优异成绩的人可以去礼部。《汉书》传记显示，所有人都有晋升的机会，主要是获得一个地方行政职位。

所谓“飞阁”是和后宫以及其他各种建筑进行私下联系的一个渠道。飞阁用支柱支撑，所以是“飞”起来的。毫无疑问，这里描述的这种杂乱的建筑群为地位低微的人进进出出带来了极大的便利。《汉书》中提到了这种阁楼。(德效骞《汉书》第一卷，第113页)

（八）建章宫及其附属建筑

从《汉书》与张衡的笔下我们了解到公元前104年宫殿内发生了一场火灾。从别的来源我们知道这一年汉武帝开始修建章宫。建章宫的修建花费了几年——班固的描述显然源于详细的历史记录或是见证人的观察，从中我们得知这是那个权力欲望膨胀时期最糟糕的奢侈行为。读者会注意到一方面赋中提到工匠的艺术技巧，另一方面也提到了创造出的祥瑞力量。这就是我们在第（五）部分评论中遇到的那个问题。根据建章宫的设计与实际建造情况，我们不能不认为，这里所需要的准确性，不仅仅是巧妙的工匠技术的准确性，而且还是可以进行规划、画出图样的那种构思的精准性。我们从早先的一些书籍中得知，在公元前104年之前，用于画图的圆规和T形直角规之类的东西已经使用了至少四百年了。并且越来越多的证据表明工匠们在使用精细工具进行特别精确的工作。不仅如此，还有证据表明工匠们通过准确的测量和计算可以取得的效果在很长一段时间里被学者们视作一种表征，表明心智通过训练后可以进行理念（ideas）领域的工作（参见《孟子》第一篇上，第七章）。因此，怎么解释那些绘制的图案表现出的反启蒙主义的一面——不仅仅有祥瑞力量中心的建造，还有用伪科学技法战胜死亡的尝试？

这反启蒙主义的一面还体现在对露台，以及其上的塔楼和其下的众多湖泊的描述中，语言辛辣尖锐、机智风趣。整个建章宫区域的布置都出于武帝一人荒谬的决定。他信任那些巫师，受到他们的启发，他决定建起这一堆庞然大物，并且对每一个将要成形的细节都密切关注，希望能够在这奢侈的东西里找到成为不死之人的方法。他认为自然自有其因果法则，并且这些法则有迹可循。武帝是一个有治国才能的人，可以设想出具有深远影响的计划，并任命最能干的人来执行。这从“本纪”中明显可以看出。但我们也需要看到班固的《郊祀志》（“论述郊祀”，《汉书》卷二十五上、下），这里揭露出武帝年复一年被一帮能说善道的假内行欺骗。班固的态度在这里很明确，他时不时会刻薄地评论这些长生之术看不到效果。因此在这里他直言不讳地谴责整个行为是十分不合理的、是铺张奢靡的。这一点班固在第一部分的叙述中就表达得很清楚。第二部分是一系列重复的六字对句，描绘的是登上露台和井干楼的体验，营造出心理上使人眩晕的氛围。他故意使用了一个又一个神秘浪漫的细节，以此激起读者的惊叹，我们不能说他没有意识到自己的做法。最后他又推翻了这不可思议的幻想："一处仙人的住所——这不是我们凡人可以找到安宁的地方！"扬雄在以成帝祭祀太一为背景创作的《甘泉赋》中也有类似的手法。在对甘泉宫以及迷信的祭祀过程进行了令人头晕目眩的叙述之后，扬雄做了总结：

被选派的巫师都各就各位，在上帝的门前呼喊，打开天的观众庭，再三央求一众［小］神灵：……

……一群救助者从天上带下大量好运放到祭坛上，堆积如山。

于是任务完成，功绩显赫，我们都回到马车上，返回家去……

……飞翔的云朵在空中散步，到处都下起雨——这一切将会延续一万代！

这里出现在历史学家面前的是关于汉代思想（mentality）的一个重要问题。汉代思想扎根于泛灵论（animism），然后走向自然主义，接下来呢？在搜寻线索的过程中我们在一位诗人描绘的限定范围内发现了公元前100年左右一位伟大帝王的思想的一个方面。我们还能看到约一百八十年后这位诗人的回应。西方读者显然会想起西方古代史。罗马帝国时期受过教育的人群受到神秘宗教的吸引，中世纪和现代时期伪科学家及其盲从者受到广泛推崇。

（九）皇家狩猎

这一部分和后面一部分是全诗中篇幅最长的部分：班固的这一设计和写作从表面上说明了长安生活的这两个方面对于他很重要。首先要注意他强调这些定期发生的狩猎具有政治意义。狩猎可以训练军队、威慑蛮族，尤其是让西北方那些不胜其烦的匈奴知道，皇帝的拳头是铠甲覆盖的。但是，用一句话讲完这些后，班固就转而叙述他真正想要传达的东西。假如我们读完张衡的赋后觉得班固有一点浮于表面，我们需要认识到他在这里已经尽可能地让西都宾以戏剧性的机智话语来表达对于大屠杀的反感。

将抽象思想具体化的诗性天赋，以及把诗人嘴边那些明显并非表达自身观点的话语借虚构人物之口说出的能力，显然在汉代文化中并不匮乏。这个事实很重要，因为研究文学的历史学家们通常认为，希腊人靠天才创造了荷马式文风和雅典戏剧，中国人的天才却似乎什么也没有创造。因此古典时期中国的这一问题需要得到重新审视，要考虑到这些诗赋，以及公元前1世纪的其他伟大赋家创作的许多高度批判性、戏剧性的诗赋。

还有一个普遍观点认为中华民族受到孔子和老子的影响很早就形成了高度崇尚和平的文化。这一观点有一定道理，但在血腥竞技的文化中发现的本能冲动及其他不良现象，又让我们看到了这一观点的另一面，而这一面在今天已为人熟知。最近发生的一些震撼全世界的事件同样表明，文明人并不是自己所想的那样永远文明。因此值得注意一个事实：猎人和士兵被描述成受到嗜血欲望驱使，毫无廉耻地兴奋难耐，整个西汉朝廷也毫不羞耻地欣赏着血腥的场景。

赋中描述的这种规模的狩猎必然需要大量的人员参与，包括森林官员和军队的协商，至少需要用到皇帝的亲信大臣。需要一系列驱赶鸟兽的人，但更重要的是需要有十分了解地形、具备组织能力的计划者，才能把猎物集中到战略性的位置点上。这一方面虽然没有得到特别的强调，但也有一两处略微涉及人员调度，说明班固并非没有考虑这个问题。还要补充的是，公侯王孙的活动和接下来的欢宴并没有农民的参与。皇家森林的严格守卫以及对于偷猎的严酷惩罚是农民不满的一个直接原因。我们并不知道驱赶猎物的人员是否能从猎物中分成，但没有什么手段可以阻止那些职业猎手向家人朋友传播闲语。这些“大量堆积”的鸟兽死尸对于他们的影响是很容易想象的。

（十）狩猎之后

狩猎演习的描述似乎十分真实。东西方好像都很相似。艺术家们不会忘记拉基普特人的绘画，画面里的印度首长们打猎、宴饮，充满活力。在长安这幅画面中也有类似的欢快气氛，人们庆祝行动的胜利，酒车流淌下酒水。皇帝及其亲信是否真正参与狩猎并没有在赋中提到，但我们知道有血缘关系的王子王孙参加了打猎。这就像周朝封建贵族所做的一样，野外艰苦奋斗的一天结束后，人们大吃大喝。白天恪守着宫廷礼节，到了晚上以及第二天进行放松。

我们可以想象疲倦的猎人和官员们在某个角落休憩，但那些贵族成员就可以像参加郊游一样自由地在“一百多”座亭阁间漫游，穿过荫蔽的小树林和芳香的草木以及色彩斑斓的鸟群。西都宾又一次直率地透露出一个事实，那就是园囿中游乐场所是以巨大的成本建成的，这在司马相如《上林赋》中也有说明。

后宫女子也参与郊游，这是十分有趣的。她们不仅有两天时间可以在乡野游玩，安排了种种享乐项目，其中有一些人还进行射箭、爬山观景这样的体力运动。这些年轻姑娘绝不是西方人想象中的那种东方闺房里无精打采的艳丽美女。此外，由于西方对于崎岖山峰风景的欣赏开始得很晚，这里是这种审美敏感性的一个非常早期的例子。众所周知，这种审美在汉代之后继续发展，尤其是受到佛教的影响。但在这里我们看到佛教徒到中国之前这种思想就已经存在。

另一个有趣的点是这些女子身边明显没有伴护人（chaperonage），赋中一个字也没有提到这个话题，但这并不能说明她们一定没有伴护人。另外，狩猎之后的郊游充满了轻松愉快的氛围，而对于汉代贵族性生活的丑恶面有所了解的历史学家们必然会在此停顿，仔细审视文本和注疏。因为赋家在传达隐秘暗示方面是杰出的高手，因此在这里我们更需要详细审视。据我看来，这里没有任何线索表明这个夜晚和接下来的一天中出现了秘密的约会。我认为班固的信息来源中没有提到任何这样的事情。假如有，那么班固在一段似是而非的叙述中应当会引入一些对于阴暗面的提示。根据赋文的叙述，男性在园囿的一个区域游乐，女性则在另外一个区域游玩。

（十一）西都宾总结陈词

班固的历史编纂才能在这里体现得很明显。他按条理顺序给出的细节是非常清晰明了的总结概括。作为《汉书》的作者，他在这里描绘出了一幅图景，一个伟大的国家成功地统治了一片广阔的大陆地区。人民代代生存延续，没有遇到经济危机、政治动荡和外部入侵。有趣的是，这部分没有提到皇家的仁恩对于繁荣昌盛起到的作用。研究这篇赋的原文，读者会发现班固对于汉朝初年的皇帝的仁恩并不乏溢美之辞。但是在这最后的总结描述中却对此只字未提！诉诸沉默（argument from silence）在这里应当不可行，但这个问题并不能完全回避，因为有时候沉默也是引人关注的。班固具有强大的描述能力，他在这里使用的文学体裁对于细微意义尤其关注，因此这样一个沉默和缺口出现在这里是不容忽视的。此外，追寻司马相如和扬雄传统的赋篇之所以成功，一部分原因就在于作者不着痕迹地表达出自己的观点。

首先，哪些事实是不容置疑的？最显著的就是在宣帝统治时期（公元前73—公元前49）过后，汉朝政权之德（超自然的力量）衰落了，后来衰落的速度十分惊人。同时还有一个事实，那就是尽管西汉政权统治疆域扩大到前所未有的程度，尽管通过空前有效的行政机制达到了前所未有的昌盛，但对于中央权威的密谋反叛一直存在。武帝统治期间农业生产者背负着难以想象的重担。还有一些著名的士人家族因为与朝廷相关的密谋或渎职被诛灭或是落入贫困。班固在宫廷档案馆工作过，对此都十分了解。

其次，需要考虑到，如果东汉皇帝是武帝或其后帝王的直系后代，那么班固或其他同时代作家就很难对他们的名声进行批评。要让现任皇帝容忍这种行为，就等于让皇帝背负不孝的骂名。但是光武帝只承认自己是景帝的后人，景帝是武帝之前一任皇帝。这样一来，作家如果不想对西汉最后的几百年千篇一律地进行赞美，所受到的压力就不大了。

最后，我们所读到的内容都出自西都宾之口，而西都宾完全被国家的物质成就所震撼。他所想象出的政权的特点是拥有新的财富、新的光彩照人的宫殿等等。班固的意图似乎很明显，他要将西都宾塑造为一个肤浅的观察者。

唯一一个看起来确定的结论是，赋中的缺漏不应该是作者的无心之举。另外，也可能班固在做总结的阶段认为没什么必要展开讲述最后时期的朝政懈怠等一系列不适宜的史事。那是人人都知晓的事情，还有什么谈论的必要呢？无论如何，这些内容并不适合进入西都宾说教的文本。班固对于戏剧性艺术效果有所认识，如果他做出这样的决定，那么唯一可靠且具有艺术性的选择就是不要提到那已经丧失了的德。正如西都宾最后所说的那样，他所提供的信息“不到十分之一”。

第八章
对张衡《西京赋》的解读

（一）赋中人物介绍

张衡没有写任何序言之类的东西，直接进入他给自己安排的任务。班固的赋需要一个序，因为他当时在尝试把赋这个文类进行改造，用来达到一个此前赋家都没有尝试过的更广泛、更具有辩证性的目的。对张衡而言，班固的成就是当时人都很熟悉的，而时代环境并不相同。他这篇作品的标题《二京赋》[1]（两座都城之赋）已经说明了一切，没有必要对背景做解释。假如读者怀疑他只是在模仿在他之前的著名作家班固，此赋开篇引入了两位全新的对话者，这样的人物设定将会令读者改观。

第一，人物的介绍部分十分具有戏剧性。首先出场的是贵族公子，名称是“凭虚”。接着是先生，一位年长的老师，名叫“安处”。这两个对话人并非都以主角的方式呈现，并不是一个代表西都，另一个代表东都。因此我们

〔1〕 译者注：“《二京赋》”修中诚原文为“*Liang Ching Fu*”。

现在需要关心的是一个细微的心理学层面的问题，这在班固的赋中是没有的。气质、性情和道德观点创造出了戏剧的主要矛盾。眼下张衡只是粗略地描述了一下贵族公子；只有在《东京赋》中安处先生才不再是一个凡夫俗子。在《东京赋》中，安处先生在很多方面都代表着张衡自己，而凭虚公子则不是。但谁能说张衡不认为自己和凭虚公子有一些同等的气质呢？安处先生被设计为一个无法确定居所的人，更像是一个超脱尘世或脚踏实地的人。而张衡如果不是生活在他所处的时代，如果是为别的皇帝卖命，他很可能会是一个贫穷的诗人。

第二，凭虚公子继续发言，以一种傲慢的方式对安处先生列出许多法则，而先生的年纪应该比他大不少。公子发起了一段合乎逻辑的论证，从而证明了一个命题，而这个命题我们有理由认为张衡并不相信。因此这段论证就需要仔细考察，它代表了诗人使用戏剧想象的能力。他把自己放入凭虚公子的思想框架中，从公子的视角进行严肃的论证。

第三，这段论证的基础不仅仅是自然主义，还有物质主义的前提假定。公子的“天”并不是那种传统宗教里能够掌管人类之善的先验式的“天”。这里的“天”和“地”是阴阳宇宙中的机械因果力量。此外，这段论证的关键点在于土地，在一种情形下土地更肥沃多产，在另一种情形下则不然。换句话说，宇宙被设定为与道德无关的，在其中经济因素是主导。张衡作品的读者们完全能认识到这些，因为这完全是法家的立场，而法家理论对于一些儒者影响很大。

第四，这段论证是基于将小国和大国进行严格类比而展开的，承认大自然的机械作用。其辩证推理很容易获得汉代读者的赞同。公子的论证接着过渡到了“帝者”（人们称呼为“皇帝”的一类人）和“兆民”（人民大众），并提出一系列命题。

第五，论证的最后公子诉诸历史，提出周朝秩序的崩塌完全是经济资源的原因。从儒家的角度看这只是一半的事实。因此我们是否不得不这么推论——关于西汉和东汉的平行论述对于张衡来说也是同样看起来正确而实际上错误呢？随着我们深入到公子言论背后的冷嘲热讽，这一点怀疑就愈发明确了。“高祖在西方建都，花费十分奢侈；光武……”换句话说，一个政权有钱，因此可以花费；另一个政权没钱，所以没得花。就是这样而已。人人都知道政府铺张浪费会带来怎样的苦难！

因此张衡一开始给出了一个诡辩的样例，这种诡辩背后的思想本质上是法家的。要证明这一点，我们可以看到整个篇章都是用“经文风格”写作的，也就是“五经”当中那种格言式的、教条式的文体，后来在《易经》的《十翼》中也有使用。在这里使用这样的风格看起来是有意的，因为赋的其他部分主要都是韵体。张衡是反讽的一把好手，这在后面会一再体现出来。因此在这里诗人的笔是带了钩刺的。

（二）长安地势与地理

故事从长安的地势开始，这和班固所做的一样。张衡的叙述遵循同样的方法，条理清晰，按照罗盘的四个方位轮流描述。就我看来，这两位作者在这里的差异并不重要，但这个问题还留待地理学者解决。我们关注的是，这两位作者一位是史学家，一位是科学家，而他们对于地势特征的分析是熟悉的。

关于张衡在这里的想法，他用了一个生动的故事来给枯燥的地势叙述增加活力，就是秦穆公（公元前638—公元前619）[1] 的事迹。班固能够讲出好故事，这一点我们已经明确了。当时一篇好赋应该能够在教育之外还起到娱乐的功能。张衡这方面的特性在这篇赋中表现得足够明显，我们很有必要探究，张衡这位博学的科学家是否认为自己讲述的这个故事是史实。秦穆公获得超自然的天赋，凭虚公子认为经济动因通常是决定性因素，这两件事是完全可以并行的。但是谈到高祖放弃洛阳选择长安的时候，赋中引入了一个超自然因素，那就是上天直接启示了娄敬这个被流放的边境无名戍卒。《汉书》（卷四十三）并未提到天赐的指示，只是强调了娄敬通过不可思议的方法能够得见皇帝，并且他的建议发挥了出其不意的效果。似乎上天感召是张衡自己强调的。我们要思考他是否真的相信这个故事。他并不一定相信，因为说话的是凭虚公子。但是我们对于汉朝中期知识分子思想的了解告诉我们，皇帝被人们认为是受制于这样或那样的神迹指示的。

---

〔1〕 译者注：原著有关秦穆公的生卒年有误。秦穆公（？—公元前621），春秋时秦国国君，公元前659年至公元前621年在位。

（三）宫殿建筑

张衡没有按照班固那样继续描述都城及其日常生活，而是在提到城墙之后就开始叙述宫殿区域及其建筑，把对都城的描述留到后面一个部分。两位作家似乎都出于一些艺术性的考虑做了自己的结构安排。张衡的叙述先是提到高祖的目的，接着过渡到高祖及其后继帝王为了光大都城所做的努力。

对于宫殿区域内的建筑总共用了四十九组对句：二十组对句用于描述主要居所、紫微宫及其附属建筑；十四组对句用于描述其他一些建筑；十一组对句描述女子的居所。张衡叙述得很清楚，高祖的未央宫后来又扩建了。张衡对于奢侈修饰的描述和班固一样，堆叠了许多形容词，并且他描述的图景要更加清晰一些。他最后提到东边的听讲堂和西边的玉台与昆德殿，有些出人意料："它们高度不规则……看不出所遵循的设计样式。"

对于其他建筑的叙述也不比班固提供的信息更多：他给出了大量的专名，其中含有泛灵论和想象性质，但没有提到国家部门的地面规划。薛综与唐朝注家对此没有提供任何信息。但是关于轮流值夜班的皇帝侍从与部门官员的信息是值得获取的。有这样复杂精巧的官僚制度进行运作，仆从来来往往，宫殿区域想必是一片忙碌的景象。不仅白天如此，晚上有时候也很繁忙。张衡掀起了帘子的一角，但我们依然感到疑惑，因为他没有提到班固笔下的承明殿，却提到了班固没有写到的兰台。我们从其他来源得知，兰台是另一处储存档案的地方。张衡提到的校勘文献的地点和班固所说的是一致的，但是值得注意的是，张衡没有提到作家们在承明殿集会并讨论。我们需要记得，那些作家是拿薪水的官员，担任的是类似秘书的职位。他们有可能夜里轮流值班。我们可以认为，作家们的讨论交谈并不全部都是日常业务。唯一的问题是，张衡为什么要把这方面省略掉？他可能认为班固太过于强调这个工作特点。

（四）后宫

和班固一样，张衡对后宫做了浓墨重彩的描写。两位诗人是否认为这种奢华生活是不文明的？这个问题我们之后再考虑。先看看张衡对于工匠及其功绩做的强调。张衡笔下的长安和帝国时期的罗马一样，前所未有之多的财富集中在一个人手中，极大地促进了装饰性艺术的发展，无疑带来了审美的精致化。

至于对向宫闱内观察的轻浮评论（“嗟内顾之所观”），虽然从一个贵族口中说出来的话还算合适，但熟悉当时礼书的研究者很可能感到惊讶。的确，人们可能会认为这样一个建议很容易导致皇家成员的不满。想象一下严厉刻板的邓太后可能会因为这种不守礼节而感到冒犯。事实上，前一个政权和现在这个并不一定一样。汉代文学中也不乏男性对女性魅力的感受。张衡自己就写过《思玄赋》，在赋中他以轻松的口吻描述两位女神如何诱惑他，唱了一首怎样迷人的歌。

接下来的内容在班固关注的范围之外：各种感官刺激

对于帝王自身的心理影响。张衡用了五组紧凑的四字对句尖锐地指出：皇帝一再沉溺于这样或那样的享乐中，每天都召见从没见过的新美人。这里自然有一些文学夸张的成分。即使皇帝忘了回到自己的居所，政府的车轮还需要转动。我们会想到张衡心目中可能有两个人，武帝和成帝。根据记载，武帝连续几个日夜待在后宫，因此让宦官担任自己的私人秘书——这让官员们十分不满。

（五）权力欲望的爆发

心理影响的问题在这里再次凸显，关注点从感官享受微妙地转移到权力欲望。赋文最后一个部分所隐含的反讽愈发明显。“神圣美质”（神丽）是一个关键。唐代注疏家没有提到《荀子》，但《荀子》中的理论和这里有惊人的相似，那就是天子需要一直被最高美学程度的景象和声响环绕。这样他的德（超自然的灵性）能够被培养到最高的水平。在这里我们能看到这种思想以一种现实主义的方式被一位东汉的讽刺家展现出来。武帝又一次成为张衡心目中的首位人选，不过之后的帝王多多少少也有类似的问题。武帝不仅盲目地大兴土木，还自比于秦始皇。秦始皇是真实历史上最强大的非凡之人。因此武帝也想要证明自己的神力比秦始皇的更伟大或是更升华。难道他位于四海之中的帝国不是更广阔吗？对于历史研究者而言，这从侧面体现出了西汉对待秦朝的态度，也从侧面体现了汉武帝这位把儒学推崇至最高地位的皇帝的思想。

甘泉宫也是由武帝发起建造的，文中仅对甘泉宫一带而过。张衡时代的读者应该对扬雄的反讽性作品《甘泉赋》中的著名叙述十分熟悉。扬雄这样描述他的感受："宏伟的宫殿——梦幻般的云朵和波涛出现在眼前……我来来回回地看，三魂七魄都变得十分渺小、昏昏沉沉了。"[1]这指的是成帝时代的事情，后来几位帝王又各自进行了扩建。甘泉宫因其宜居性可与长安媲美，从而引发了一系列世俗与宗教管理的问题。根据扬雄的说法，甘泉宫内有一处具有战胜妖魔之神力的场所。其中河谷上有一座高塔，在整片景观中显得十分奇特醒目，像把天空劈开一样，从宗教上看有使人安定之效果。张衡对于其中包含的建筑问题显然具有鉴别能力。他强调两点：一是这座塔的设计"超出一切寻常的计量"（"径百常"）；二是这座塔顶端按照一定精确度逐渐变细。

（六）建章宫区域（含神明台）

随着张衡用他那讽刺的风格带领我们看到西城墙外的建筑工作，情节变得越发复杂起来。班固对这个话题做了妥当的处理，既进行了概述，又生动而具体地叙述了一个人在那无穷尽的阶梯上跌跌撞撞、头晕目眩的样子。张衡在这一点上并没有和班固竞争。作为一个发明了地震仪的人，他意识到了武帝的工匠大师会面临的问题。他决定以简洁的方式描述出必要的细节。

---

[1] 译者注：见《甘泉赋》："于是大厦云谲波诡，摧嶉而成观……徒徊徊以徨徨兮，魂眇眇而昏乱。"

我们在解读班固《西都赋》时于第（八）部分有一个猜疑，现在看来越来越证据确凿。张衡说甘泉宫的通天塔“超出一切寻常的计量”，那么对于工匠大师的实验创造力就是显然的。这两座高楼建立的时间相差不远。甘泉宫高 30 丈，建章宫高 50 丈（按西方的计量大约分别是 225 英尺和 375 英尺）。[1] 一个是实心的结构，另一个则是根据“井干”（护井石栏［well-head］）的原理建造的。也就是说工匠大师通过经验判断通天塔要想以实心结构继续往上搭建 20 丈是不可能的。唯一的方法就是利用护井石栏所使用的交错的木头结构来搭建。实心结构很容易受到高空大风的威胁。扬雄告诉我们，“一阵惊人的强风……刮倒了粗大的柳树”。因此需要采用透孔结构，可能是四面的，也可能是八面的。接下来还有木材重量的问题。沉重的支柱将使得上层过重，容易发生倒塌。因此需要使用轻质支柱。另外，古希腊和罗马建筑者发现，由于沉重的上层构造需要支撑，因此 90 度竖立的支柱不能提供所需的坚固支持。长安的这个例子中，这个问题通过将成对的斗拱[2]依次固定在横梁及其支撑柱上得以解决。这样就促使了压力的抵消。但还有一个问题，那就是这样一个透孔、轻木材的结构是否能高达百层。这个问题留给工程师们研究。有趣的是，公元前 3 世纪由尼多斯的索斯特拉图斯所建的亚历山大港的法洛斯灯塔在古典时代被认为有 600 英尺高。我不

---

〔1〕 译者注：汉代 1 丈约等于 2.31 米，30 丈约等于 69.3 米，50 丈约等于 115.5 米。1 英尺约等于 0.3048 米（下文则不再一一注明），225 英尺约等于 68.58 米，375 英尺约等于 114.3 米。原著在此处的度量单位换算略有出入。

〔2〕 木头泡在水中发生弯曲和僵硬，这是一种用于制作弩的某些部件的方法。

知道法洛斯灯塔是否完全是实心结构，但无论如何法洛斯灯塔是为了长久保存下去而建的。武帝则不太关心高楼是否能长久存续。

这些伟大建筑者的名字很少在当时的文学作品中提到，手艺人也是一样。但第（四）部分有一个有趣的表达（在我的翻译中省去了）："指令下达给［一位?］班和［一位?］尔。"这是在说飞阁（可能还有后宫）的建造时提到的。汉代时期，鲁班几乎成了木匠的保护神。有一个传说称鲁班是王公后代，生活在公元前6世纪末期，是鲁国的工匠大师。还有很多关于他的故事，说他创造了一些令人惊奇的机械模型。王尔这个人物更神秘，《淮南子》（公元前2世纪）中提到了他，说他是使用（发明?）雕木弯刀和圆凿或扁錾的一把好手。扬雄在《甘泉赋》中提到一位"和氏"是当时令人惊讶的洛可可式装饰风格的创造者，并说"假如鲁班和王尔看到这样的装饰，他们会把工具都扔了"。显然扬雄认为当时在技术和手艺方面都取得了显著的进步。对比一下张衡描述的那些木材、夹钳，还有旋转式气候风向标和通风板的发明，我们似乎能得到汉代机械发展的一些可靠信息。我们会想起《中庸》（第二十章）说的："假如每日每月进行技能的尝试和使用，对做得好的工作给予更高的报酬，一百种工艺都会得到促进。"[1]

历史学家可能会注意到"越巫"（德效骞认为是"萨满女巫师"）的问题。皇帝希望毫不留情地吞并周边民族，但也可能被蛮族信仰所左右。张衡作为东汉时期的人，

［1］译者注：见《中庸》第二十章："日省月试，既禀称事，所以劝百工也。"

他能够感受到这一点，毫无疑问他在这里是包含讽刺的。汉朝的开国皇帝是否具有同样的优越感，我们并不确定。还可以进行更深入的研究，观察蛮族信仰与蛮夷神话在多大程度上渗透到中国文化中，其影响力是否比人们意识到的还要大。从“都卢”一词我们可以看出武帝时期朝中蛮族人士的情况，当时长安有这个部落成员存在。都卢是一个土耳其民族，领土在长安西边1000英里。来自那里的杂技演员在汉朝宫廷娱乐活动中经常出现。他们的一项绝技是能够爬上竿子，把自己抛到空中，下落时抓住竿子。[1]因此张衡在掩饰其讽刺意图时心中有一个合适的形象可以采用。

对于武帝精心筹划的超越凡界的努力，张衡最后的反应在一定程度上是同情的。张衡通过自己的经历说明了追求永生意味着什么。《思玄赋》中他描述了自己最终被送往太阳、星辰和银河之外。他朝混沌中看去，看到自然物质的各种力量在终极之远处旋转、碰撞。因此他所说的“你还未走到一半，就已经怕得发抖……”和《思玄赋》的主旨是一致的。凭虚公子讥嘲武帝竟然相信用机械计量的手段能够延长自然寿命。但凭虚公子在赋的开头所证明的、他所相信的理论正是人的命运是通过物质的、机械的力量决定的。

也许这里主要的问题在于，张衡用直言不讳的方式表

---

〔1〕见《汉书》卷九十六（《西域列传》）、傅玄（公元217—278）《正都赋》（《艺文类聚》第六十一卷）。

达出，一位教养良好的聪明人会被少君和乐大[1]这样的骗子的胡言乱语引入歧途。我们在这里可以看到一个东汉人对于更早一个时代明显的迷信行为给出的理性看法。历史学家的问题是要研究这更早的一个时代是否真的更加迷信。看起来是的。我们需要记得武帝是具有杰出管理能力的文化人，除了他这样偏离常识的行为，当时自然主义思想中最精彩的内容是董仲舒的半理性的阴阳理论。他的阴阳理论不仅在接下来的一个世纪深受文人欢迎，也对公元1世纪有显著影响。《公羊传》记载了许多异兆和怪事。这部书在公元79年的白虎观会议上获得了广泛的支持，在公元前53年至公元前51年年间召开的石渠阁会议中也是如此。内容可疑的“纬书”也一直被创作出来。但东汉不仅出现了张衡这样的人物，还有王充那样提倡打破旧习的人。王充的《论衡》对于当时违反常识和理性的思想进行了嘲讽。张衡还希望朝中人士能够欣赏自己作品中的强烈讽刺。当时有一种新的潜移默化的力量在发挥作用，我们从扬雄（公元前53—公元18）和刘歆的作品中能看见一些痕迹。到1世纪末，旧瓶里倒进的新酒已经在冲击着破旧的酒瓶。这个复杂的问题我们暂时就讨论到这里。

（七）建章宫区域（续）

两篇赋在这部分的要点上可以相互印证。张衡再次展

[1] 班固在《郊祀志》（《汉书》卷二十五）中对他们做过讽刺。少君对钱财有着极长远的规划，死前深受皇帝崇信。乐大一度更受荣宠，最后被捕并处死。

现出他依照规律观察事物的能力，在这里表现得十分明显。叙述以一种鸟瞰的方式进行：首先是两座宫殿及其风水布局；其次是构成主要宫殿的建筑群；再次是通向四面八方的相互交织的道路，以及带有廊顶的通道向东延伸到城墙。远处是湖泊和仙山。于是我们就来到了狩猎园囿的山丘脚下。这里展现出了想象的诗性力量，但和一些理论主张相悖的是，这种想象的天才是根植于精确的信息的。而这样精准的信息或许是诗人很年轻的时候就印刻在脑海中的。因此，出生于公元78年的张衡离长安时期并不很久远，他可能从自己的祖父等老人那里听过他们对于荒废之前的建章宫的印象。无论如何，诗人眼前的图景十分鲜活："当你凝望时，视线无法聚焦。"这个描述可以和班固的看得"眼神失焦"相媲美。两个表述都包含了一定的知识水平，说明他们对于视觉光学有一定意识。两位作者的语言媒介给清醒的思想头脑提供了一个恰当的交流渠道。

（八）都城、城郊及其居民

我们是否可以假定，班固对于挤挤挨挨的购物中心的生动描写让我们很享受，同样也让他自己和他当时的读者很享受。一座城市拥有那样多的商铺和顾客，那是前所未有的事情。他多多少少有些夸张。一位诗人如果使用了夸张手法，另一位就会显得有些寡淡。但张衡通过其他手段达到了同样的效果。他首先让我们注意到住在北边专属区域那些豪华居所里的人。石显和董贤是前朝的暴发户典型。他们显赫之时会在奢侈品店铺消费。（作者没有提到其他家族，但数量一定不多，因为大多数贵族高官居住在皇家陵园附近）作者继续讲述通过商业繁荣发迹的富商。我们通过一句话了解到，人们心里想要的东西都能买得到，而且商店的利润可以高达百分之百。另一句则提到了叫卖小贩以及他们如何欺骗“小镇来的人”。

说起那些暴发户新贵，石显起初是一个地位较低的官吏，因触犯了法律而遭受腐刑，后来却引起了头脑简单的元帝的注意，成为元帝后宫的一名太监。他的影响力很大，对国家产生了极大危害。董贤不是太监，他是一个英俊的年轻人。哀帝爱上了他。张衡描述这两个人盖的豪宅（其中一座和某宫殿同名）的语言让我们想起班固所记载的故事，因此我们可知张衡的信息来源。入口处的武器架显然是有必要的防卫措施。石显谋害了许多他觉得有威胁的人，从而招致许多人的仇恨。根据这里的内容，我们知道还有很多歹徒强盗随时可供雇佣。

至于那些富商，很多这类内容可以在《汉书·食货志》和孙念礼博士的细致翻译与注释中找到。张衡列举了四个富商：一个靠卖油脂牟利；一个卖熟牛肚；一个在四川开铁矿；第四个是专门医马的兽医。皇家和贵族马厩里有来自大宛的名贵宝马，因此经常需要专业的兽医。奇怪的是，这里列举的事物中没有奢侈品，却出现了售卖熟牛肚的商贩。或许这背后有某种讽刺意义。朝廷与城市之间的等级界限感十分强烈，像张衡这样一位相对贫穷的文人可能免不了有这种感觉。而且由于我们知道的那四十个商人中许多人都在金钱市场上进行违法操作，张衡的这种界限感可能更加明显。

班固不带感情色彩地对从各地聚集首都的不法之徒做了一个简要的提及，而张衡则深入到了重要的细节里。有四个人不仅“形成了团伙”，还“把各自的意图凝聚起来，相互无猜忌”[1]。张衡给出了这四人的名字。他的概括十分生动：“一点小小的冒犯就点燃了眼中怨恨的火花——于是马路角落里有了一具死尸。”[2] 我们从中可以略微瞥见长安下层的强盗世界。

张衡对于那些好争辩的、没有工作的学者的叙述再次呈现出轻微的讽刺风格。这让我们想起柏拉图对诡辩派的批评，想起海伦·沃德尔对研究阿伯拉尔时期巴黎的学者的描述。我们知道武帝开始在全国范围内举荐政府工作人员，并在首都进行公务员考试之后的一个世纪，政府公务员候选人的数量激增，总数达到几万人。在这些人中，张衡指的仅仅是其中来自五个县的人——我们并不清楚他们是有希望的候选人还是已经成功入选的考生。后者尽管被赐予了“郎”的地位，但并不会立即获得职位。他们进入等待名单，可能会需要等候很长一段时间。处于这样一个状态的人们必然会汇聚在首都，以便能够接近他们所了解的那些有影响力的人士。与此同时，他们会在街头互相争论。

这最后一个段落已经清晰地表明当时学术上喜好论争的风气很强盛。但究竟他们热烈讨论的是什么话题，我们并不清楚。张衡说他们“梳开头发，撕裂肌肉”，体现出

[1] 译者注：见《西京赋》：“齐志无忌。”

[2] 译者注：见《西京赋》：“睚眦虿芥，尸僵路隅。”修中诚在分析中引用赋文时所采用的翻译与前文译文有时略有出入。译者在翻译时按照尊重原著的原则，并未做统一，必要时以译者注的方式加以注释。下文则不再一一说明。

这群人急躁的脾气，也显露出张衡自己对这种脾气抱有的轻蔑态度。但这些描述并不能给我们提供什么线索。根据两部汉代史书中关于著名学者的三个章节的内容，以及刘歆的《七略》的内容可知，他们主要的关切点应该是“五经”的各种文本。每一个文本都有自己坚定的支持者。因此，“梳开头发，撕裂肌肉”很可能是为了这些文本的不同解读。一个字词、一个句读就足以引发激烈的分歧。

百万富商、罪犯、歹徒、没有工作的文人……把这些现象综合起来，我们能从一个侧面看到当时的社会秩序。无论一个商人有多富裕，他都没法靠花钱成为贵族。但是他还有一个提升家族社会地位的方法，那就是让自己的儿子们接受公务员培训。与贵族和官员的商业往来将为他提供机会，使他获得被举荐到某些职位上的可能。一旦他踏上仕途，他就有机会最终成为获得封地的贵族。至于下层社会的那些亡命之徒、流氓地痞，他们中的一些人也为贵族服务。这些人从哪里来？他们怎么学会使用武器的？我们知道，学习使用武器是贵族教育的一个组成部分。王公贵族为权力进行的斗争一次次导致了主谋者的死亡，还使得他们的后代被贬黜为平民阶层。从中我们可以看到暴徒阶层的一个来源。那么被高祖解除军队编制的那些王族又如何呢？他们对于过去幸福时光的记忆可能与“公孙”这个汉姓有关。他们的一些子孙是否还记得他们曾经作为贵族的往昔，并继承了祖先的武功和武器呢？还有皇室鲁氏的后人，经过五代之后他们已经无法证明与当朝皇帝的亲属关系。他们又如何呢？西汉最后几年里有几万人成为官员候选人。那些有能力、有运气获得职位的人，他们及其子孙能够在社会等级上晋升。其余的人，假如是来自官员家庭的，则很容易下降。因此，《礼记》（主体部分是文帝统治时期公元前 179 年至公元前 157 年创作的）的《王记》或是（较难断代的）《周礼》提到社会阶层是固定的，社会成员很难在社会和经济阶层中上下移动，这样的说法是没有实质性依据的。

（九）狩猎禁苑

班固的赋没有写到狩猎园囿本身，没有提到里面有哪些东西。张衡则给读者提供了一幅详细的画面。首先是主要的地标。通过这些地标可以估计出园囿的广阔规模。接着对园中所有自然环境中的植物和动物做了介绍，并提及了四周的围墙和大量的娱乐建筑。张衡留意到了特定季节鸟类的迁徙，最后讲到了林务员在冬季照料动物的那种细心。这样一种画家对待山水风景的眼光还出现在司马相如和扬雄的蒐狩赋中：司马相如激情洋溢地挥洒色彩；扬雄同样用语言使人陶醉，但还特意给出了一个历史背景。张衡的图景相比之下更加有系统性。汉代中期是什么引发了人们对于详细描述的热情呢？这种详细的描述陆机在公元 302 年称为“体物”——“具体表现观察的对象”。这个时代还出现了《本草经》（“重要草药经典”）的初稿，其中记载了 365 种植物；《山海经》（“山与海的经典”）将帝国山川河流分为 13 个主要区域介绍。此外还有《禹贡》。这也是这样一种新的思想天赋的成果吗？正是这种精神使得罗马第一次在恺撒与维吉尔笔下出现。

此赋的这一部分不仅仅是一幅简单的图画，背后还有着强烈的讽刺意味。从开头的几句话就开始了。狩猎园囿被讲述成是一片封闭的、禁止他人入内的“畿”，在术语上就存在矛盾。对句中的第二个小句“在首都的督管者的掌控之下”（“统以京尹”）更加深了这种矛盾，也就是说并不在天子自己的掌控之下。张衡及其读者脑中响起的词句是“邦畿千里，维民所止”——“国土千里［300 多英里］，是人民所安息的地方”。这是商朝祭祀歌谣中的语句（《诗经·商颂》）。更重要的是，据说孔子在教授弟子的时候详细讲述了这些诗句。他想到黄鸟在栖息之所欢快地鸣叫，那么人是否还不如一只鸟来得有灵性呢？因此我们几乎可以想象张衡这位讽刺诗人手拿着毛笔，深思熟虑地想着长安这片“畿”并不是“畿”。他可能会想起扬雄《羽猎赋》的序言。扬雄批评武帝扩张禁苑，还犀利地将这一行为和圣王相对比，说圣王“不抢夺人民富饶的谷土桑柘之地，［因此］女人有足够的布，男人有足够的粮食”〔1〕。于是他落笔写下了“封畿”而不是“邦畿”。他没有写人民在皇帝恩惠关爱下得以生息，而是给我们描述了一个园林管理者的形象。这个人的工作是无情地惩罚闯入禁苑的人。

（十）皇家狩猎

篇幅有限，我们不能对两篇赋在这部分的叙述做详细

〔1〕 译者注：见《羽猎赋》：“不夺百姓膏腴谷土桑柘之地。女有余布，男有余粟。”

的对比，也无法谈论张衡和班固受到司马相如和扬雄的影响。总体而言，班固的赋更好地展现出狩猎的各个阶段是如何精密组织的。并且，来自长安的老前辈相当沉迷于讲述动物大屠杀的细节。这不是说班固的意图仅仅是描绘出血淋淋的、哗众取宠的图景。在《东都赋》的开篇部分，洛阳主人就嘲笑宾客是一个野蛮的秦朝后人。我们再看看张衡的凭虚公子，他也符合其身份设定，但随着故事的推进，东汉时期对前朝风气的蔑视愈发明显地表现了出来。凭虚公子的创作者也作为一个有血有肉的人出现在读者面前。

我们现在看到为什么在第（九）部分他如此细致地描述了居住在舒适的栖息地里的鸟兽。很快这些鸟兽就会惊慌失措、四处奔逃，最终难逃一死。假如有一两只能幸运地逃到城郊，它也会成为放鹰者或是猎狗的猎物。我们在这里不仅看到文学艺术家用生动的语言描绘出如画的场景和令人反感的局面，同样还看到了人道主义精神，它体现在对折磨、恐惧的描绘中，体现在对猛兽穷途末路的描写中。

这是高层次的诗。第一，句子结构从四字对句到七字句，再到三字句，参差不齐，给人以吵嚷、骚乱之感。第二，叙事从一个点进展到另一个点，彼此间有着微妙的主题对比：关于虞初的巫术技艺之书、列队的皇家守卫、无辜可怜的山鸡和野兔、骇人的兕（犀牛?）和虎，还有专业猎手惊人的技艺表现。第三，一些关键点上有着令人难忘的意象："鸟兽被屠杀后的僵硬的尸体像被潮水冲刷后的[水滩上的]卵石般闪耀"；"在太阳落下、[阴暗]来临之前，杀戮就完成了十分之七八”。

至于那些讲述巫术和“鲜活的故事”的书籍，赋中的内容在多个方面都揭示出很多信息。例如，这里有李周翰注中所谓的对这些书籍的“隐性反对”。这是一种相当温和的说法。从开头的“这不只是玩乐”到“在休闲娱乐中人们所追求的东西”，再到蚩尤、传说中死而复生的巫师、妖魔……没有一个能跨过皇帝的道路——这其中的嘲弄意味十分明显。从对装饰品的认真准备到那些用于打发时间的生动故事，这里描绘的内容堪称太过丰富。但是，在刘歆《七略》的帮助下，这段赋文的意思就十分清楚了。刘歆列举了十五本“生动故事”的合集，最后一部也是目前为止其中最大体量的一部——共计九百四十三篇的《虞初周说》〔1〕。刘歆的注里还有这些文字：“市场上的传闻、巷路里的闲谈，街道上说的和听的人共同捏造的东西。”〔2〕

至于蚩尤和他的戟还有他那粗糙的被单，从赋中我们得知朝廷是通过他的力量才了解了“神灵恶意的把戏”（神奸），从而采取必要的防范措施。

（十一）狩猎之后

这部分（我认为）篇幅巨大，应当划分成三个或更多小节，但这样做在韵律方面有一定困难。同时，张衡的意图很明确，就是要把这些庆典欢宴描述得像是要将皮立翁

〔1〕见王先谦《汉书补注》第三十章。

〔2〕译者注：见《汉书·艺文志》：“街谈巷语，道听途说者之所造也。”

山叠于奥塞山上那样妄图登天，从而有效地表现批评意味。在这个方面张衡的努力很有挑战性，从而给戏剧性趣味增加了微妙感和强度，这是在班固《两都赋》中没有的。例如，张衡关注的重点从总体转移到个别细节：首先是后宫女子，接着是宴会上的座次排位、整饬车马、朝廷社交圈及其射击、垂钓等活动。最后读者的注意力被牵引到皇帝个人身上，看到他在游乐场所旁边那豪华的居所，看到他既是一个大型娱乐活动的观众，又是一个沉溺于欢愉、满身疲倦的普通人。

至于后宫的女子，她们几乎是立刻就从画面中消失了，而在班固的版本中她们似乎从头到尾都存在于现场。可能两篇赋的分歧比现实情况略有凸显，因为两位作家在句子中使用限定性主语的情况都很少。张衡略微提及了这些女子的愉快心情，然后就直接跳到下一个更严肃的问题：她们去观看了堆积的尸体，然后在她们回程的时候转身又看了一眼。张衡写到了四处奔逃的可怜山鸡，难道他不是想展现这些无忧无虑的年轻女子有一点儿虐待癖吗？他对于无意识的残忍十分敏感，赋中提到人们使用拖网进行捕捞、“对鱼仔和卵籽的抢夺”等等。还有娱乐活动最后的杂耍场景：张衡提到表演杂技的男孩们好像要一头栽下，然后又用脚跟勾住了竿子，这给观众带来了很大的感官刺激。我们看到人们对强烈感官刺激的贪婪欲望，这也是帝国时代罗马斗士演出的特点，几乎近似于野蛮的嗜血欲望。

每个细节的描绘都非常精准细致。我们需要注意到张衡特别强调了这种大型庆典需要花费的人力。包括一位骑在马上巡逻监督宴饮安排情况的管理人员。意想不到的是还有一位“交通巡警”（金吾）把马车汇集到适宜的停驻地点。还有看管船只的管理员，他手下的女划桨手随时要做好准备唱起船歌。张衡还介绍了一位掌管沼泽和垂钓的人员——因违反他受命要执行的规定而遭受斥责。

这些细节十分清晰，时间却有着明显的模糊性。班固《两都赋》也是如此。两位作者的目的都是描绘一幅享乐的图景，持续时间是从晚上延续到白天。显然皇帝及其周围人员参与了所有可能的消遣项目。张衡的赋告诉我们皇帝十分放松地躺在平乐馆里，盖着他那无价的甲乙床被[1]，时间可以推测是白天。假如娱乐活动都安排在一天之内，皇帝想必只能短暂地休憩。一个问题就产生了，和射击有关：张衡是否知道野雁是在夜晚或是破晓时分飞行？翻阅古诗中和野雁相关的内容，我们可以假设他是了解的。但假设参与射击的一行人在宴会后直接就去往竞技地点，历史研究者就会疑惑，他们的箭法真的能像赋中说的那么精准吗？

我们该如何理解张衡突然对参与渔猎娱乐的一行人爆发出如此强烈的愤慨之情呢？这是双重的爆发，一是因为那些人知法犯法；二是因为轻率无聊的行为导致了生命的无端毁灭。历史学家在这里的问题是西汉和东汉在这个风气上是否有明显的不同？周朝封建社会意识到了一件在经济上很重要的事，那就是抑制贫穷农民对于鱼和肉的欲望。似乎很显然的是西汉法律应该也包含了同样的抑制性措施。但这与此处呈现的情况是两码事。张衡控诉的是朝中人士

〔1〕 译者注：见张衡的《西京赋》：“大驾幸乎平乐之馆，张甲乙而袭翠被。”

认为自己凌驾于法律之上，他们心安理得地竭泽而渔。因为在东汉最后一个世纪，高深教义的道德意义才刚开始在上层社会中产生影响。由此我们可以推论，张衡的态度代表着西汉与东汉的一个显著差异。

谈到这场盛大的娱乐活动时，我们发现张衡用了一个词——“角抵”（Horn-Butting），并立刻展开了详细的描写，然而“角抵”本身的细节却出奇地缺失。这个事实以及表演的娱乐性质让我们看到这些传统竞赛和模仿性舞蹈（mimetic dance）发生了怎样的剧变。原本的部落仪式是用来加强部落团结和生活乐趣的，现在却以杂耍表演这种崭新的、精致的形式出现，旨在唤起玩腻了的皇帝及其朝员的兴趣。真正的角抵比赛显然源于西方秦国，因为一些舞蹈来自四川的玉河（参见德效骞《汉书》第二卷，第129~131页）。武帝的歌舞乐团管理官（impresario）及其后续继任者们从帝国各地和邻邦部落借鉴后添加了许多其他元素。我用“歌舞乐团管理官”这个术语，因为这个词蕴含了高超的管理能力，不仅要设计出更复杂生动的场面，还要成功地呈现出来。这个问题很重要，因为歌舞乐团管理官取代了部落的萨满，原先带有万物有灵宗教色彩的射击仪式被改造后用于一个完全非宗教的目的。变化的过程毫无疑问是汉代之前就开始了，但汉朝帝国的大扩张把这种变化带到了一个顶峰。对于征服了异国的中国人来说，神奇古怪的舞蹈和神秘的表演并不会引发崇敬和畏惧，而是使人新奇、兴奋，甚至发笑。简而言之，完全是世俗的、非宗教的兴趣。

张衡自己显然也是世俗的心态。他的叙述完全是重现那壮观的效果。对他而言，眼前是精心雕琢的、展示技艺的范例。有趣的是，他认为这场表演太过精巧复杂，没能达到原本的目的。皇帝在最后这场娱乐中并未觉得有趣，而是感到无聊。显然，提到东海（遥远南方新归附的东越沿海地区）的巫术的用处就在这里。黄老大师的巫术毫无效力，他最后被自己声称能够控制的野兽吞噬了。与此类似，这一连串神奇刺激的表演没能起到娱乐的作用，即“没有起效”。英文翻译无法很好地传递出原文“不售”这个表达的朴素力量，字面上意思是“销售不出去”。如果我们假设这是一个在当时洛阳商业区的流行俗语，那么诗人的戏剧性反讽就更加强烈。

（十二）皇帝的淫逸

娱乐活动的最后项目似乎应该是对娱乐活动做一个整体总结。从心理角度上看，这部分和张衡要叙述的下一阶段内容紧密相连。尽管杂耍表演很刺激，最后的演出项目很有爱国情怀，但皇帝的厌倦情绪达到了极点，促使他开始行动。他无法忍受了，命人备车马，朝员跟随其后，浩浩荡荡一行人回到宫殿。目前为止，赋中对皇帝的心境除了在“于是不售”（“因此法术没有起效”）这句话里有模糊不清的暗示，在其他地方都没有表现。接着很快就到了赋的结尾。三个对句十分意味深长地描绘了皇帝的厌倦心理。再往下看一个对句，我们发现皇帝隐藏身份、溜出了皇宫。

在此赋的绝大部分篇幅中，皇帝都主要是背景里一个模模糊糊的人影，而现在他跳出来，出现在舞台中心，站在聚光灯下。其实张衡的语言依然不带情感，但我们能感觉出来他心中无疑有那样一个皇帝。我们对这个皇帝最直观的印象是他性情急躁、渴望行动自由。因为“约束帝王的神性”在汉代文献中反复得到强调，张衡在这里关注到这个问题的另一面就尤其值得注意。我们的这位作家，这位诗人兼科学家，他这一代人尤其过分拘礼和正经，而他却突破规矩，极为坦率地描写了一名妓女和她那勾引人的手段。他甚至——虽然不一定是讥诮但显然有着反讽意味——说即使是和尚也不能不屈从于这样的魅惑。以历史学家的视角来看，我们需要注意到，史书中记载，武帝以及四代以后的成帝都有过微服私访，去观看斗鸡等行为。这些张衡并未提到。

（十三）总结陈词

人性如此，那么接下来怎么样呢？诗人描述了结果。他先用四字对句陈述了前提假定，接着用六字对句举出历史证据，然后尖锐地陈述结论。他的前提有两个。第一是人们可能期望君主放纵肉欲、追求“及时行乐”之道。赋中引用《诗经》（见理雅格译：《中国经典·四》，第176页）说：“假如你不享受现在能享受的，别人就会享受你折价后的东西。”[1] 第二，因为他有这样的性情，又被赋予了创造先例的权威，人们不能指望他屈从于传统规则

〔1〕 译者注：即“宛其死矣，他人是愉”（《诗经·山有枢》）。

（礼）。

公元 2 世纪的朝廷官员张衡就这样直接地让我们面对或许是所有君主制政府的最重要的问题。对汉代的政治家们显然这是最重要的问题，因为他们参与的是中国第一次大规模地实行的君主政体。日复一日，年复一年，代复一代，先例都是在皇帝的印玺下创造出来的。这个事实就足以说明，当时人已经在考虑宪法的议题。张衡直接提到“作故”（制造先例）的问题，这证明他意识到了这个问题。我们已经讨论过这个疑点。现在我们可以从另一个视角观察这个问题，那就是张衡对西汉最后几代的评价。他引用了两个历史事件做出一个控诉。一个事件发生在成帝统治时期，另一个在哀帝统治时期。成帝不顾一切反对的声音，娶一位奴隶女子为皇后。为此他还在后宫创造了一个新的等级。后来他又爱上了她的妹妹，最后承诺“没人能超越她”。为此他杀了其他女人给他生的两个儿子，以此避免她们成为他继承人的母亲。（这缺德故事的完整内容见德效骞《汉书》第二卷，第 369~372 页）哀帝将自己的同性情人董贤升到臣了中最崇高的位置，让他比其他贵族还要富有。不仅如此，根据史料（见《汉书》卷九十三）记载，一次宴会上，哀帝曾经笑着对董贤说，他可能会效法尧圣帝，让他与自己共治，继承天下，就像尧对待圣人舜那样。

这种公然的轻率行为立即招致了一位卑微侍从的抗议，张衡也提到了。史书记载他这样说：“帝国是开国皇帝的财产，不是陛下您的。天子不能拿这伟大的遗产开玩笑，这点是最重要的。”张衡所做的是提取了这个陈述的要点，作为出发点来谴责当权。

通过张衡数落的西汉的最后一项罪状，我们看到了傲慢贵族骨子里深层的实利主义。张衡用讥诮的方式谴责了汉朝繁荣的阴暗面。的确，高祖通过自己的努力开启了一个强大的帝国。的确，紧随其后的继承人在他的基业上继续建构、维护并拓展了他伟大的遗产。但接下来如何呢？都城与朝中开始盛行傲慢自负、奢侈铺张、放纵享乐、不负责任的风气。他们拥有肥沃的土壤，安全的都城，有什么可忧虑的呢？于是赋进行到这个点开始发生变化。溪水流得越远，就越不容易用堤坝阻拦。一棵树扎根越深，就越难把它拔出来。但有些事情的确会发生。“芳香变得刺鼻，还越来越恶臭”。那就是诗歌的意象，一个极其写实的意象，并不包含猛烈的抨击，但有一丝悲剧反讽的意味。这里传达的意思是厄运不可避免，厄运并不是神灵或妖魔带来的，而是由事件的内在倾向导致的。

张衡对这一情形的看法十分值得关注，因为他在东汉时期，例如安帝统治时期（公元 107—125），曾见到了这样的情形。这位幼年继位的皇帝经受了严苛的道德教育。他那强大的摄政者邓太后对他处处掣肘。邓太后死后，理论上他可以自由地领导和统治了。但那时候他人格上已经受到伤害，他沉溺于类似张衡所描述的那种不正当的欲望中。张衡在写作时难道心中只想到了前朝已逝的皇帝们吗？

（十四）凭虚公子的谦辞

外行的读者可能会误认为凭虚公子对于自己的贬低之

辞和角色不符，或者太过虚伪。并非如此。他的自我贬低是当时通用的礼貌语言。但这些浮夸的言辞应该认真阅读。这些言辞表现出在辩论中对真理的最高权威的尊重，说明个人观点时是很容易产生偏颇、偏见和误导的。一位辩论者可能自大傲慢、教条独断，但假如没有忘记自己应该遵守的礼貌规矩，他就需要像这里所展现的这样做出正式的赔罪。

赋中对于流言的评论十分有启发性，我们可以从中知道，道听途说和直接的观察相比是相对靠不住的。有充足的证据表明，张衡并不是他那个时代唯一一个如此清醒的人。班彪也差不多提到了类似的问题，他质疑司马迁《史记》的可靠性。王充在《论衡》中嘲笑人们相信许多无稽之谈。古文派学者当时也对纬书中的虚构编造表示不满。有趣的是，这种怀疑的态度和更早的一到三个世纪之间的时期有关。我们需要直视一个相关的事实，那就是谈到远古时代的时候，张衡和班固在赋中都表现出相当的盲目轻信。尽管远古时期被历史的迷雾覆盖，他们都相信有伏羲那样的古代圣王存在。因此，我们必须承认两位作家的意识状态是一致的。我们应该理解通常人们会开始形成批判思维，主要是针对更接近当前时代的传闻。还有很多更复杂的信息需要评估和鉴别，这些信息被传统宗教信仰的灵光所遮蔽的程度是不同的。历史学家知道，这个时代中央政府声称要解决信仰的问题，理论上人们接受了这个说法，但实践上并没有。当时的思想家想要把传统和当代的知识综合起来，把古老的传闻和新的说法结合起来，但他们无法达成一致的是什么是知识、什么是得到证明了的事实。

这种知识分子的情形对于研究希腊和罗马的历史学家并不陌生，更不用说研究中世纪基督教以及笛卡儿笃信教会基本教义的那个年代的学者。进行批判性的、实证性的思考是难以预测的一个发展过程，但是没有理由忽视这个发展的早期阶段的重要性。

回到凭虚公子和他最后的几句话上，他思想中的情感线索以一种带有逻辑的方式描绘了出来，这使得他那遥远的过去变得和我们现代很接近。首先，他赞叹国家的财富之多，无与伦比。接着，作为一个地地道道的贵族，他不假思索地认为这财富的主要部分应该由贵族来支配。最后，他哀叹道，如今高尚的奢华不被允许成为“国家荣耀”的一部分。然后他嘲笑现在人崇尚节俭，最后以巧妙的方式坦诚自己渴望回到旧政体那繁荣的岁月。

我们必须赞赏张衡塑造人物的能力。从文学批评走向更严格的历史学视角，凭虚公子所说的想要的获得不了、能获得的不想要不满意等等让我们想起公元前 3 世纪的哲学家荀子。他提倡道德原则，但深受法家影响。他认为人性中的欲望是永远无法满足的：一个人今年达到了想要的目标，明年就想要更多其他的东西，永远没有尽头。因此，荀子认为，统治的要义是要让人们对自己的命运、对社会的状态尽可能地安于现状。这就需要政府不仅要拥有一只铁手，还要引导人们养成符合这种理念的思想和行为习惯，其中包括向他们灌输契合其认知水平的艺术与完美理想。荀子接下来说天子位于所有人之上，和更低微的凡人相区分，但他的崇高也是依靠环境的，在这个环境中到处都是美和秩序。荀子的理论强调了艺术和伦理道德的基本关联，有着很大的意义，他的影响贯穿整个汉朝。张衡在这里就介绍了这个思想，但并不是以哲学论证的方式介绍的，而是通过一个贵族公子之口，作为一种自然的情感表达出来。这位贵族公子可以引用权威的《蟋蟀》之歌来证明他对奢侈的欲望是值得赞扬的。但《诗经·唐风》中的《蟋蟀》这首诗是一首简朴的农人小曲，作者在经历了数月的劳作之后渴望获得一个晚上的欢快。因此张衡一针见血地嘲讽了凭虚公子观点中潜藏的犬儒主义。

第九章
对班固《东都赋》的解读

（一）东都主人反驳西都宾观点

从现在开始，班固并不再是虚构出一个主张，而是利用洛阳主人的角色来陈述自己的观点。表面上看，似乎学者们需要考察的是一个简单的心理情景：滑稽配角说完了自己的意见，现在我们要听到真相了——至少是班固认为的真相。但随着我们继续阅读，我们会发现情景并不像看起来的那样简单。

东都主人对于环境和风俗对人之观念的影响的陈述十分具有现代辩论法的风格。尽管如此，我们这位 1 世纪的诗人兼史学家有能力做到这一点，我们现在对他已经足够了解，所以不会因此而惊讶。我们还要记得，班固的家族曾经几代人居住在西北，之后家族的杰出人物才在长安朝廷里获得高位。这是否增强了班固的自我敏感意识还有待考察，但无论如何，在这里，一个洛阳人嘲笑一个长安人是个思想迂腐的乡下人是非常值得注意的，因为这里的嘲笑是基于一个认识，那就是长安人的典型心理一直以来带有野蛮暴政的秦朝的不良影响。因此，“大汉”真正的德，也就是它的言行的新兴的价值，对于长安人来说是不能理解的。那么，假如这种嘲笑是来自一个二流的（second-rate）、缺乏知识的人，可能它的价值不那么高。但这种嘲笑是来自班固，班固在洛阳档案馆待过多年时间。从班固的《汉书》中我们得知，他不仅对于那两个世纪的历史知识有详尽的了解，而且非常有能力对此问题做出判断。

班固的陈述具有高度的史料价值，并且很有启发性。第一，他认为摆脱了对长安的执念的东汉人是足够开明的，是能够欣赏“大汉”的真正价值的。接下来的部分将会表明，这意味着汉朝的高道德价值直到光武帝和明帝（即公元25—75）带领汉朝复兴才得到完全的呈现。这个事情的重要性之后才真正显现出来。但目前很明确的一点是，如果有人想要把西汉和东汉相比较，甚至把两个朝代的思想等同起来，势必会遭到班固的反对。

第二，班固在《西都赋》中暗暗嘲讽了武帝以后的西汉王朝，在这里他对于高祖这位开国皇帝则表现出了不同的态度。他对高祖相当崇敬，认为他创造了新的历史，开创了一个过去从未有过的政权。同时，班固认为秦朝的不良影响在高祖时期十分显著。因此“政策必然地”要求都城建立在关中地区。那里在战略上更安全，还可以通过都城的辉煌震慑不服统治的人群。换句话说，开国皇帝受命于天，满足了人民的愿望，但没有其他选择，只能建立起一个军事独裁政府。娄敬知道这一点，这样一个突然冒出来的无名流放犯竟然说服了皇帝放弃洛阳；宰相萧何也知道这一点，他冒着惹怒自己主子的风险，将未央宫建成秦皇阿房宫那样的规模。班固要说的是，长安政府一开始就是一个遵循法家的独裁政府，尽管取得了辉煌的成就，却永远无法摆脱秦朝的不良影响。真正的答案要参看张衡《东京赋》才能找到。

第三，高祖的独特性体现在他是平民出身。根据班固的记述，当时平民登上皇位还是前所未有的事。这个说法很奇怪，有两个原因。一是根据《汉书》中对高祖的颂文来看，高祖的家族成员或多或少能追溯到圣王尧那里，而且到楚国统治时期成为了丰公。[1] 又根据《书经·尧典》和《孟子》的记载，圣王舜起初是一个平民。对比班固《汉书》中的记载，很可能班固在赋文这里讲述的是未加修饰的事实（参见德效骞《汉书》第一卷，第13～15页）。同样地，班固也不可能不熟悉《尧典》或《孟子》。二是《史记》卷十三开头部分记载，舜是黄帝的后代，是尧的远亲。因此班固可能想到的是这个版本的故事。舜是一个圣王，所以班固接受了这个故事的说法。两种记载中出现的是，在汉朝那个阶级意识发达的社会里，圣王和开国君主要不择手段取得贵族血统：这在世界其他地区也很常见。此外，班固时代的人对于帝王子孙在五世之后沦为

---

[1] 这显然说的是高祖的父亲，但没有提及他是如何晋升到这个位置的。《帝纪》（见德效骞《汉书》第一卷，第40页）称未来的皇帝或多或少在伪楚王的命令下成为了沛公。《汉书》中对高祖的颂文则对高祖的祖先记载详细，体现出作者（或许是班彪）并不打算为范献子关于其家族贵族世系的主张的真实性背书（译者注：修中诚原文如此）（德效骞《汉书》第一卷，第147页）。《史记》（卷八结尾部分）记载在一次大臣们的集会上，他们称刚刚去世的高祖“出身低微”。至于说高祖是在一条龙的物理或心理影响下奇迹般地成胎出生，我们或许可以说史籍中记载了这样的官方宣传内容，而无论班固相信与否，他的工作都是要抄录这样的内容。我现在愈发认为他并不真正相信这些故事。

平民的现象十分熟悉。光武帝就是一个例子。

第四，我们怎样理解赋中关于“五经”和圣人的评论？任何现代人都能看出来，这种观点是符合逻辑的：假如高祖开创了前所未有的时代，那么他所做的事情就是在“五经”和圣人的认识之外的。另一反面，班固是1世纪而非20世纪的人，当时盛行的思想认为，所有的朝代历史，无论是过去、现在还是未来，都遵循一个必然的模式。根据那条推理线索，汉朝只是因果链条上的一个环节，这个环节是“五经”解释过的、圣人预示过的。因此，班固做出的陈述是超越当时信仰边界的，而他敢于表达出来。从两种说法中我们都能从侧面对那个时代有一定的观测。当时新思想蓬勃生长，而西汉类型的旧式先生需要奋起反击才能维持自己在朝中的威信。班固对自己的未来感到不确定，但他却能如此勇敢地写作——尽管当章帝命他对白虎观会议写总结时他无法拒绝。

（二）王莽篡位与国家重兴

这部分的韵文并不规则，句子并不都是严格对仗的，一些地方也明显不押韵。论点十分清晰，论证的过程以三个明显划分的段落分成三个阶段推进，内容包括：（1）王莽的篡位、上帝（最高的君主）对此的反应；（2）光武帝的救援；（3）光武帝创建的政权的道德之美。

至少在表面上看来，班固对王莽的态度连冷静地评估都没有。他对王莽彻底地谴责。事实上，他那夸张的控诉让人怀疑，他的语言是否只是代表着当时朝廷的一贯态度。

一些人很熟悉胡适博士和汉斯·司坦吉（Hans O. H. Stange）博士对于王莽所做的正面解读，他们二人的论点是王莽进行了切实的努力，试图把孔子的教义加以实施，但由于上等阶层的特权因此受到侵害，上等阶层进行了猛烈的反对，从而使得改革失败。[1] 在这里我们没法对王莽政权做一个详细考察，但是假设上述论点有一定真实性，班固的证据就值得思量了。他谴责王莽的理由是王莽的统治给全社会带来了可怕的后果。实际上，非特权阶级和特权阶级一样受到了伤害。班固对王莽的评价（见《汉书》卷九十九）是“四海之内到处都是哭喊声，人们失去了因活着而感到快乐的心”[2]。为了对班固公正起见，我们需要承认，要想打破阶级之间的平衡，和对普通人的福祉的忽视一样，都是违背孔子思想的。毫无疑问，王莽的经济政策在这方面和其他一些方面是鲁莽冲动的。

另外，班固的谴责中包含“篡位”这个词，也就是侵害君主政体合法性原则的行为。我们很难估计这个词在汉代中期人看来究竟有多强的力度，我们很熟悉圣王朝代的循环，也很熟悉“大汉”最后无可挽救地走向崩塌，被其他王朝取代和接替，尽管每个朝代都声称自己受命于天。因此我们很容易忘记，在不知道后世历史的情况下，班固心目中汉朝是独一无二的，它的德行无与伦比，必然要延续“一万代”。历史学家也不能忽略一个可能性——或者说

〔1〕 Hu Shih, "Wang Mang, the Socialist Emperor of Nineteen Centuries Ago," *Journal of the North China Branch of the Royal Asiatic Society*, LIX (1928), 218-230; Hans O. H. Stange, *Die Monographie über Wang Mang*, Abhandlungen für die Kunde des Morgenlandes, Leipzig, 1938.

〔2〕 译者注：见《汉书》卷九十九下：“是以四海之内，嚣然丧其乐生之心。”

是较大的概率——那就是朝中学人用神学化的想象力随意地对古老神话和远古英雄传说进行处理，目的是确保汉朝统治的合法性。例如我们可以对比一下武帝的忠臣司马谈、司马迁《史记》[1] 中的前几个章节。我们还需要记住：周朝那样一个半部落性质的封建社会秩序必然意味着人们效忠各自的主人。周朝历史上一系列残酷的事件证明了这一点。但是汉朝的君主制尽管带有半封建的架构，却愈发号召起一种超越地域的对于“那一个人”的忠诚。因此人们前所未有地重视合法传承原则的重要性——就像光武帝的政治宣传所体现的那样——并且注重可以利用的祖先崇拜的伟大传统，这使得篡位成为一种违背良知的罪恶，是对神灵和人的严重冒犯。

第三段对于光武帝政权的赞美十分夸张，和第二段对王莽的谴责一样夸张。班固在这里表现出一种真心诚意的倾向。光武帝一开始给一位更具影响力的候选人淮阳王让路，在淮阳王死后他为皇位奋战多年，终于在“最初时期”（公元25）获得王位。这个局面必然导致激烈的斗争以及同样猛烈的政治宣传。光武帝的一个行为是任命了十四位博士。在地方支持的考虑下，他的政府总部需要设立在黄河南部的一个中心位置，因此自然而然他选择了洛阳。确定这一点后，十四位博士就可以宣扬洛阳作为真正的都城之德。洛阳和孔子崇拜的圣人周公有关联，因此宣传可以在这个方面做工作。从史料中我们看不出究竟是在什么

---

〔1〕 译者注：司马谈，西汉史学家、思想家，官至太史令，司马迁之父。他根据《国语》《世本》《战国策》《楚汉春秋》等书，撰写史籍，死后，由其子司马迁续成《史记》。

时候十四位博士给他们的主子制造好了所需的神话光晕。因为班固是在光武帝去世并被尊崇后二三十年写作此赋，我们无法肯定这里的赞美诗文反映出了早期的宣传内容。

赞美诗文中的一些内容显得尤其重要。首先是班固不断强调光武帝是完美圣人的化身，这种赞美在力度上比对西汉的任何一位皇帝的赞美都要强。因此光武帝的功绩和努力被表现为超过这些圣王。而且班固还从古与今的角度对光武帝的功业和品性特征都做了肯定。因此高祖及其子文帝，以及权力欲望膨胀的武帝都和之前提到的三位圣王具有同等地位。“五经”对三圣王赋予了半神性的光环，对这一点熟悉的现代读者可能会因班固这样的对比感到惊讶。但这是和班固在第（一）部分对高祖和“五经”的评价一致的。有一件事很清楚：假如西汉王朝开始朝神权政治的方向发展，那么东汉王朝则表现出更明显的神权政治倾向。和当时的罗马及其皇帝崇拜相比，光武帝的神化在他去世后才发生。

其次，赋文中有这样的语句：“天地革命”。这句话很令人震撼，因为它看起来在强调有神论的行为。对神学感兴趣的读者需要意识到其中的陷阱。“革命”在《易经》中出现，而《十翼》对待事件有着强烈的自然主义看法。这段话出现在“彖”（“明确的判断”）的第49卦中，卦名为“革”。在给出的六条说明性限定中我们可以看到：“天地革［创造巨大的改变］，而四季完满”。之后是汤武革命［发动变革］，这是遵循天而完成人［的愿望］的。班固在赋中也提到了汤和武，但认为二人是执行了天的惩罚。显然他写作时脑海中想到了《易经》的相关内容，而他认为自己有自由能够将其中的意识形态准则进行改编，以适应他思想的韵律。

再次，关于完美圣王的段落和《易经》也有联系，这段话中包括把黄帝作为划分地域、建立市场、制造船车、器械和兵刃的创始者等等。我们可以想起《易经》的《系辞》（“附带的判断”）里的著名段落。两相比较，我们发现《易经》中没有提到任何一位圣人创造了“地域划分”。《易经》说神农是市场的开创者，尧、舜和黄帝则做了其他一些发明。那么班固为什么那样说呢？他是否记错了《易经》的内容呢？（在之后的经典和后经典文学中有许多这样的不准确的例子）又或者他在做总结时任意修改了经文的内容呢？根据此赋这两个部分的内容看，后一种可能性更大。我们之后还会谈到一个迹象表明他对圣典神话和传说做了一些阐发。毕竟班固是一个文学家而不是一个博士。目前还没有证据表明他属于当时哪个教条思想的流派。

接下来论证的是深刻的道德复兴，所有的基本关系（除了友谊）都以更高层次的效力得到重塑。关于君主和臣民关系的内容似乎暗示着光武帝是历史上第一个建立起这种关系的人。但这不可能是班固严谨做出的观点，因为他声称伏羲是基本人际关系观念的创始人。

（三）明帝的功绩

这部分的叙述信息十分密集，几个对句从明帝最初的仪式讲到他第一次以帝王身份出行，又谈到对新都城的扩张和美化。每个字都饱含深义。例如“盛三雍之上仪”

（发展三雍那崇高的仪式，三雍即明堂、灵台和辟雍）这六个字，讲的是新政权最为引人注目的创新举措（见对第［九］部分的阐释及张衡的具体处理）。同样地，皇帝出行片段中“万国”一词表明班固心中想的不仅是旧的中心国家，还有帝国更遥远的地区。还有洛阳的建设，那是一项浩大而复杂的工作，但和长安的建设相比，只用了六个对句。但在这几句话之内，班固提醒我们注意到建筑艺术上的一个现象：奢侈的洛可可风格被对称和节制所取代。对园囿布局的描述也是如此，只用了三个对句，但强调了园囿适度的规模及居民的舒适和安全感。

再查阅《后汉书》，我们看到班固说明帝统治的光辉有光武帝的两倍之盛，他的目的现在很清楚了。班固在《西都赋》中花了那么多的笔墨描绘旧都城物质方面的荣光，这些是“微不足道的成就”。相比之下，新的都城虽然在表面上看起来很威严，但那是一项本质上不同的成就，那是精神层面的、终于将人和人的关系摆正了的成就。首先光武帝在中心国家的层面上完成了这项工作，现在他的孝子又在世界帝国的更大范围内成就了这一任务。尽管前政权带来了物质文明方面的惊人发展，但和新政权给全人类带来的道德文明相比却不值一提。

我们很容易把这些都视作朝臣的恭维之词，尤其是考虑到后来政府风气急剧堕落，这样的恭维似乎是不祥的征兆。二三十年后张衡的赋中有一些对那种堕落的预感。但我们需要重申，在班固的年代，没人知道未来会发生什么，当时大范围内生活十分太平、繁荣。真正重要的是班固是否有足够的理由对他所熟悉的朝廷保有真挚的热忱。这个疑问只能有一个答案，那就是他的确有充分的理由，尤其是他清晰地看到，在汉代，他的国家正朝着前所未有的文明生活方向前进。根据班固的传记看，他写作此赋是在章帝统治时期，当时新时代的原则还没有被破坏。那还是汉朝复兴的春天。那就像吉尔伯特·默里（Gilbert Murray，1866—1957）设想的古希腊历史上的情形："空气中满是快活，在崭新道路上行走的感觉，逐渐升起的希望，还有一切尚未尝试的可能性。"[1]

（四）皇家狩猎地与季节性田猎

班固在《西都赋》中用了三十四个对句来描绘长安的皇家园囿，对狩猎活动的描写更多。而在这里，只用了三十多个对句就结束了对园囿和狩猎的叙述。诗学的力量同样在发挥作用，创造出一幅生动的图景，在一些方面很有轰动效果，但在真实的杀戮描写上完全没有感官煽动性。班固应当是有意为之，并且他还强调这次狩猎是军事演习，有大量骑兵和步兵按照计划向站点行进。对猎物的驱赶和射猎技术也是如此，十分专业，没有一只鸟兽能逃走，但捕猎到一定数量后就不再杀生了。总而言之，我们看到的是彻底变化了的图景，通过皇帝的直接教诲，嗜血的欲望得到了控制。

随着我们继续阅读这个部分，班固的目标变得愈发明确。他要描绘出一个与之前的半野蛮的过去有力割裂了的

〔1〕 *The Legacy of Greece*, Oxford, 1921, p. 13.

朝廷，这个朝廷现在是真正文明的，它认可基本的人际关系、严肃地进行祭祀，它的艺术十分精妙，建筑肃穆而节制。狩猎原本很容易变成残暴的纵欲与狂欢，现在也十分克制。它的指导原则是礼，是仪式、规矩、谦恭，是正确地遵循仪典，是以正确的方式、正当的精神做正义的行为。它遵循礼，遵循礼的典型德性——敬（尊敬）、节（适度、约束）和让（宽宏大量、认可他人的权利）。

这并不是说，在这个时代之前，宗教和社会礼仪在每个人心中并不重要。这是很荒谬的。从《诗经》的时代到西汉的最后几个世代（也就是礼仪专家开始研究礼背后的哲学的时代），宗教和社会礼仪都很重要，这是证据确凿、无可争辩的。我们要说的是，假如我们从班固的字面意思来看，洛阳朝廷对礼的原则的拟定比之前任何朝廷都要清晰。光武帝从上天那里获得的授命不仅仅是依靠其汉代血统来保持的，而且还依靠他对于礼的一切道德含义的遵循。这就不只是严格遵循古老的礼仪。礼被视为一种减弱激情、释放灵魂的生活方式。这和上天制定的“五种关系”直接相关。礼对于平民和贵族都同样适用。随着我们对此赋的研究以及将其与张衡赋的对比的深入，东汉“礼教”（礼的原则和教义）的方方面面将会愈发清晰地凸显出来。

对一些读者而言，似乎这种对礼的强调和前面说的空气中的欢快、行走在新的道路上等等截然矛盾。但其实很多学者的一种观点是没有实际依据的，这种观点就是认为在孔子的影响下，中国人献身于伟大的礼仪（propriety）之神，从而变得过分保守，并且还附带形成了虚伪、矫饰的反常能力。社会学家都知道，所有社会，无论是发展落后的还是先进的，如果没有一个依靠宗教来约束的、渗透到生活方方面面的规则的硬核，那么社会是无法持续繁荣的。不仅如此，随着舆论对事件带来的压力做出反应，习俗会发生改变，但很可能是在礼仪的外表下发生改变。因此赋中“礼”这个术语隐含了对创新的发展以及对传统的维护。

这个部分的两处引用值得我们注意。一处是对《王制》（“皇家条例”，《礼记》中的一篇）和《诗经》的引用。赋中提及的四首狩猎诗表现出对保护猎物的一种深谋远虑的态度。《王制》中也表现出同样长远的目光，但强调了一个新的点，那就是对于鸟兽的人道考量。

另一处是“一千辆马车雷鸣般前行，一万位骑手旋转着飞腾”。在和匈奴及其他民族持续打仗的过程中，汉朝政治家需要学到一点，那就是骑马的弓箭手们经过训练后可以依靠速度和灵活度突破步兵和战车的牢固方阵。他们吸取了这个教训，因此我们看到大批骑兵在接受训练，以达到精准攻击的目的。

（五）万方朝拜洛阳

班固用紧凑的几个三字句快速地描述了这些重要的国家职能机构，这令人十分惊讶。难道他对明堂、辟雍和灵台没有更多要说的了吗？有的，但他把这些放在赋后的颂诗里了，留到那里再处理相关的问题。班固以这样省略的方式处理这些重要内容，他的目的很明确。我们的诗人兼作者不希望有任何东西分散读者的注意力，而希望紧紧扣住他的中心对象，即“德”，圣人（sacred person）天子正是凭借这种崇高的影响力，无私地泽被华夏乃至整个世界。

这段内容洋溢着高度的热情，这一点是无可争议的。班固当时可能确实很激动。公元59年，朝廷进行了一次小规模的外邦接见；公元69年，遥远的西南地区的哀牢主动臣服，成为汉朝的一个辖区。在统治中断时期一度规模缩小的汉帝国现在正在通过惩戒性的以及和平的手段逐渐稳步恢复。因此赋中才有这些几乎是狂热又神秘的语句，以“陆地上和水里的人，没一个不是上气不接下气、浑身颤抖着来表示敬意”为结尾。而冷酷的事实是，明帝在其统治期间派遣了多支惩戒性的远征军队。

历史研究方面的两个问题值得我们注意。一个问题是关于“中国普遍性”的说法。“中国普遍性”这个术语在很多语境下都让人困惑，开头的几个对句就呈现出这个问题。这几个对句让我们更清晰地看到皇帝的祭祀职能。这个职能的运作不仅是为汉人服务，而且是为所有民族服务：天子大体上是所有民族的主教，因为天是一，地也是一，而天的摄政王依靠媒介性的祭祀和对礼仪规则的谨慎遵守来促使这个一发动起来。问题是，这是不是中国思想史上第一次把这种普遍主义原则明确地添加在传统信仰之上呢？这个问题太过庞大复杂，我们无法在这里给出答案，但通过澄清这个事情，我们可以引用两项证据。

（1）整个西汉时期，阴阳家都很活跃，他们对宇宙的解释在主流传统的学者中间有一定影响。一个结果是，在《易经》学术领域出现了《系辞》。《系辞》中说最早期的圣王伏羲，也就是传说中八卦的发明者，发现了天上地下所有现象的本质关系。通过这样的发现，他能够为人类事务指明真正的方向。班固在思考当时皇帝在世界上的独特地位时想到的就是这个篇章。他大胆宣称当今天子不仅能够做同样的事情，并且正在这样做。从意识形态的角度来看，这种思想的进展已经远远超越了对笼罩在远古迷雾中的神秘圣王的宣扬。我们在第（一）（二）部分中看到，班固认为光武帝和明帝的成就超过了任何一位圣王的成就。

（2）根据史书记载，武帝出游范围很广，他去过帝国的边境，在那里祭祀当地神灵，并下令日后继续进行祭祀。他声称这些神灵在他供奉后给予了回应。这似乎是发生在一个初期阶段，在之后的民族融合时期，外国神灵可能被纳入到了中国的众神谱系中。现代学者倾向于认为在汉代发生了这样的运动。相关证据可以在扬雄《甘泉赋》和张衡《思玄赋》中找到。同时，班固在这个部分提到上百个“灵”（deities），说明他已经想到了外国的神灵。但班固狂热的理想主义在这里不仅仅使他在政治命令之下认可了这些做法，还使他设想出了由一位救世主创造出的全世界范围的社会。这个救世主扮演宇宙中心的牧师的角色。我们再一次想起了维吉尔和他的奥古斯都，想起了新的视野和希望展开时诗人们由此产生的（也许可以称之为）创造神话的冲动。

另一个问题比较笼统，和宗教与政治的界限有关。显然，班固心中没有这个界限，他认为宗教和政治是一个东西。然而，他们并不像伯格森所说的那样：一个“封闭社会”里的部落人，以一种无意识的方式生活着。相反，班固对世界性“开放社会”有着深刻的认识。

关于外国谒见的情节，班固的表达让我们想起周朝封建仪式，当时新王登基之年的第一天需要封臣到朝中觐见。实际上明帝的接见是在他登基第二年的年初举行的。我们再次看到班固以惊人的方式强调了当时世界的图景，“来自四海”的所有国家都进献贡品、数据表还有报告。《后汉书》中有五个关于蛮夷的章节，从中我们看到汉朝中期的几个世纪里，越来越多的边远地区的常驻官员传回这样的报告。一旦有蛮夷国家成为附属国，就需要提交数据表以便征税。

公元 59 年的觐见，官方记录有许多细节，例如蛮族国王协助祭祀天地，而这个细节是班固没有提到的。但他提供了其他一些生动的信息：在正式接见皇帝的宾客时，在宫殿的一个庭院内设置了帐篷，几排朝员列席一旁，给来宾教授朝廷礼仪等等。这些记录看起来像是当时在场的人记下的，而且我们知道班固当时是属于朝廷的一员。至于在庭院中举行的宴会，班固强调了其规模之大，但没有提到明帝是否出席。赋中提到他的“心情愉快”（“欢浃”），似乎说明他光临了这个场所。但为什么“在钟声响起时官员退场”，却没有提到皇帝离席？也许他没有真的出席，他的欢乐进入到这个场景中是这个部分所强调的神秘的影响力的一部分。无论如何，在这个宴会中，我们可以看到中国古典思想中的幸福论的（eudaemonistic）特点和高度发展的政治神秘主义密切相关。至于为什么要安排官员们离场，班固没有说明。我们推测，因为一些部落民族喜爱饮酒，宴会者没必要继续再作陪。

这幅和谐的图景继续展开，宴会上开始表演歌舞：蛮族音乐家和演员开始和宫廷人员一起表演娱乐节目。皇家之德是否激发了这些外来人的表演，这是存疑的，似乎这只是诗人的空想。这和班固在这部分中表现出的理想主义是恰好相符的，给这种理想主义添了一个合理的高峰式结尾。但有趣的是，同样的思想也出现在《白虎通》（见 Tjan，*Po Hu T'ung*，第 396 页）中，也使用了同样的术语"德"（virtus）和"广"（wide-extending）。因此，除非《白虎通》的主要作者班固在报告中夹带了私货，否则"诗人的空想"就应该等同于公元 79 年大多数参会者对于相关事件的看法。《白虎通》的另一个标题又叫作"白虎通德论"（"白虎会议关于广泛流传的德的讨论"）。

我们有必要对比一下班固的看法和《礼记·乐记》中的观点。后者是把一个国家和天地相关联起来。而在班固此赋中我们看到音乐和舞蹈是面向所有民族的，是可以在民族之间创造和谐的潜在力量，而不仅仅能够协调一个社群中的种种不和因素。保罗·欣德米特（Paul Hindemith，1895—1963）说过："一起做音乐的人不会是敌人，至少在音乐没奏完之前不会。"[1]

（六）节俭务本的乐境，庠序盈门

我们注意到赋文反复强调皇帝之"圣贤"（sageness）（或者说是"神圣"［sanctity］）以及在皇帝不受拘束地运用这种神圣性的过程中带来的普遍快乐之感，因此我们已

〔1〕 *A Composer's World*，Harvard University Press，1952，p. 218.

经做好准备接受作者想象力所创造出来的这幅理想主义图景。班固呈现给我们的是一个乌托邦社会，所有的官员都从上面获得清晰的指令，他们在公共领域和私人生活中都很朴素，皇帝及其朝员都抛弃奢侈的生活方式。班固在这里看起来似乎有一点天真，他认为“四海之内”都是如此：他知道得足够清楚，帝国西部和西北部的大片地区不适合农业耕作，但在帝国南部的广大地区则并非如此。

这幅图景绝非完全理想化的。因此，尽管《史记》里没有记载专门针对节俭的一系列法令，但间或有一些项目显示光武帝和明帝确实在着手解决此问题。例如，针对葬礼的奢厚，在光武帝统治的第七年和第十年他禁止过于奢侈的丧葬；明帝在其统治的第十二年重申了这一禁令。我们还可以在《后汉书》关于车马衣服的两个章节的末尾看到一项对铺张奢侈的禁令。在对皇帝的生活进行介绍的内容中，光武帝据说“削减了精巧的制造，而学习朴素”。在元帝之后的时期，后宫里有“三千人居住，有十四个等级”。相比之下，光武帝的后宫里只有三个等级，包括皇后和两个等级的人品优秀的嫔妃。明帝据说也学习了父亲的榜样。但是在章帝时期，后宫风气逐渐堕落。至于限制奢侈的法规，光武帝的十一个儿子的传记（见《后汉书》卷四十二）清晰地表明，国家官员可以对触犯法规的王公贵族采取措施，他们也的确采取了手段，例如皇子苍作为监察人做出了优秀表率，他甚至劝谏他的半个兄弟明帝不要为了王子王孙们宴乐而太过浪费。

对于下层民众以及那些重视荣誉与效益的官员而言，我们从两位皇帝颁布的法令以及功臣传记的导言中得到一个大体的印象，那就是随着和平的稳固，国家迅速得到了恢复，并且各类官员的职责是清晰划分的，他们有足够的动机为重建大众的信心而工作。总而言之，“崭新的扫帚打扫得很干净”。把这些证据统合起来，可以得出一个可靠的结论，那就是班固感情充沛的诗文内容是有一些坚实的事实基础的。我们还可以推测，虽然班固是在章帝统治时期写作此赋，但他已经看到了当时生活日渐奢侈的迹象，他希望刺中统治者的良心。通过描绘出一幅理想的图景，可以有力且聪明地达到这个目的。

一个洛阳人可以凌驾于一个旧长安的支持者之上，这个故事传达了什么道德理想呢？首先要注意的是，与其说他们信奉儒家，不如说他们信奉道家；与其说他们信奉道家，不如说他们信奉墨家。道家从来不像墨家和法家那样宣扬努力工作；文人们也不提倡节俭，即使是让老百姓节俭也不提倡。令人惊讶的是，班固直接从墨家的观点进入到了道家的“形神寂漠”（“身体和灵魂不受拘束”，马古礼译为“专注于自身”），又进入到了贵族文人“玉润而金声”的比喻。这整段话是三个思想流派的混合物，因此值得我们仔细考察，因为之后的时代更受教条侵染，墨家基本已经消亡，而道家和儒家变得不相兼容。

一个明显的结论是，后世的情形并不一定符合东汉公元 90 年左右的情形。相反，在那个生气勃勃的、乐观积极的年代，种种不同的教义刺激着思想的活跃。在帝国广大的地域上，现实和可能的情况都已经揭示出来了。庄周对时空无限性的探讨，以及他对个体与这种无限性的巧妙关联的阐述，都是令人激动的智性体验。班固在这里展现了这一点，而张衡在《思玄赋》中也有所体现，他在《思玄赋》中描写了自己想象中的环游世界，并进入无限的空间。他飞到祖先的村落，发现自己可以调解正统思想与道家和墨家思想之间的矛盾。对比一下刘歆《七略》的墨家部分的评论，里面说对国家父老的宴乐直接源于墨家的影响。

这部分体现出教育学的重要性，表现在两个方面。一个是，尽管我们没有在汉朝统治早期的部分看到荀子，但班固写到武帝及其后继者对文官的推崇时，荀子关于礼仪的教义似乎突然就充满了意义。《礼记》中大段引用了荀子的写作（尽管没有具名）。我们很自然地可以推断，那些认真的地方官员发现这里面有着可以"重振"其辖区人民的潜在力量。另一个方面和班固的同时代人以及他自己对于荀子的原则的遵循有关。《白虎通》（见 Tjan，*Po Hu T'ung*，第 48~68 页）对于地方学校的评价和这里是类似的。今文派的老一代护卫者们在这方面是意见相同的。至于班固，他认为这是一个可以把世界蛮族都纳入到统一的文明生活中的主要方式。现在我们来看看他究竟说了些什么。

谈论完皇帝以身作则对臣民品格的影响和作用，班固自然地转向了正规教育的话题。我们在这里又一次看到班固激情洋溢了起来。首先，他对于高等学术训练的成就没有说什么，对经文知识的益处也没有提及：这要留到下一部分才提到，而且班固对这些是持辩证态度的。在这里，班固推崇的是乡村教育。其次，他说"四海之内""学校如林"，这是夸大其词了，但也不是没有任何依据。在政权稳定之后，地方官员就会立即开办学校。这是政府出资的。

这段赋文的精神和荀子的教义有着惊人的对应性。公元前3世纪的那位聪慧的心理学家被后世的人怀疑是否应该被算作一位真正的儒家思想家。荀子认为人性中有着一种对于抢夺的无法平息的欲望，这就需要一个严厉的政府对违背公共福祉的人进行惩罚，并且要人们建立起一个后天养成的自我，养成彼此能够相互考虑、照顾的习惯。要达到这个目的，需要靠家族与社群的仪式，包括歌舞[1]。社会学家必须想到这种情感的（实际上是诗性的）讲话与行动原则是每日、每月、每年都在重复的，由此才能明白其巨大的社会潜能。

学校建筑是这幅图画的背景，这些建筑是专门用于教育的，地点设置在政府所在的中央及乡镇中心地。这些建筑里不仅举行老师和学者的集会，普通民众，无论高低贵贱，无论老少，也都可以在帝国各地的学校里聚会。具体是什么场合赋文并没有点明，但从礼器的使用我们可以推测是某种传统的和祈祷土地肥沃有关的仪式。这些“供应充足”的用具说明很可能有中国官员被指派来协助让仪式举办得更隆重、更有秩序，也因此更像中国的仪式。虽然舞蹈还包含有古老的万物有灵论的超自然能力，但班固说的“唱仁之歌”就是不同的意义了。接下来是一个公共的宴会（communal feast），宴会的主导精神是彼此尊重。这是通过一个精巧的形象“登降饪宴之礼”描绘出来的，字面上的意思是“［背部］上升和下降的宴会礼节”。读者可

〔1〕 参见 Fung Yu-lan, *A History of Chinese Philosoph*, tr. D. Bodde, Princeton University Press, 1952-1953, I. 12，尤其是第7段。

能会好奇，那些农人笨拙地鞠躬，口中唱着和谐之声，还不时发出叹息——班固和他朝中的读者想象这样的场景时会发笑吗？德是宴会上高层次谈话的主题，德能够激发人们努力工作、谦恭合作，从而带来和平和富裕。

这一切听起来像一场狂想诗般的梦，和现实生活没有关联。但在这伟大的汉朝时代，在喜马拉雅山脉以东的广袤地区产生了某种东西。当汉朝崩塌，德的神话似乎永远破灭了，那种东西却在几个世纪的动荡和蛮族入侵中持续了下来。最后帝国又统一了。中国化（Sinicization）的基础建立在农民阶层上，旧的风俗和更文明的思潮结合了起来。在第（五）部分我们已经说过“汉代儒学”是一个不停变化的术语，而且是晦暗不清的。无论如何，我们发现的那“某种东西”和公元前6世纪的神秘人物——鲁国的孔子有关。他留下的言语在汉朝中期的学者中引发了激烈的争论。《论语》中把孔子高度理想化的部分，也就是第十篇[1]中，有这样的内容：“乡人饮酒时，老年人都离席了，夫子才离席。乡人们完成了驱逐瘟疫的仪式后，夫子穿上朝服，立正站着。”[2]

（七）东都主人总结陈词

这是对西都宾观点最后的一击。赋的诗体韵律给了主旨一种铿锵有力的效果。大部分的小句都是四字长度。东

〔1〕 一些批评家认为这是在孔子传说后期出现的。

〔2〕 译者注：见《论语·乡党第十》：“乡人饮酒，杖者出。乡人傩，朝服而立于阼阶。”

都主人所做的八项控告主要都是对前述内容的总结，我们在此不用再做评论。但第一项控告比较特殊，它有一个有趣的、令人惊讶的背景设定。关于河图和洛书的陈述还有一个古怪的双关语。班固的知识理论在这里更精确地表述了出来，需要我们仔细考察。

东都主人在赋的开头指责宾客知识流于浅表，在这里他又一次做了这样的指责，但这次他把宾客和那些“今天参与讨论问题的人们”相提并论。乍一看很难理解班固为何把这些人牵扯进来，因为长安赋从头到尾都是诉诸事实的。但是，通过班固对宾客“被非本质的东西带偏了”的这一评论，我们可以看到他为何做这样的关联。问题都出在他们埋头于书本，看不到本质的事实，无法对古今做真正的对比，也无法探寻汉朝之德发展到如今状况的真正原因。并不是“五经”知识不好，而是沉浸在一种知识中会导致头脑被琐碎所困扰——我们可以联想到基督教福音书中关于“征收薄荷与枯茗籽的什一税”的评论。幸运的是，我们看到《白虎通》中就把这种谴责强调了出来。会议所处理的三百一十二个议题中，大部分都是对琐碎问题做的细致考察，而每一处证据都需要引用经文。我们可以推测，班固做完这份会议摘要之后感到了厌烦，因此在写作赋中这段内容时发泄了出来。

无论我们怎样解释班固对当时散布无意义的经文内容者的直白抨击，这段内容都在不止一个方面有启发意义。首先，对汉代的汉学研究的最新结论认为，一旦汉朝学者们掌握权力，他们就表现出一种明显的权威态度：每个人都必须同意神圣的“五经”中的信仰。尽管班固的指责在一定程度上证实了这一点，但当时知识界的局面却不是那样整齐划一的。我们已经看到，那是一个充满了争议的年代，“五经”有无数多不同的校订本。每位有名的先生都希望自己这一支正统观念能获得认可。的确，皇帝是“信仰的护卫者”，信仰又是他的护卫者，这自然而然地导致当时思想上对教义的推崇。但并不是说，皇帝和辟雍里的博士们对于应该推崇哪种教义就达成了一致。

班固的指责在这里引发了一些问题。我们考虑一下他的个人处境。他完成《汉书》后，急于获得一个行政职位，跻身上层阶级，从而让自己有资格在官员阶级中得到高位。他有可能会说一些招致高层人士反感的话来自毁前程吗？而且我们知道，他的《两都赋》获得了朝中人士热烈的好评。因此我们可以从章帝及其朝臣那里找线索。历史学家们一致认为章帝不是一个专横的人，而是很聪慧、有见识，对“五经”的不同说法比较包容。为什么他会不得不向白虎观会议的保守势力让步，这点我们不得而知。但我们知道，他很喜爱和尊重他的侍中贾逵。贾逵的传记中说贾逵和班固曾在宫中档案馆共事，是古文派的坚实守护者。古文派尽管在文士圈中势力较弱，受到博士团体的厌恶，但从光武帝时期开始在朝中发挥影响（见《后汉书》卷六十六，其中有古文派杰出成员的传记）。我们注意到一位叫陈元的人在给光武帝的奏章中表达了对学术界的短视的担忧，这和班固的观点一致。章帝显然更倾向于古文派，因此我们可以为赋中的直白指责找到一个线索。很可能东汉朝廷并不像想象的那样顽固保守。

再看河图和洛书的段落，我们发现班固这位开明的作者不仅强调了洛阳的自然优势，也强调了其玄妙神秘的（cabalistic）祥瑞特质。他借一位虚构的洛阳主人之口讲这些话，并不能说明班固自己对这两个神话的历史真实性是否相信。河图据说是出现在古代浮现在黄河上的一条龙背上，其中包含有伏羲最初创作的八卦。洛书据说是在一只乌龟的背上，那只乌龟在圣王禹的时代从洛河里出现。书中有从一到九的数字的神秘图案，和统治的技术有关。奇怪的是，河图和洛书在长安赋中已经被提到，是用来证明西都是上天授命的地点。这些神话被关联到黄河的两个不同地点，这对于比较神话学学者而言并不陌生，但奇怪的是班固竟然让这两个陈述相互矛盾。我们再一次面对这样一种可能性，那就是尽管班固和张衡都相信这些古老传说，且这些古老传说在当时普遍被认为具有历史真实性，但他们还是都带着一丝怀疑去接受的。无论如何，班固并没有足够的兴趣想澄清这两个故事之间的混淆问题。

与这种漠不关心的态度截然不同的是他把对建章宫和甘泉宫的那些小仙的崇拜和明堂、灵台、辟雍的那些开明的礼仪相对比。他问：二者在天人合一的基本效力方面怎么能够相比呢？班固这句话、前一句话以及最后两个对句的潜台词很明显，那就是旧汉朝和新汉朝相比是无知的、愚昧的。尽管经文的反启蒙主义者没有意识到这一点，但新知识的时代已经到来，这个时代基于理性，尊重精神价值——尤其是能够统一世界的“德”。

班固认为新秩序的创建者光武帝和明帝已经审查过旧秩序中的缺陷以及潜在的优点，把缺点消灭，把潜在的优点发挥了出来。同时班固也相信，这场变革的种种信条已经由这位或那位圣王设想过了。所以他并不认为东汉是在一块白板上书写，但他确实认为通过实践这些信条，可以让其中的道德光彩第一次浮现出来。他有点儿理想化了，这是没什么疑问的。但他所相信的东西有一定真理性，这也是没有什么疑问的。

（八）西都宾甘拜下风

这里班固的幽默感再次体现了出来。从他对于井干楼无数阶梯的描绘我们就可以看出他很擅长设想和描绘出有体力挑战性的场景的可笑的一面。他并不像张衡那样觉得建一座塔、靠着自己的力量爬上天的人可笑，他觉得有趣的是一个人紧张地流着汗、在阶梯上踉跄着爬。因此这里的幽默更像是展现一场闹剧，而不是通过机智的风格表现出来。可怜的乡下人十分挫败，他被无情地描绘成一个头脑混乱、让自己出丑的人。这个段落揭示出洛阳朝廷自吹自擂的样子。我们可以想象出张衡读了这篇赋会觉得这种嘲讽方式有点愚笨、拙劣，尤其是新政权其实并不像此赋所说的那样完美。

（九）五首颂诗

中外批评家没有人会质疑班固为何把这些颂诗放在附录中，这个做法体现出班固优秀的戏剧创作能力。他把宾客的悔悟以颂诗的形式设计成结局，这样的技巧也十分高超。另外，这些诗本身在用词和思想上很传统，现代读者很难理解为什么这些诗能具备省察和深思的效力。这个问题的唯一回答是，此赋既然获得了广泛认可，班固对其受众的把握一定是准确的。朝中的读者认为他用正确的、高雅的韵文体说出了正确的东西。

这五首颂诗有一个潜在的主题，那就是超越世俗性的证据表明新政权得到了上天的认可。在珍贵的三角鼎和白雉的例子中，这样的证据出现得毫无预兆。没有什么特定的行为导致这些证据的出现。只要真正的统治存在，这些证据就会出现；如果没有真正的好君王，它们就不出现。明堂、辟雍和灵台则是另一个范畴的东西。大楼建了起来，人们精心设计了典礼、研究了仪式流程并将其开展。这些复杂的手段都是为了达到一个伟大的目的——象征真正的统治，向神和人证明皇位上的人拥有合法且道德的资格成为天子。本书的主要问题——西汉、东汉的差异——就和这三所机构有关。这些典礼和仪式究竟在哪些方面是创新的呢？

《后汉书·祭祀志》说光武帝在其统治的最后两年开始建一座明堂、一座灵台和一座辟雍；明帝在其统治第二年的第一个月在明堂祭祀五帝，又在灵台进行仪典，之后在第三个月于辟雍举行射箭仪式，第十个月在辟雍宴请为国服务的老兵。这些汉朝特定机构的官方记载告诉我们，这是汉朝都城第一次将仪典这样合并起来举办，也是这三个中心第一次被建在相互挨着的地方，每一个建筑周围都有一条流动的防护河。这一切都很清楚。《后汉书》卷十八还告诉我们靠近泰山的汶上还有一个明堂，在那片区域还有一个和圣王尧的坟墓有关的灵台。其他辟雍场所没有被提及。

至于过去的各种明堂，我们从《汉书》中得到很多信息，尤其是和武帝有关的。武帝即位时，一些有影响力的学者劝他建一座明堂，推测是在长安。但没有信息表明其作用应该是什么。这个计划被太后否决了。史书没有说武帝是否还想起过这个计划。但公元前 110 年他第一次前往泰山时发现了附近汶上的一处废墟，通过询问得知那是周朝君主出行时使用的建筑。皇帝向学者们询问其形制，他们说不上来，但一位南齐萨满掏出了一份自称是源自黄帝时代的设计图（参见《汉书》卷二十五，其中有这个神秘的设计图的大量细节描述，武帝根据此图于公元前 109 年在汶上建了一座明堂），这幅设计图上有着流动的环形护城河、方形结构特征等等，和光武帝与明帝后来用于建筑其明堂的设计图差不多。尤其是涉及五帝的内容，两座明堂都有五个祭坛，每个用于祭祀五帝中的一位，方位依次是北、南、东、西和中央。公元前 109 年是有史记载的第一次五帝在明堂被祭祀。旧日鲁国（在泰山附近）的学者是否知道有哪些惯例可以让武帝在这样的祭祀场合使用，这一点我们十分怀疑。同样地，公元前 140 年人们迁进长安时也有类似的问题。至于武帝的目的可以从他当时的诏书里看出来：他想要海内外每个人都知道他受到所有地方神明的支持。

班固的颂诗不仅仅提到五帝，还提到在普天之下，“从地的一端到另一端，永恒的天［之下］，每一个［高位之人］都按照自己的官职帮助协作”（“各以其职”）。在《孝经》第九章中我们可以找到这样的表述：“过去周公向后稷进行郊祀，让他作为天的配［附属协助的神灵］；他又在明堂向文王祭祀，让他作为上帝［一位或更多位上等神灵］的配。通过这种办法，四海之内的每一位贵族和高官都按照自己的职位［协助］祭祀。”[1] 这段内容很值得注意。班固脑中显然想着这种形式的语句，明堂在这样一个语境下的明显含义是“祖先的神殿”。根据蔡邕（132—172）在《明堂月令论》（刘昭注《后汉书》卷十八引）中的理论，明堂是周朝皇室给其祖先神殿所起的名字；六朝和唐代人似乎大体都这么认为。因此似乎传统中有另一种明堂，是与祖先崇拜和孝敬相关的。

还有一种职能的明堂出现在《礼记》的《王制》和《明堂位》中，这是周公在洛阳所建的。周公在明堂中给属臣们讲授他们各自的职责、发布政策、授予官职等。泰山边上的明堂废墟似乎是这一个的衍生物，也就是周王出行时地方高官聚集的场所（参见《孟子》第一篇下，第七章）。这些明堂表面上看和祭祀五帝没有关系。

在这基础之上出现了班固“五帝”的问题。他们从哪里来的呢？幸运的是，班固自己就提供了与此相关的关键文献。在《汉书》卷二十五的《郊祀志》中，班固的一大主要关切就是追溯古老周朝时代这些祭祀的兴起。随着叙述逐步深入，他提醒读者，他无法保证自己所提供信息的真实性。“帝”是一个殷周时期的术语，在含义方面是独特的（“权威”“神”），但也可能作为一个一般词汇使

〔1〕 译者注：见《孝经·圣治第九》：“昔者周公郊祀后稷以配天，宗祀文王于明堂，以配上帝。是以四海之内，各以其职来祭。”

用。班固的叙述可以概括如下：在广阔的西部地区，周朝和秦朝文化相互渗透，有一些秦朝贵族在很长的岁月里建造出了许多高地，人们在那里祭祀白帝、赤帝、青帝、玄帝等。接着秦始皇登场了，他似乎通过将这些祭祀活动与邹衍学派的自然法则象征主义以及四季在木、火、金、水、土的影响下的更替相联系，使这些祭祀活动合理化。这背后的政治目标很明确。高祖更进一步，向五帝祭祀，添加了一个黄帝，作为土地的象征。这五帝在渭河和灞河交界处的一块高地上被定期祭祀膜拜。接着另一位神灵出现了，名叫太一（最高的一），和恒星有关，而五帝成了他的附属神（配）。[1] 武帝做了很多祭祀方面的创新，其中一项是在新的避暑宫殿甘泉宫建了太一祭坛。这项祭祀在接下来几任统治中一直持续了下去，在渭灞高地对五帝的祭祀也是如此。[2] 朝中逐渐开始认为这些祭祀应该被集中到首都，并在那里建一座明堂。皇帝做了决策，又变更，又再次下了决定，而后再次改变决定。《汉书》中关于长安建起一座明堂的记载直到王莽即位才出现。王莽下令建了一

---

〔1〕 我用“ancillary”（附属）这个词有两个原因。一是因为“配”在当时常用来表示妻子对丈夫的功能性地位。她是他的配偶，投身于他的利益，分享他的名誉，但永远服从于他。他是她的统治者、主人。“mate”（配偶）可能是个很好的翻译，但“mate”的现代日常用法有太多平等主义的内涵，因此并不适合。“五伦”中这种关系究竟占据什么地位还很难说。在一些文献中这种地位似乎很高，仅次于父子这样的重要关系；在一些篇章中这种地位又很低，不过总是比“朋友”之间的关系高。二是因为，“配”这个术语在文王时代出现在《诗经》中，表示文王在天上的地位。这把我们带回到了周朝封建秩序的开端，这开端主要是传说性的。我找不到证据表明殷商君主把“配”用在类似的情景中。很可能周公开创了这种用法。因为洛阳这座城市的第一栋建筑和周公有关，所以周公让文王配天和明帝让其父配五帝，这二者间有明显的关联。

〔2〕 史料并不完整，我们无法确定这些祭祀是否每年进行。

座明堂，算好了时间，刚好迎接他的新王朝。《汉书》卷二十五或卷九十九都没有记载该建筑的形制、场所或功能。王莽倒台后，史书中就没有再提到这座明堂。

我们现在看公元59年洛阳的这座明堂。我认为基于上述证据，西汉政权并没有在长安的明堂里祭祀过五帝。因为该祭祀仪典被视作对季节的平衡稳定十分重要，光武帝在其统治末期决定需要采取这样的形式，并立即建成。他希望获得武帝那样神圣的力量，新都城需要被神圣净化，需要让人们认为首都是祥瑞的中心。光武帝在这些建筑还没盖成时就去世了，明帝在大约十二个月的时间里完成了这项工作。他们遵循了武帝的神秘式设计，但在服饰方面做了一些创新。

关于光武帝作为五帝的配（即附属和助手），《后汉书》卷十八说在青帝的祭坛南面有一个光武帝的祭坛，面朝西边。光武帝的祭品是一只公牛，和五帝各帝一样。要想了解他的准确地位和职能，自然需要参考文王时代《诗经》的第一首诗。文王在诗中的形象，一方面取得了超人类的地位，另一方面保护并训诫着子孙后代。因此洛阳的明堂仪典体现了两个传统目的：一是安抚一些自然神灵；二是彰显孝子对亡父的尊崇。其他的功能，如举行朝会、发布政令，我们没有看到有确切的证据能够证明。这些建筑的性质不大适合这样的集会。但很显然，高级官员们会在祭祀中出席，并作为助手参与到流程中。来访的诸侯王可能也在其中，以瞻仰中国文明和神圣的权威。

辟雍诗并没有告诉我们辟雍是高等教育的中心，也没有提到年度射箭活动，而这两者对班固时代的读者而言都是很常见的。辟雍诗谈到了环绕的壕沟、皇帝亲自宴乐国老等。显然，班固对于环绕的流水的玄妙神秘意义很重视。问题是，长安的皇家学院是否也是这样的？证据不容易找到，但是射箭是旧时代贵族教育的组成部分，我们有理由相信一些学者的主张，那就是为了公共安全的目的，学院场所用壕沟围了起来。至于洛阳皇帝射箭、宴乐国老方面的创新，张衡的洛阳赋在这方面说得更详细，我们到时候再分析。

关于洛阳的灵台需要强调两个方面：（1）班固强调皇家天文台“长久以来受人尊崇”。文王时期《诗经》中有灵台诗，从中可以看到，周朝天子将拥有天文台视为皇家主要职责和特权之一。（2）通过《后汉书·律历》我们可以判断，武帝在公元前 104 年做的调整在光武帝统治时期受到了批评，激发了大量的讨论，贾逵是其中一位强劲的批评者。当时讨论的内容具有高度技术性，超出了我们评论的范围。从表面上可以推测，这样热烈的讨论会给人的头脑注入一些新的思想。

总而言之，我们对此赋的整体印象是，随着都城的变迁，一系列惊人的创新也发生了。这些变化不仅和机构机制有关，而且还和当时一些思想运动有关。基于这个考虑，我们有必要试着找出究竟发生了哪些运动（更系统性的分析见第十一章）。首先，洛阳的统治机器更清晰且特意地建构了一个组织基础——体现在三雍（明堂、灵台、辟雍）的建立和其中的仪典上。其次，古老的仪式被改造，用于适应政府设想的新需求，这一过程秉持的精神既充满智慧，又带有迷信色彩。班固思想中万物有灵论的逻辑和一种更理性的、自然因果的逻辑时常在拉锯，这是我们能清楚看到的。再次，说到儒家的问题，那些附加在五帝崇拜上的更高级、理性化的价值观似乎和公元前6世纪的圣人孔子的影响没什么关系。但光是孔子的名字的权威性在西汉最后七任皇帝统治时期就变得愈发明显。这种权威虽然难以定义，却十分强大。人们开始意识到一种巨大的教义力量，虽然这种力量刚刚开始出现，但却生气蓬勃。文人们对这种教义的重要性在王莽时期后能够更加清晰地表述出来。有一件事很明确，那就是尽管人们对于世界帝国的意识，对其荣光和责任的意识使普遍性的道德规范得到提升，但无论是在萌发的早期还是在东汉时期的发展阶段，这种思想都不是伴随一种神教意识产生的。

第十章
对张衡《东京赋》的解读

（一）安处先生的反应

班固让洛阳主人以傲慢（更不用说势利和嘲弄了）的方式对待地方来的客人，而张衡则采取了完全不同的方式。张衡笔下的老先生被凭虚公子邪恶的物质主义弄得惊慌失措。但他回过神来，微微一笑，开始了自己的回应。毫无疑问，张衡的戏剧心理刻画对班固的粗糙笔法进行了改进。同样，这也体现出对好风度的更高理解，这是我们期待的一位高度彬彬有礼的洛阳宫廷成员所展现出来的风范。这是一位有教养的君子，我们在《论语》中看到：君子不会粗暴地伤害对手的感情。因此，我们可以看到在朝廷中，两位作者的戏剧化处理方式都可以被接受，无论是更大众庸俗一点的还是更优雅得体的。在更优雅的这个例子中，尽管老先生微笑以对，但他的回应一开始就十分直截了当。例如，他以讽刺的方式将对手和公元前 7 世纪被流放蛮荒的可怜的大臣由余做对比。为什么由余能以正确的视角看待事物，而“您，我亲爱的先生，您知晓古今，却误入歧途”呢？

凭虚公子被严厉地指责为“重视耳朵”，即道听途说，而“轻视眼睛”，即（轻视）眼见为实。换句话说，他因为专横霸道、欲望强盛，犯了故意自我欺骗的错误，他会按照自己的意愿来证明事情。他在对长安时期的最后评论中抱怨贵族对于高雅的奢侈生活的品味如今受到了糟糕的限制，这一个指控是符合事实的。切斯特菲尔德（Lord Chesterfield，1694—1773）因未付账单被糕点师告上法庭，他对法官说，一位绅士如果不被允许在喝雪利酒时配点饼干，这将让人难以接受。就是这样轻浮与阶级自负的结合在二三十年后将英格兰引到了血腥革命的边缘。在张衡眼中，尽管新政权有着种种德行，但这种心态依然存在，给公共利益带来严重威胁。他用了一个“有胸而无心”的假设说一个很有启发性但又很简单的对句，值得我们记诵。现代读者面对汉代社会心理时的一个问题是其中的混杂和复杂性。从《白虎通》中我们就能看到，尤其是关于身体构造的内容，包括对心的讨论。我们可以推测，张衡不太喜欢那种伪逻辑的综合方法。内省式的分析在周朝最后的几十年持续出现，可以参见《孟子》《荀子》《吕氏春秋》等，更不用说庄周的形而上心理学推理。因此，张衡的时代有着丰富的术语词汇，各个术语都有不同的内涵，考虑到这个复杂的背景，我们才能理解张衡那种直白、外向性的写作手法，把“胸”视为情感、激情、欲望的所在，把

“心”视为人的支配性的智性力量，可以控制激烈的情感。[1] 此外，西方学者要学会欣赏张衡是如何将这种智性力量和道德视野的清晰相联系的。尽管道家对社会道德的终极理由有所怀疑，但文人的主要思想倾向是直接把智性力量和道德视域的清明相关联。他们把理智（reason）和一种绝对命令（categorical imperative）相关联，这种绝对命令通过为人所广泛接受的道德与风范准则来运作。在欧洲古典思想中，从柏拉图到罗马斯多亚学派，可以看到同样的思想倾向在盛行。

安处先生意识到道听途说的不可靠，做历史研究的班固也是同样的观点。还有王充对道听途说也持贬斥态度。但是如果把这种批判性思想看作东汉的新东西，那就错了。周朝末期就已经出现这种意识了。因此在《吕氏春秋》卷二十二中我们可以看到在“审查传统”（察传）这一部分中有这样的表述：“传统的说法不得不察。在一些传说中，白的变成黑的……听、察，就会获得幸福；听而不察，不

[1] 高本汉在《古汉语字典》中说：“心”在先秦的文字形态是少数几个很好识别的象形文字之一。这个字最早能在东周的碑文中看到。“心”在周朝《诗经》中出现频率很高。在当时那个文化发展阶段，身体上的心被视为感受和思想的所在。“胸”在《孟子》（第四篇上，第十五章）中出现一次，在《礼记·问丧》中出现两次，在《吕氏春秋》中出现两次。在《孟子》的那个用例中，“胸”的内涵大约是心理意义上的；在其他用例中，“胸”意味着生理上的“胸”。到秦代，“胸”开始与思想和情感发生关联。我没有找到思想与头（head）、脑（brain）相关联的用例。“心”则有时与情感有关，有时与思想有关。但到周代晚期，思想和情感已经清晰地得到区分。一个复杂的问题随着“志”的使用而出现。“志”原文指代某种具体的目标，后来用作官能心理学家常用的那个义项，也就是用来指代意志（will）。同时，“心”也开始成为个人合法的主人（lawful lord），控制人的欲望。显然，这是张衡这里的“心”的含义。

如不听。”[1] 作者接着用一些出自传统历史的简单例子来证明自己的观点。张衡这里观点的新颖之处可能是他把道听途说的不可靠和过去历史的复杂性相联系，他认为伦理问题是很难阐释清楚的。他接下来就马上举例说明了这一点。

（二）朝代革命（公元前3世纪）的真实教训

张衡《西京赋》的开头告诉我们，凭虚公子对待历史的态度是犬儒式、不知是非、超道德的。东周都城土地贫瘠，因此国家疲弱，无法抵抗土地肥沃的强秦。无论谁当政，只要皇室富裕，他们就会过奢侈的生活——为什么不呢？现在轮到先生回应了。周朝最终无法延续统治，但七雄中没有一个有能力实现自己巨大的野心。秦始皇像一只虎、一只猛禽一样令人无法抵挡。但当他拥有天下以后，他想要享受一切，他让人民劳作，为了他那膨胀的欲望、浩大的工程而死。

先生的目的，也就是张衡的意图，了解古希腊的西方史学家很熟悉，那就是要说明，傲慢自大的统治者将会等来正当的报应。但在这里，因果链条是在更广大的范围里运作的。不仅仅皇室成员将面临不可逃脱的厄运，所有残暴压迫人民的人都将难逃灾祸。张衡是一个中原人，他用诗性的语言传递出一种恐惧，那就是西边来的半蛮夷暴君

---

〔1〕 译者注：见《吕氏春秋·卷二十二·察传》：“夫传言不可以不察，数传而白为黑，黑为白。故狗似玃，玃似母猴，母猴似人，人之与狗则远矣。此愚者之所以大过也。闻而审则为福矣，闻而不审，不若无闻矣。”

可能比他们中原人自己原先的君主统治得还要糟糕。而人们看不到奥林匹斯山上有哪位神能阻止这一切。赋中提到高祖“遵从天”。秦朝的灭亡来自人民：“百姓”（注意这个词对家族关系的暗示）“不能忍受这样的剥削”。而高祖的统治力量不仅仅在于打仗成功，还在于他作为一个普通人反对不必要的铺张浪费。

我们需要注意一下赋中提到的“秦朝的旧工匠们”。这些专业的匠人们由于之前富裕的朝廷提出专横的要求而受到刺激。还有一个例子表明在公元前3世纪，秦始皇召集起最好的工匠，在秦首都咸阳盖起了比周朝建筑规模大得多的宫殿。这些人成为宫廷专门雇佣的匠人。因为不怕花钱，政府给干得好的匠人奖励。关于秦朝匠人“目光扫视着阿房宫”的说法，张衡是否有真实的信息来源我们并不知道。从心理学的角度看，他们会这样做是很自然的。这也表现出张衡对这些工人及其作品的共情，他设想这些工人发现新主人不喜欢他们努力的成果时可能产生的失望和处境。

从更广的角度看，秦朝暴政对于汉代时期中国人思想的持久作用是很明显的。班固强调高祖是第一个获得皇位的平民，这一点很有启示意义。张衡没有就这个问题发表意见，但从中也能察觉到他怀有同样的感受，即汉朝的建立是一个具有空前意义的事件。从后来的视角看，旧的统治者族群无可救药，秦二世的统治简直是一场噩梦。接着刘邦这个不愿屈服的平民来了，他足智多谋，他反对虚伪的恭维；绝望的人民可以把疼痛不堪的肩膀依靠在他身上。

今天历史学家意识到贾谊（公元前199—公元前168）[1]观点上的局限性，认为各地农民都前来支持刘邦的说法带有太多主观色彩，但问题是项羽作为一个典型的贵族，以及任何一个思想传统的鲁国文人，他们是否能让人们重新产生想要生活在一个政府统治之下的意愿。从前那种地方性的、半部落式的警觉和提防依然明显存在，还会持续存在。但如果没有来自沛地的那个人带来的动力，中国可能就不那么容易统一，不会有圣王，不会有那些显著的文化成就。秦始皇统治下有四十个辖区，形成了皇权主导的局面，但他的政权轻视“百姓”的需求，注定走向崩塌。这是班固和张衡所认为的。高祖开创了一种前所未有的统一形式。尽管有种种缺点，周朝哲学家们的理论开始逐渐成形。在这种体制下，普通人的权利也得到认可。

（三）凭虚公子的粗陋无知

这段韵文不太规则，没有在押韵方面考虑太多。此赋在这里更像是辩论散文。先生列举出了公子之观点是如何道德败坏。不仅仅是道德败坏，而且从理性上看还很荒谬，因为这种观点使得圣王的历史上的重要事件看起来毫无意义。先生指责公子“不知道语言的力量”（不知言）[2]，这对于一个有教养的绅士是一项严厉的职责，也能揭示出张衡情感的强烈程度。

---

〔1〕 译者注：据《辞海》（第七版），贾谊的生卒年为公元前200年至公元前168年，此处略有出入。

〔2〕 典出《论语》第二十篇第三章：“不明白语言的人不能明白人民”。

谈到神灵碑牌的保存，赋文的含义很明确：所有更早的汉朝皇帝，无论后世怎样评价，他们在祭祀祖先上尽到了职责。先生并不是要给那些后来的统治者的罪恶洗白，但他看到了一个简单的事实，那就是祖先的神殿一直保持修缮，祭祀也一直维持着，这是孝的实践和证明，这种孝本身就是一种高等级的德行。毫无疑问，周朝晚期和汉朝开创了一种孝道，在道德的完善和礼仪的形式方面都比原本的祖先崇拜提升很多，原始的祭祀是由于害怕饥饿的鬼神给后代子孙带来灾难。但是这种旧时的恐惧依然存在，我们可以从公元前 40 年至公元前 33 年年间关于陵园的争论中看出来（见德效骞《汉书》第二卷，第 289～291 页）。

历史学者们再次面对着一个不定型的、流动的意识形态情境，粗略的概括注定只能是错误的。比如说，我们如何理解贡禹和韦玄成以其朴素的常识坚持认为很多陵园是不必要的，应该被废除？他们是理性的、自由的吗？又或者是保守的、迷信的？读一读他们的奏章，很显然他们这四种品质兼有。除了高祖的神殿，又加上了其他三个可比拟的神殿用于尊崇几位伟大的“宗”——文帝、武帝和宣帝，这种创新背后的动机是什么？这么做的原因是不是因为他们强大有力，影响深远，而且足够理性，获得了对自己皇位的支持？还是说人们只是害怕他们的鬼魂所具有的超自然的力量？此外，汉朝孝道尽管有着感情上的理想主义成分，但其实也足够现实主义、麻木冷硬。五代之后，那些死去的圣人的牌位按照常规被迁进偏屋，随着时间的推移它们将成为日益腐朽的木头。

（四）洛阳作为真龙天子之都的正当性

此赋现在开始以稳定的韵式进入第一个主要的话题，洛阳作为都城的正当性。正如读者可能会期待的那样，张衡详细说明了这个区域的自然优势，强调它在过去曾经是政府的中央。但是这些特点都只是起到确定性作用的证据。根本的论点是，新的都城相比旧都城而言在山脉的防御功能上更弱，但是皇位能否守得住，最终看的是统治者的臣民的良好信念（谅）。这个主题对于《论语》和孟子的研究者而言并不陌生。读者可能会想当然地认为张衡在这里只是在阐述文人们普遍接受的原则。这里有讨论的空间。安处先生在依赖关卡和依赖人民的信念之间划出了截然的对立。班固的洛阳赋中写到人们为和平与富裕而感恩，但却没有像此赋这里这样明确。我们从《帝纪》中了解到，洛阳政府充分调动起了军事力量用作防御和帝国扩张。仁与军事力量是一个成功政府的要素。这在汉朝更早期的确如此。直到建立了一个自然防御条件较弱的都城之后，二者之间哪个更重要才成为问题。

古代周朝的成王及其忠实的仆人，周公和召公，发现了这片场地。尽管两位国公一直到这部分靠后的地方才被提到，他们却是故事的主要人物，尤其是周公。赋描绘他们的语言让人想起“史”经[1]中《召诰》和《洛诰》的文风，在那些篇章里两位国公占据了真正的中心地位。但

[1] 译者注：指《尚书》。

在那些文献中没有提到“土圭”（测量板）和进行测算的活动：文献只提到了占卜、发现祥瑞。要找到“土圭”相关的内容，我们需要看看《周礼》。例如《地官司徒》（第二篇）说：“［官长］使用测量板计算大地的相对深度[1]，验证太阳的阴阳，找到地表的中心点。”[2] 从这段文献以及《周礼》[3] 中其他内容我们可以看出，土圭是一块长形的板，在它上面，相对于8尺高的垂直杆，标注有15寸的刻度（按照中国的计量）。[4] 这种测量板的试验在历史上何时完成的我们并不知道，只知道东周时期很可能就需要测量出1000里[5]的皇家土地的边界（见《周礼》，出处同上）。无论如何，他们发现如果一块水平的板南北向放置，把一根高8尺的垂直的杆放在其南端，杆子会投下一片15寸的影子，那么那里就是“土地”的中心。我们并不清楚最初的试验者是否采取了措施保证杆子的角度是正确的，

---

〔1〕“相对深度”在这里指投在土圭板上的阴影的深度。这里指的只能是任何地点相对于东、西、南、北四极的相对接近程度。

〔2〕这段话接下来是：“［假如］太阳［相对于土圭的位置］在南，太阳的阴影就太短，［地点］太热。［假如］太阳在北，其阴影就太长，［地点］太冷。［假如］太阳在东［西?］，阴影有在子午线后［倾斜］，［地点］就有太多风。［假如］太阳在西［东?］，其阴影在子午线前［倾斜］，［地点］就有太多乌云。”这段话只有这么解读才有意义：作者应该认为（1）一个标准规格的土圭绕着四个地点（南、北等等）；（2）操作人员有一个漏壶，能够记录夏至正午为中心位置。注疏家们支持这个解读，但他们对于“日东”是指一个东边的地点还是西边的地点似乎存在争议。对我而言应当指西边的地点才有意义。在一个西边地点的太阳不应该比东边的升起得晚。考虑到这些古代中国观测者有一个中心标准化的漏壶，他们能从板上子午线后倾斜的阴影看出太阳还没达到子午线。因此，这个试验应当是在一个西边的地点，而不是东边。如此推理，“日西”应该是在一个东边的地点做的观察，而不是在西边。

〔3〕见 H. Maspero, *Les Instruments Astronomiques des Chinois au Temps des Han*, Mélanges Chinois et Bouddhiques, VI, Bruges, 1939, p. 220。

〔4〕译者注：周代1尺约等于23.1厘米，1尺等于10寸。下文则不再注明。

〔5〕译者注：周代1里约等于415.8米。下文则不再注明。

但他们意识到必须让杆子的位置保持精确严格[1]。我们也不知道他们是否采取了措施来保证板子绝对水平（例如观测池水表面）。

在这里，毫无疑问，真正科学的思想正在运作。他们通过试验试图在数学基础的准确性上测定地球的空间。他们意识到，唯一可行的方法是把空间等同于时间，也就是说在都城这里通过天体在一定时间的运动，观测出冬至和夏至在什么时间来临。这样的科学头脑在汉代是十分惊人的。因此他们发明了日晷和漏刻，进一步确保读数的准确。这些所谓的科学家错误的地方在于他们认为地球是平的而不是球形的，他们还认为他们所在的国家是地球世界的中心。因此他们并不知道他们的国家从地球赤道的划分来看处于北面，并且从经线的角度看只是占据了东西半球的其中之一。但这并没有妨碍他们试验的科学目的，也不影响他们的发现的有效性，那就是空间和时间只能在相互关联的基础上进行推算。[2]

那么张衡提到土圭和洛阳都城的建立之间的关系，这其中的考据价值是什么呢？首先，尽管《召诰》和《洛

〔1〕 H. Maspero, *Les Instruments Astronomiques des Chinois au Temps des Han*, Mélanges Chinois et Bouddhiques, VI, Bruges, 1939, pp. 218－219. Tung Tso-pin, *Chou Kung Ts'ê Ying T'ai Tian-ch'a Pao-kao*, Academia Sinica Bulletin, 1939.

〔2〕 马伯乐（H. Maspero, *Les Instruments Astronomiques des Chinois au Temps des Han*, Mélanges Chinois et Bouddhiques, VI, Bruges, 1939）对土圭相关的测算的最终准确性有很多讨论。在第223页他质疑设计出流传至今的土圭的中国人是否真的对精确性十分执着。他在那些问题上的批评的正当性不容置疑，但我对一个事实很感兴趣，那就是土圭的考古证据是可以获得的，比如从帝国的垫板上获得。这说明这个工具是广泛得到试用的。那么我们可以猜想，一些土圭是在不太专业的情况下做成的。因此这样的证据就不能适用于张衡那样的高级专家的科学标准。

诰》对于洛阳城的建立的记载没有提到任何测地学方面的试验，但张衡假定当时做了试验。因为“五经”把洛阳都城的建立与成王及其著名的大臣们相联系，那么有证据可以说明，大约在公元120年左右，一位知识分子认为占卜的结果不足以证明洛阳的正当性。他认为应该还要有土圭测量。而且他认为需要对气候方面进行考虑，避免太热、太冷、太多风、太多雨，才能确定正确的都城地点。

其次，周朝政权早期，一个皇家行政中心在洛阳建立了起来，这一点似乎没有什么理由可以反对。当然，洛阳后来成为东周的首都。年复一年地观察，显然人们已经清楚地知道了当地的气候优势。但是在汉朝时期，进行土圭观测却成为人们要接受这个地点的必要准备。这是怎么发生的呢？似乎只有一个方法，那就是《易经·系辞》中说的，第二部分中的段落讲到对人的福祉有益的主要工具都归功于那些圣王的发明，归功于圣王遵循先知八卦中隐含的逻辑。汉代人把土圭的使用追溯到周公，也是一样的道理：定都洛阳是一个圣人才能做的决定，周公是一位圣人，因此他使用了一个圣人会使用的工具。

这里就是张衡所说内容的考据价值所在。我们看到在汉朝中后期出现的一种新的动力——希望接近科学确定性的冲动。那个年代希望追寻科学思想的人们认为远古圣王不仅仅是受到上天的神秘启示，而且是在智性上更受启发，能够探索物理宇宙中的理性元素。对于这种新思想态度的更多研究参见《后汉书》卷十二，例如班固同时代人贾逵关于修改立法的提议。尽管占星思想绝对没有消失，但当时出现了一个新的带有头脑的天文学者阶级。我们现在可以说，张衡就是那个阶级群体中的杰出成员，他们通过漏刻和环状球（璇玑）来进行推测。

张衡对王莽的谴责相比班固而言并不那么详细，但基本路线是差不多的：嘲弄一个人尝试建立新王朝却失败了。不过张衡用了一个非常形象的表述："全国上下没人敢和他意见相左。"根据我们对王莽生涯的了解，他的脾性十分专横，这一点是没有疑问的。

（五）对新宫殿与园囿的描述和评价

这部分的四十二个对句依次叙述了几个事物，过渡的标志是押韵和体式的变化。从结构组织而言这部分十分精彩，是骈文的杰作。但叙述内容过分压缩，我们看不出赋中提到的建筑是不是行政办公处。可能有一些是。明堂、辟雍和灵台（三雍）并不是日常行政办公的场所。张衡和班固的处理方法截然不同。班固没有给出什么细节，直奔主题，讨论光武帝和明帝的高尚的俭朴品格。张衡也赞赏了节制适度的品格，但随着他一个接着一个地列举出那些听起来很了不起的名物，读者心中疑窦渐生。是否这部分内容整体都弥漫着一丝微妙的反讽意味呢？

最后"劳动者劳动，居住者安逸"，唐代注疏家张铣认为这些话传达的是皇帝的态度。假设这个猜想是对的，我们还要看看李善的注。李善引了贾谊的《新书》[1]，说一个翟国的国王派了一个使者见楚王。楚王在一座豪华的建

〔1〕 贾谊《新书》卷七《退让》。

筑里宴请宾客，并问来使，翟王是否有能与此相媲美的建筑。使者答道：“茅屋没有修理过，梁柱都没有砍成所需的长度。但我的国王仍然觉得建筑工人太过劳苦、居住者太过安逸。”张衡赋中指的皇帝是明帝，明帝是这整个部分的中心人物。因此，我们可以知道，张衡对明帝有着真诚的赞赏。此外，这段内容和三雍的建造是紧挨着的。没有证据表明三雍建筑很奢华。三雍建筑并不奢侈。因此最终的结论是，张衡可能进行了一两处刺探，但并不能说他是以反讽的脉络写作的。这让我们充分认识到，这部分内容并不是对洛阳之美的虚伪奉承。相反，张衡掌握了真实的材料，真正发挥了自己的写作才智。

大体上张衡的总体评价确证了班固的评价。我们有理由相信他所说的基本是真实的。班固对新建筑的情感有些夸张，称其为“神圣的艺术”。张衡更沉静一些，说那是“俭朴但不粗鄙［陋］”。两人都见到了那些建筑，假如今天的考古学家能够发现相关的证据指向当时新出现的朴素节制的设计方法，那将会非常有意义。

我们的诗人兼科学家就像研究者一样对每件事物进行详细的评价。他说节制不会带来艺术品格的降低，接着说到遵循古老而朴素的标准，以及一个将要完成的目标。（科学家们似乎爱好这样的东西，明确一个目标以及达到目标所需的手段）接着说“看啊，这是礼，正确的、合适的礼，完全展开的礼”。是的，那是礼，是精神之标准的上扬，是包含在一系列和谐行为中的伦理正确和审美优雅。这一系列想法让张衡想起了文王，想起了这位圣王建灵台的事情（《诗·大雅·文王之什·灵台》）：他不驱使工人，他们自愿完成了任务。那也是礼，是主人与臣民之间、阶级与阶级之间的同胞情谊的展现。这个内容在这部分结尾突然出现，并且是全赋的一个重要主题，一再出现。

明堂、辟雍和灵台的叙述顺序使得三雍成为建造活动的高潮。但张衡没有表现出班固那样的夸张的情感。他用平淡的四字句陈述了关于其结构的基本事实及其各自的功能。他强调了明堂的象征功能，明堂是依照武帝的明堂建造的。他竟然用一句话就概括了为了公务和天气观测进行的祭祀仪典和人员招募工作。他还强调了原则和原理。三雍每年进行的活动是最高层次的政府公开展演，其程序规范都是固定的。这看起来很像对合法惯例的认可。辟雍对详细审查会赐予奖赏。张衡强调辟雍是举行官员候选人选拔的地点。皇家学院的考试流程就成为建设立宪政府的补充内容。假如《礼记·学记》在时间上和张衡的时代较近，我们可以推测张衡会想到每年举行的学院考试以及九年学习之后的期末考。我们要知道，辟雍还举行箭术比赛。精通箭术是一项考试内容。在精通箭法的情况下还要保持谦恭礼让。根据《礼记·射义》的内容，目前汉学研究对于体力、精力的关注或许还不足够。

张衡对灵台的处理让人难以置信。张衡谈论的是自己的专业研究领域，而他想说的只是冯相（官员）观察到了相互冲突的有害阴阳气象元素，并祈求将其祛除。这位官员的职责似乎是要观察四季中的战略性节点，在有危险的变化即将发生时发出警告。[1] 给出警告之后，可能就要进行正确的祈祷仪式流程来避免危险。那么为什么张衡要那样处理灵台的主题呢？他是在反对班固颂诗中的乐观场景吗？又或是在反对安帝统治时期朝中风气堕落，导致像冯相那样卑微的官员得到提升，更专业的天文学家的工作被贬斥？我们只能猜想了。

（六）海内外的归服

我们再次看到这里有相当生动精彩的描述，从一个点到另一个点的行文推进由韵律和节奏的变化来彰显。在一些关键点上诗体并不规则，这是一种技巧，用不规则的语句形成强调的体式。比如在写到各诸侯进贡、天子按等级以合宜的鞠躬回应时，这个高潮部分用的是一个八字句加一个十字句，后者并不押韵。

这样的场景十分生动，就像现场目击一般。但章帝进行大规模特别接见外邦王公的事件是发生在公元 87 年。而我们的作者张衡当时只有九岁，因此不确定他是否真的见到了。理论上以及实际上每个新年诸侯都要表达效忠，因此当时应该还有其他觐见事件。（在冬天进行长途跋涉对那些北方遥远地区的人而言十分艰难）我认为张衡描绘的场景是多种来源混合而成的。

赋中没有哪一个字提到接见发生的具体位置。幸运的

---

〔1〕 见《周礼·春官宗伯》，其中“冯相”在“大师”（大占星家）之后。《后汉书·百官表》与《后汉书·律历志》中都没有出现这样的职称。

是，班固赋中提到了“云龙庭”，而张衡在第（五）部分提到了宫殿围墙有一个云龙门。这个门在东边，对应地西边有一个神虎门。因为皇位是面朝南边的，这两个门应该是在谒见堂的东南和西南方。困难之处在于想象出一个庭院里如何能装得下“数万”观者。[1]这里应该有一些夸张。但是，从中我们明确了观者和真正的参与者是有区分的，后者包括王子王孙、外国当权者、有封地的贵族，还有高级官员。他们和更大的人群是两拨人，可能会站成一条让皇家车马通过的小道。我们可以想象皇车通过人群时多么肃静，只有鼓声和钟声。

这部分是对于盛大场景的描写，似乎是从围观人群中的某个人的视角来进行描写的。首先是林立的各级高官，接着钟鼓敲响；手握十字戟的守卫们站在通往谒见堂的台阶上；皇家车马走到入口处，旗帜飘扬；堂上火把通明，鼓声震动大地！人群收到指令向两侧分开。皇帝下车，走进更衣室。陛下着王权礼服现身，坐在龙椅上。接着就是伟大的时刻。皇帝面朝南边，开始接见来宾。

楼梯台阶似乎有两段：一段是在大堂外边，守卫们站在上面；一段是在大堂里面。根据薛综的注释，后一段台阶又分为三段平行的台阶，一路上升至王座。中央的一段是皇帝使用的阶梯。东边的是给内廷高官上奏时使用。奇怪的是，赋中没有提到诸侯鞠躬顿首，只说了“百位王

---

[1] 这些观者不应该是普通百姓，而是低微的朝廷官员、王公扈从人员等，他们有资格进入宫殿围墙内。班固提到在云龙庭内设有帐篷，这可能是明帝小规模接见时的方法。显然章帝时期大规模地接见及之后的接见中也会在宫殿围墙内为蛮族宾客设立帐篷，或者至少是在云龙庭内设置帐篷。

公”进入大堂，由司仪引导、按等级排列。为什么省略呢？是因为张衡从自己所站的位置并不能看到真实的叩拜场景吗？而他可以看到进贡财物以及天子按照等级进行回应。

和班固赋中对应的内容做一下比较，我们会发现，首先，尽管张衡和班固把皇家之德征服一切的力量作为中心主题，但二人的处理方法几乎完全不同。班固在情感上十分欢欣和激动：“陆地上和水里的人，没有一个不是上气不接下气、浑身颤抖着跑来表示敬意”。而张衡描绘皇帝坐在威严的龙椅上，“多么肃穆、多么庄严，这样的场面能赢得全世界的信赖！”然后他就继续描述天子召唤高级诸侯和相关官员来磋商“万机”（“机”的字面意思是“弹簧器”），也就是政府统治过程中的无穷无尽的突发变化。接着张衡对人民大众发表同情的思考，尤其是对那些“没有找到自己的位置”的人，也就是没有家庭，或者在社会上没有经济职务的人。汉朝时期的中国有很多这样流离失所的人。我们从反复出现的相关法令中可以看出。在中亚地区也有很多游荡的部族。同时，张衡还强调了承担责任的重负。诗人认为与此相关的是在贵族和官员之间发放赏赐。这是当时每年新年仪典中的传统内容。皇帝有做到这一点以及增加官员薪资的方法，但并不完全是利用国库，而是利用公共粮仓，那里保存着真正的国家财富。接着，仿佛是才想起来一样，诗人开始描绘宴乐的场景，而这是班固写得很多的内容。张衡则用两个对句就解决了，但他像班固一样用好酒好菜引发的强烈团结感作了结尾。

张衡没有提到宴乐上的音乐，国乐或者蛮夷音乐都没有，而班固用这个主题加强了他要传达的团结一致的感觉。

相反，张衡则描绘出一种感觉，那就是皇帝的臣民完成了工作、开开心心地离场，而皇帝自己则需要保持清醒、继续“永不停息地活动”。张衡似乎是反感于班固所描绘的德行传播到全国及海外的图景。但不仅如此。张衡的少年和早期青年时代所侍奉的是和帝与安帝，而他们在对权力的把控上显得放荡淫逸。张衡似乎想要刺探统治者的良心。但并不是说他完全没有传达出班固那种为德行的胜利欢呼的情感。对张衡而言那是道家生活观中的大自然（Great Nature）的玄德（神秘的、超自然的德）和自为（self-so-ness）。他把自己的论点建立在那个超验的层次上。但是他并不是不切实际的神秘主义者。他接下来开始谈到自我反省、国家需要深入基层找到“乡村里的正直人”来振兴圣人的大道。只有这样，“上下之人才会以同道之情互相交流”，才会有“安宁与快乐”。

（七）祭天

在新年的第一个好日子里人们举行祭天。皇帝通过一系列仪典活动保持国家这艘航船平稳运行，祭天是这些仪典中的第二项。前五个对句强调了祭祀所需要的虔诚和谨慎，以及心灵和思想的端正纯粹等；最后三个对句是祭祀的主要行动。在此之前的三个对句提到了祭祀所需的精心设计的音乐和仪式性舞蹈。中间二十五个对句描绘祭祀场面的盛大和壮观。

第一，张衡应该是真的见到了这些场景，这几乎是没什么可质疑的。他从城门楼的高点看到了这一切。一系列内容都可以表明这一点，包括在指令之下一排排车马从城中出动、旗帜的色彩搭配、战马身上流苏的摇摆。张衡从有利位置可以听见祭祀场中鼓声震天，看到一排排的舞蹈，看到火焰和升起的烟雾，但看不清参与活动的皇帝与侍从官员。

第二，我们再次感到怀疑，这段内容背后是否含有讽刺意味。他先是强调必要的道德正直，后来又无比详细地描述行进队伍的装饰。我们知道安帝在摆脱了邓太后的控制后对道德正直是多么不屑一顾。

此外，我们需要弄清楚张衡及其同时代人在这个语境下对“天”这个术语的理解。要想弄清楚这个问题的更大的背景，学者们需要参看《古史辨》第七卷，尤其是下篇（1941），里面提到了各种伟大的祖先、名字成为英雄的代名词的人物（eponymous heroes）、逐渐个人化的图腾、中国或非中国部落的天神和地神，这些在对于神话进行逐步解读的理性化过程中都可以见到。这些都和我们研究的主要问题密切相关，但目前只能得出一个观察：汉代学者很努力试图弄清这些问题。一个结果是他们把神灵（gods）分类为神（天上的）和祇（地上的）。这在汉朝中期的奏章中可以看到很多例子。《礼记》中也有。五位上帝是大神，在一个分类中。后土（“统治者的土地”）是另一个分类中的一位大神。此外，“郊祀”这个词一再出现，和在祖先神庙里进行的祭祀是不同的。

关于这部分张衡对“天”这个术语的使用，有趣的是他除了用“祀天”这样的称呼来说明这是向“天”发出的祭祀，他还用了其他称呼来表明祭祀的对象：上玄（高高在上的神秘）、太一（最高的一）、灵主（精神之君主）。“太一”这个称呼不仅在含义上具有高度一神论的意味，而且还指向了一个在其他众神之上的高位之神的意思，并且似乎有着与“天”发生联系的倾向。这需要我们仔细考察。我们回到扬雄那里。公元前10年他在甘泉看到了“郊祀”（border sacrifice）。在这篇纪念式的赋中，扬雄对所敬拜的主神也有其他叫法：上玄、太一、皇天（“威严的天”）。这似乎验证了我们的印象，那就是“天”似乎有着人格化的倾向。

第三，关于太一和后土祭祀从其他地区改到长安进行，《汉书》对此缺乏信息性细节。例如，公元前31年成帝的公告如下：“我们将太一和后土祭坛迁到了南郊和北郊。”在公元前13年，他又把这些祭祀安排回了原先的地点，史书中没有提到仪典方面的变化。但这样的改变通常也会导致人们对相关机制内涵的新思考。或许当时没有特别大的改变发生。成帝及其后的哀帝都很担心这样的改变对太一和后土二神是否会产生影响。《帝纪》中那几年的记载可以体现出这一点。这样一来，相关负责人会很谨慎，不会做出惹怒皇帝的改变。王莽时期的史料更有揭示性。公元5年，王莽摄政，他把这两项祭祀迁回到首都，并大胆地声称他是“遵循天的精神”。他命刘歆在长安为五帝建一座明堂。在这样的改变之下，新王朝开启了。明堂建好了，投入使用（见王先谦《汉书补注》卷九十九第六篇上）。新皇帝姓王而不姓刘，在面对汉家祖先神龛时有些尴尬，于是需要找其他方法来安抚他们的神殿。

问题是，太一祭祀的性质是否发生了改变？从最后几代西汉皇帝来看，应该没有。至于王莽，显然发生了改变。那么变化是什么呢？首先我们看看扬雄的《甘泉赋》，这篇赋是为了纪念成帝在甘泉宫举行的太一祭祀（约公元前7年）而作。赋中写到当时摆放着车马，寓意是让它们自己开动，将祭祀之德带到帝国的各个角落。“献给太一的炽烈的芳香”“被选中的萨满们都在［天］帝的门前叫喊；他们打开天庭，迎接众神：他们帮助将众多的好运带下来放到祭坛上，财宝堆积如山”。那就是西汉最后二十年里能够举行并真正举行了的向“天”进行的祭祀。不幸的是，没有详细信息说明新朝[1]的祭祀流程。但有这样的内容：“当他［王莽］知道自己已经被打败了，他领着大臣们去南郊”。在那里他呼唤“威严的上天”，如果他做错了什么，请降下一道雷电将他毁灭。他边喊边哭，哭到力竭。

在整个西汉五分之四的时间里，没有人在都城祭过天，也没有人提议过应该这么做。但当武帝的太一神被迁到长安时，我们发现有一座为太一而建的祭坛，说是王莽时期用来祭祀“皇天”的。公元22年，新朝皇帝大败后，在“皇天”面前自贬自抑。在那个政权成立之前，主要的天坛场所在泰山顶（据说在泰山山顶上多次预告了新王朝的建立）。此外，光武帝十分虔诚和迷信。登基的那天，他建了一个天地祭坛并进行了祭祀，以此来检测自己决策的正当性。第二年，他把祭坛建在了新都城。三十年后，他在南郊向“天”祭祀，在北郊向“地”祭祀。他还开始建一座祭祀五帝的明堂。“孝子明帝”继承了这项工程，这些

［1］新朝是篡位者王莽那短命王朝的名字。

仪典成为东汉朝的固定做法。

总而言之，整个这个时期都没有一神教的东西。但在汉朝中期的充满紧张的时代里，有些东西产生了，有些东西正在出现，那就是一种宗教哲学性质的东西。根据现存的历史记录，一个新的术语在当时开始使用，那就是“天心”，“天空的心”（sky-mind）或者“上天的心灵”（mind of Heaven）。万物有灵论的基体（animistic matrix）在当时很明显可见，张衡描绘的祭祀就是其产物。但同时还存在有理性的、探寻的思想，试图从人们迷信崇拜的法条中抽取出意义和价值。《白虎通》有这样的一句话：“祭祀一年发生一次——为了不与天太过亲密——举行的时间是当阳气（yang-fluid）开始重新兴起的时候。”[1] 再一次，我们看到“君王按照侍奉父亲的原则向天祭祀”（见 Tjan，*Po Hu T'ung*，第 653 页）[2][3]。

（八）其他仪典与道德象征

除了描绘谒见、祭祀等皇家活动，张衡还考虑了其他重要的事情（见第［十二］至［十六］部分）。在详细叙述了祭天盛况后，他以更简洁的方式处理了其他一些职能

---

〔1〕 译者注：见《白虎通》：“祭天岁一何？言天至尊至质，事之不敢亵渎，故因岁之阳气始达而祭之也。”

〔2〕 译者注：见《白虎通》：“王者所以祭天何？缘事父以事天也。”

〔3〕 设想东汉祭祀中发生了净化罪恶方面的革新需要非常小心，因为《白虎通》没有提到这一点。很可能《白虎通》的原文中有相关内容，而后这段话逸失了。参见 Tjan，*Po Hu T'ung*，第 61、652 页。假如祭天确实没有考虑白虎观会议的决策，那么很可能朝廷中的改革派提出了革新的建议，而保守派（他们的意见在白虎观会议中达到了大多数）则通过斗争使得相关内容未得到报告。

活动，根据时间顺序写了六项内容。前三项的叙事由韵式的变化清晰地区分了出来。后三项则不同。四种韵式显示出叙事的不同阶段。我们最好还是把这部分划分成五个子部分。[1] 描述性赋（descriptive fu）对事物的呈现十分生动，描述的准确性胜过了严格的诗体形式。这些赋对于历史学者而言确实是金矿一样可以探索的东西。但我们需要知道，这些描绘出的场景是印象式的，可能忽略一些当代读者所熟悉的特征。例如在这个部分，张衡没有提到年中对土地的祭祀，这比皇帝宴饮仪式重要得多。

（1）明堂和五帝

前文对班固《东都赋》的批评给读者留下了一些疑问，主要是关于洛阳明堂的职能范围的问题。首先我们要考虑是否像《白虎通》所指的那样，明堂的仪典包括对高级封臣和官员的正式接见并宣布政府政令。张衡的赋没有提到有这样的接见，这和班固的明堂颂诗是一致的。他们只提到了对五帝和光武帝的祭祀。公元59年，在明帝的明堂正式启用的隆重场合里，假如有宣布政令这样一项隆重的内容，那么班固提供的信息在这个重要方面是缺失的；三十年后的张衡也支持了班固的记述。不仅如此，《后汉书》中也没有提到有这样一个流程。同时，明堂建筑的性质也不适合于这样一个场合，除了适合于少数一些参与祭祀的高级官员在场。唯一合理的结论是，班固和张衡是正确的。

---

〔1〕 前三个韵式对于赋来说很有意思。第一个和第二个韵式在第三个韵式的中间再次出现。到这里为止都是以散文的形式将叙事推进到射击的开始。射击活动在第四个韵式下展开。在一个四字对句之后，张衡开始了寓言式的道德说教，一直到这部分的结尾，中途讲述了酒节和宴乐国叟。这个段落整体是陆机所说的“情”（诗性情绪，poetic mood）的代表。

而《白虎通》所揭示出的是，一群有影响力的文人学者认为应该改变当时的做法。

其次，关于祭祀的内容，张衡的赋文比班固的颂诗更具有启发性。西方秦国文化的神灵以一种理性化了的形式呈现出来，成为“五精”（即宇宙的五种构成性力量）[1]。但张衡称它们为灵（精神［spirits］或神［gods］），并说有四种灵“很有活力”（懋）、“忠诚热心”（允怀）。我们似乎又回到了万物有灵论的世界。但张衡的思想绝非幼稚天真的万物有灵论。他的想法从诗学幻想的性质上来看揭示出他能够超然于那些庄严的仪式之外，并以一种诙谐的心态来思考这些仪式。“懋”和“允怀”在《尚书》中很常见，用来指忠诚的大臣，因此很可能这就是张衡想要传达的意思。他所呈现的图景——汉朝火德被尊崇的情形，是一种完全以政治目的为考量的宗教性祭祀。无论是神灵还是自然的力量，都必须被精确的仪式调动起来，支持统治的秩序。

再次，光武帝去世后被当成五帝的配、附属之神，班固强调了这一点，在《帝纪》中明帝二年的记载里也强调了这一点。在这种政治与宗教的混合体中，旧的祖先崇拜和新的孝道也同时在运作。武王和周公早先为他们的父亲文王就这样做过。王莽在公元1年作为摄政王进行了一次郊祀，让高祖做天的配，文帝做五帝的配（见《汉书》卷十二）。因此提升光武帝这位汉朝的复兴者，是向神和人证

[1] 关于“五行”和“五德”的问题，见 Y. L. Fung, *A History of Chinese Philosophy*, tr. D. Bodde, I, pp. 159-169。

明，新政权对自己天赐的委任有信心，并可以凭借实力站稳脚跟。

（2）祭祖

假如每个文化都有其思想与情感的独特节奏，中国也有。张衡的思绪从祭祀所控制的四季的力量转到春夏秋冬的支配性特点，再到皇帝有感于所见的自然风物而激发起孝心、虔敬地想起祖先的灵魂及自己滋养他们的崇高职责。因此皇帝需要亲自确保一切准备妥当：牺牲、服饰、鲜美的肉、汤、舞蹈、钟鼓，为了一切“以合宜、明白的”方式完成。这部分的初始图景是“炽热的孝心”，这定下了一个基调，并且这整段内容可以看作一个典型的汉朝中期关于孝的富有感情的理想主义样例，这种理想主义也是《礼记》的一个令人难忘的特征。[1] 我们在这里可以看到情感运作的三个关键要点。鲜美的肉呈献给祖先们，他们的血肉传承给了进行祭祀的这些人。其中一个祭祀者扮成一个模拟者，穿戴着祖父的衣物。在他的陪同之下，其他人坐下吃饭。先祖们具有一种精神的力量，他们接受祭酒后就会“送下大量的好运”。孝的倾向（strain）（孝道）出现后，冲破了古老的万物有灵论的束缚。孝子侍奉死者并不是出于什么朝向彼方世界的动机，而仅仅是因为死者是神圣的，应当终生向他们致敬。

（3）藉天田

这里叙述了另一次走出皇宫和城中心的出行活动。皇

---

〔1〕参见 *Sacred Books of the East*，XXVIII，Book 21（“Ki I”），Oxford，1885，pp. 210－235。

帝在自己的马车上拿着犁，坐在左侧驭手和右侧守卫之间。带有凤凰铃铛的特制马车和“苍龙之马”在《月令》中提到过，此处情形类似。实际上整段叙述都让人想起《月令》，虽然这里没有提到皇帝在仪典结尾时朝王公们敬酒。张衡描绘的这幅图景很令人震撼：一方面，皇帝亲自耕耘土地，并在耕耘的土地上播下种子，种子长出的谷物用来祭祀；另一方面，皇帝尊崇并认可其辛勤劳作的臣民的付出。张衡对这场出行活动没有表达批评。他仅仅是面对着思想复杂的读者们，任由壮丽宏伟的象征体系传递出不复杂的经验教训。

众所周知，且正如中国古典文学中充分展示的那样，国君和农民之间存在着一种休戚与共的共同体意识。但史籍中还记载了事情的另一面，那就是农民很容易受到压迫，并且确实受到了虐待。张衡自己完全意识到了这一点，这体现在他在后面几个部分写到的末日预言里。我们在这里没法深入探究这个仪式的历史及其与部落社会的关系，在那样一个部落社会里可能由一位具有超自然能力的酋长或医师来翻动第一块土。我们可以说：随着东汉的明堂祭祀与祖先崇拜中愈发表现出理性化的倾向，在藉田这项仪式中也出现了庄严如圣礼的对待生活的态度。半神圣的天子“像侍奉父母一样侍奉天和地”。他以耕田这样粗鄙的劳动增强与人民的团体关系，他用身体的汗水增强自己像祭司一样的精神力量。正如张衡所说，“在大量地为先祖和郊外祭祀提供谷物时，有必要［“必”］让个人在［身体的］劳作中凝聚思虑”。《礼记·祭义》中有这样的话：“只有圣人能宴乐高高在上的神灵；只有孝子能宴乐父母。”[1]

（4）射礼及其筹备

有一两处地方让我们感觉到这是亲历过的人所写下的自己观察到的事情。张衡在皇家学院里学习过，他自然看过这个仪式表演，只是可能距离比较远。张衡所描述的射猎筹备活动中最引人注目的是他介绍了四位神话中的杰出人物以及仙岛扶桑（可能是日本）。

班固在对辟雍的颂诗中只提到了秋季在辟雍举行宴乐国叟的仪典。张衡在这里提到了这件事，但对于春季的射礼关注更多。两位作者都没有直接提到一个事实，那就是皇家学院（太学）是辟雍所在的地点（洛阳东南郊，离城七里）。班固省略这一点更加奇怪，因为他整体是在赞颂辟雍。张衡则是在处理一年中的各种仪典，而太学却被排除在外了。其实张衡在“发扬开明之德”这句中间接地提到了太学（见第［5］点），因为射术是太学毕业考试的一个项目。

我们在这里不准备处理古代皇家都城的教育这样棘手的问题，但从一个没有争议的角度来看，射击显然是贵族家庭子孙培训体系的一个部分。此外，有证据表明，文王或周公认识到了让封臣定期在都城集会、参加皇家祖先祭祀、参与射击竞赛的政治重要性。这些竞赛的规则是骑士精神惯例的组成部分。通过这种骑士精神可以培育出一种忠诚、荣誉感以及对待彼此的宽容。《论语》中提到了孔子生活的年代有射击比赛。这个传统在文人中一直延续到

[1] 译者注：见《礼记·祭义》：“唯圣人为能飨帝，孝子为能飨亲。”

了汉代，但在汉代早期文献中没有提到任何射击竞赛，也没有提到辟雍。武帝之后，辟雍的概念开始盛行，它不仅可以作为年轻贵族子弟的训练场所，而且随着对公职人员培养的日益重视，它还可以成为未来公职人员的主要培训中心。随着太学的建立，学生被鼓励练习箭术，之后传统的惯例焕发出了新生命。新出现的对于音乐的神秘意识灌注了进来；弓箭手的姿势与行为举止成为衡量他能否为皇家提供服务的一个参考品质。这些思想在《礼记·射义》中都得到了强调。

（5）神秘之箭：酒节的重要性及宴乐国叟

赋的韵脚变换了，标志着赋的基调从叙事变成了评论——对于皇家之德在行动上的评论以及（通过联想）对酒节和宴乐国叟的评论。天子是这幅图景的中心，他的箭射中靶心能够激发谷物的嫩芽。乍一看这似乎是对超自然魔力的不加审视的信仰——有着超能力的君主和他那些萨满能够把他们的超自然神力灌注到一个死物中，使其成为具有神奇力量的行为体。

我们已经看到五帝转变成了自然界的五种构成性力量的象征，看到了皇帝藉田之礼的升华。这些仪式的根都深植于原始万物有灵论信仰的土壤中。在神秘之箭的例子中，我们首先需要看看《白虎通》中关于射艺的部分。里面有这样的内容："为什么天子要亲自练习箭术？为了帮助阳气激发万物。春天，阳气小而微弱，［万］物恐怕会在遇到阻塞的时候无法通过自己的力量冲出；箭穿透、进入坚实的［靶子］，就像带来［新生的］事物一样。因此，通过箭术，万物［的生长］得到激发。”〔1〕这是一种合理化，是牵强附会、伪科学的那种合理化。这就是白虎观会议上占据主导地位的今文派的思想。目前为止我们对张衡思想的研究表明，我们没有理由相信他属于这一派蒙昧主义的学术群体，也没有理由认为他赞同这个学派的离谱的象征主义逻辑。〔2〕在这段赋文中，张衡陈述了皇家之箭中的皇家之德的理论，但没有提到穿透坚实的靶子，而是直接“揭示出正直之心有着影响深远的教导意义”（“远喻”）。一个人如果对穿透坚实靶子的神奇效力有信仰的话，他是不会说这件事是一个比喻或者寓言的。此外，在接下来的一个对句里，张衡的思想模式完全是在道德主义的、升华式的层次上。我们又一次看到一幅生动的形象：“狼吞虎咽的贪欲”（“饕餮之贪欲”）。“饕餮”在殷商青铜器上是一种主要的引发超自然力量的图形。一个相信神秘巫术的人是不会带着道德谴责来谈论这样危险的一种象征符号的。

一开始我们对于张衡的理性主义的怀疑现在可以消除了。但还有一个事实，那就是他在叙述中引入了四位神话人物，把他们描绘成真实在场、协作流程的人：直白地说，就是他们能通过古老的超自然力量增强仪典之德。我们需要认识到，张衡的语言不仅完全清晰，而且在说到大丙和风后的时候是非常明白的。这两个人物出现在黄帝的神话中。根据《淮南子》卷一，他们是驾车的仙人，依靠道的

---

〔1〕译者注：见《白虎通·乡射》：“天子所以亲射何？助阳气，达万物也。春气微弱，恐物有窒塞不能自达者，夫射自内发外，贯坚入刚，象物之生，故以射达之也。”

〔2〕见 Y. L. Fung, *A History of Chinese Philosophy*, tr. D. Bodde, II, ch. 2 and pp. 91–92。

力量“驾着云车……在看不清的遥远的地方奔驰……穿过霜雪，不留痕迹；太阳照射，不留阴影”[1]。但是这里他们在驯服皇帝那勇猛的战马，使其向前——可能是使其避免影响到皇帝的权威。我们在这里同样很难相信张衡是在迂腐地描述他相信的事实。相反，这是浪漫想象的形象，而且是一个别出心裁的形象。至于伯夷和后夔，他们属于尧、舜那一套故事里的人物，分别是礼仪大臣和音乐大师。他们在《汉书》的表八中作为“聪慧明达的人”而出现。

至于这一年农人的大宴会，张衡描绘的内容对历史研究者在两个方面是有用的。一个是，张衡将尊敬老者作为庆祝丰收的宴会的一个重要内容，这为孝道这个主题(motif)融入农人欢庆活动的时间节点提供了标记。另一个是，张衡描绘出皇帝自己赤着右臂给老年宾客切肉。天子对待宾客的方式就像孝道要求一个人对待自己的父兄的方式一样。这个重要内容在《礼记》中没有出现，但在《白虎通》中出现了。这是现存的汉代文献中第一次出现“三老”（“老人”）、“五更”（“老公职人员”[veterans for public service]）这两个术语[2]。因此似乎是从东汉皇帝才开始进行这种表示谦恭尊敬的高尚仪式。因为理论上

[1] 译者注：见《淮南子》：“乘云车，入云蜺，游微雾，骛怳忽，历远弥高以极往。经霜雪而无迹，照日光而无景。”

[2] “三老”这个词在秦始皇和高祖时代就有使用，但语境不同。超过五十岁的人被政府选拔，负责其区域内的守法行为问题。“五更”这个术语似乎是后来出现的。根据郑玄（见 Tjan, *Po Hu T'ung*, 第 479 页）的说法，“五更”和“三老”各指的是一个人。“三”和“五”指的是两个人特定的资质。但是蔡邕认为“更”代表“叟”（“老者”），应该有三位“老”、五位“更”。张衡对“国（国家的）叟”的使用让我们更加相信：(1)“更”在这里指的是老公职人员；(2) 东汉时期选拔两类老人，三个人基于高龄，五个人基于为国服务的功绩。

朝廷的做法对于各诸侯国和辖区是一个榜样，我们可以从一个侧面看到孝道是如何无产阶级化的。

（九）东汉的田猎

把张衡的讲述和班固的进行对比，我们会看到二者目标的大体一致，那就是强调洛阳的田猎相对于长安大大改善了。他们支持现政权，可能有点偏颇，但毫无疑问的是他们都严厉谴责从前那种嗜血、放逸的野蛮风气。两位作者都受到新的“文”（文雅、高尚）的风气的鼓舞，为此近乎天真地欢呼喝彩。两篇赋都一致提到东汉的田猎更具有军事阅兵的性质，并且在各种部署方面有着更高的效率和标准。张衡对于骑兵的使用没有提及，但班固也没有提到张衡的中心内容——皇家之德通过天子仁义与仁慈的展示来增强自身的控制力和感召力。在这方面，正如张衡描写出可怜的山鸡野兔四处奔逃，班固也表现出一种在世界古典文化中十分罕见的仁慈爱怜之心。

关于“三驱”的问题，这是对数量进行限制，保留一个逃跑的通道。张衡似乎把这件事和圣王成汤网开一面相互联系。赋中说“他［天子］崇尚成汤那松弛的网”。可能东汉的某位皇帝在下田猎的命令时明确提到了成汤的网，但赋的语言让我们觉得这只是张衡的诗性想象。成汤之网故事的意义可以体现在公元前 3 世纪的《吕氏春秋》中。书中说有三十个南方国家听说新君主担心捕鱼的危害，推断出他对人的福祉也同样关心，于是都来归服。[1]

文王的传说在《史记》中有记载，据说他是西方的君主。东海岸的伟大君主吕尚注意到了他。文王去打猎，卜辞说他不会捕到龙、虎或者是熊，而是会获得支持，帮助他取得最高权威。在狩猎中，两位君主在渭阳相遇。交谈中，吕尚对西方的君主文王感到十分喜悦。用这个故事来传达寓意对张衡来说是很方便的。

（十）驱除群厉

这部分开篇之语表明这是皇帝当圣职人员的一年（priestly year）中的一部分。但实际上皇帝只是背景——至少就这里的叙述而言是这样，除非在“然后”之后的内容中未言明的主语是皇帝。反对的证据是，这里的基调明显更加轻松和消遣，张衡不太可能把他的陛下作为这些反讽嘲弄的句子的主体人物。首先一个对句讲孩子们射箭，妖魔必然纷纷倒下。下一句话它们就急速离去了。我们的诗人做了诸多难事——斩首、打碎头部、囚禁、溺毙、摧毁、根除等，就像要皮立翁山叠于奥赛山之上。最后他让两个行善的度朔守卫看守，并说这些执法吏会确保没有一个妖魔逃跑。总而言之，各个房屋里的洞窟和角落都被清扫干净，没有什么“是违背正义、违背法规的”。此外，这样

〔1〕关于对动物的人道主义情感的更早的证据，见《孟子》第一篇上，第十七章，其中讲到了齐宣王（公元前331—公元前313）对一只祭祀用的牛的同情。译者注：据《辞海》（第七版）齐宣王生年不详，卒年为公元前301年，此处提到的齐宣王的生卒年不准确。

的处理方式让我们想起《甘泉赋》中扬雄描述那些恶意的妖魔被挫败的样子：

山妖无法前进到这里；

在漫长的道路上走了一半，它们就掉头回去。

它们一个个头朝下栽倒，它们逃跑用的桥梁断了，它们成了一群侏儒，瞬间就从天上消失了。[1]

在这篇赋的另一个部分里他写道：

蚩尤的整个部落手持宝剑和玉斧逃跑躲藏，肚皮贴着地面急速离开：它们所有的人像野草一样挤成一团，像一片暴风雨云一样在混乱中呼啸而去。

它们在散乱的队伍里摩肩接踵、推推挤挤，像鱼群一样眼睛看着前方，像鸟儿一样脖子伸得老长。[2]

多么奇异的意象、多么出色的反讽！张衡的同人们欣赏的就是这种写作。

对于穿越街道的行进队伍的描写再次让我们觉得张衡好像是亲历了这个场景。这种驱除疫厉的仪式是乡村的一个传统做法，那么张衡小时候很可能参与过。据说这是孔子曾见过的仪式，在这样的时刻，孔子穿上朝服，立正站着，表达赞许（见《论语》第十篇）。两者之间的相似性值得我们注意。妖魔必然倒毙的说法不仅仅是讽刺，还有着孩童般的推理过程：成千上万的箭矢射入空中，那些妖魔怎么会不被杀死呢！

---

〔1〕 译者注：见《甘泉赋》：“鬼魅不能自逮兮，半长途而下顛。历倒景而绝飞梁兮，浮蠛蠓而撇天。”

〔2〕 译者注：见《甘泉赋》：“蚩尤之伦带干将而秉玉戚兮，飞蒙茸而走陆梁。齐總總以撙撙，其相胶轕兮，猋骇云迅，奋以方攘。骈罗列布，鳞以杂沓兮，柴虒参差，鱼颉而鸟䀏。”

这种笨拙的笔法以及一长串的妖怪名字让我们感受到困扰着洛阳人民生活的那些担忧和恐惧。历史学家们很熟悉巴黎与伦敦阴沟里的肮脏，即使到了后中世纪时代依然存在，还导致了致命的传染病。这里的关键是，无论是部落政府还是大国的政府，它的一个职能是要采取措施对付那些有时会对社群造成恐慌的问题。在此赋中我们看到了城市政府处理紧急事件的调度能力以及古老的万物有灵信仰仪式中的模拟战。后者是必要的，虽然一些学问高深的学者可能会质疑其功效。另外，张衡笔下的洛阳似乎有着一种关于卫生保健的常识在运作着。考虑一下现在和当时洛阳隆冬时节的气温，再考虑一下家庭里的婴儿和老人，这部分最后一句话提到的官方进行的年度清扫显然是很必要的。

（十一）巡游

这部分讲的是到全国各地的国事访问，天子又回到了画面的中心。班固对这个内容没有提及，张衡填补了这个空白：这是很自然的，因为这些去往远方的巡游是德行理论的一个重要的引申。根据自然中阴阳力量的运作，君主让阴阳之力在首都和谐地运转之后，应该要亲自去不同的地方和环境下激发这些力量。根据张衡的列举，这样一次巡游包括在神秘领域和现实层面的行动，这是符合德行理论的逻辑的。天子的影响力自然会从首都散播出去，但他还有必要将自身的光芒亲自照耀到领土的每个地方。这需要长途旅行的辛劳，从而证明了属于皇家政府的圣人的品质。

从《白虎通》对这个问题的处理（见 Tjan，*Po Hu T'ung*，第 xix 页）可以看出，这些皇家的巡行在东汉时期受到公众的高度评价。这两个文献中令人注意的是皇帝出游的高度官僚政治性质。例如，市场上货物的价格表需要呈上以供视察（见 Tjan，*Po Hu T'ung*，第 496 页）。此赋提到了对作物的规划、对收成的估计以及对勤勉调查的赏赐。两份文献都强调了这些活动的规训（disciplinary）意味，但主要的动机似乎是要给皇帝忠诚的众臣带来一位友善温雅的君主，这位君主展现出接纳一切的仁慈之心。从东西方和古今的君主史来看，君主及其代表人物进行这种大众性的活动和宣传总是能起到好的效果。尽管在英格兰，通过皇家出游来治愈君主的疾病已经是过去的事情了，但是让君主亲手把战舰送上行程的行为，不也包含着一丝信仰，希望君主那超自然的力量能够带来好运吗？孟子对齐宣王的劝告蕴含着优秀的治国方略。齐宣王的臣子说："如果我们的君主不远而来，我们如何获得恩典？假如我们的君主不出行游览，我们如何获得帮助？"

《白虎通》的另一个重要内容是在关于巡游的论述中使用了许多封建制度的术语。这样做的用意很明显，就是要强调这个做法是源自圣王的传统。我们似乎没有理由质疑西周时期就有这样的做法。比方说，东汉时代依然保留"狩"（"打猎"）这个古老的说法，这代表了一个封建社会里君主的职能之一是巡视其封地，并鼓励封臣们消灭伤人的野兽。但《白虎通》中描述的巡游是否同样适用于西汉，我们还不能完全确定。根据《汉书》，早期汉朝统治中皇家巡游扮演的角色并不如后期那样重要。武帝在这里是关键人物，他热爱出游，希望在领土的各个角落进行祭祀，从而证明自己获得了所有神明的支持。他在泰山的祭祀中采取了前所未有的行动方针，在各个诸侯国和辖区建立了一个中央集权的官僚政治体系。对此他丝毫不感到不妥。因此历史学家需要设想，在接下来的几任统治中，一种新的皇家巡游发展了起来，开辟了更加精准的视察方法。统一与标准化成了有效的口号。从这一点可以推断出，人们日渐相信，圣王早已预见到这些变化，并且按照新的模式执行了这种巡游。

张衡提到皇帝回家后的舒适感，似乎有那么一点尖锐，尤其是考虑到扬雄在《甘泉赋》中写道：

完成了事务，功绩显赫。我们都……回到家中……在棠黎宫中享受放松。

天上的区域都得到很好的照料，地上的界限保持开放……世界上所有国家都安宁友好。[1]

在这里，扬雄突出了朝廷的自满得意，接下来又对一些吉兆进行了精细的描写，精细到令人生疑。事实上，《帝纪》表明，安帝成年时期的那些天降征兆并不完全是吉兆。但邓太后身边很多唯唯诺诺的人，可以说像驺虞马一样听话、“对恩宠十分恭顺”。

不仅仅是那洋洋得意的结尾，整个部分的内容实际上都很夸张。和平之德被呈现为一条被衾，底下安歇着最遥远的岛屿、西伯利亚的丁零、南越、大秦（罗马帝国）还

---

〔1〕译者注：见《甘泉赋》：“于是事毕功弘，回车而归，度三峦兮偈棠黎。天阃决兮地垠开，八荒协兮万国谐。”

有三韩。我们假定张衡多少知道公元91年窦固对北匈奴发动的血腥战役。从那时起中国人才开始接触到丁零人。班超在西亚的谋划和暴力行动也是如此，从那时起中国人才与罗马的边界省份接触。[1] 我们在张衡那尤其夸张的笔调中看到了一丝反讽。需要注意的是，这部分是从崇高（noble）的一面进行关于德的论证的高潮。接下来的几个部分明显是批判性的。张衡以一种崇高的、诗性的精神进行反讽，旨在让人们面对传统的观点和想法背后未加修饰的现实。

（十二）朝廷上的议论

此赋的思路（tenor）从这里开始发生改变，变得更像议论文章。由此张衡的主人公安处先生与凭虚公子变得更生动，长安和洛阳两个政权通过相互比较成了争论的焦点。安处先生首先列出了原则，阐明了行动的前提。都城的搬迁需要按照商朝迁都至殷的模式来进行。《尚书·盘庚》的内容告诉我们，这样做是“为了人民的福祉”。关于朝中奢侈与俭朴的争论，《斯干》也给出了权威的指导。

此赋中，泰山和梁甫的祭祀并不是争论的对象，但是因为与黄帝有关，还是有所涉及。在道家以及一定程度上在正统神话传说中，黄帝是通过个人神秘力量来统治的伟

---

〔1〕 关于东汉的边境战争和成就的更多细节，《后汉书》中关于蛮族的传记（卷七十五至八十）可以提供大量信息。参见 E. Chavannes，*T'oung Pao*，vols. 5–8。关于中国与罗马的杰出，可以参见 F. J. Teggart 的 *Rome and China*（University of California Press，1939）。其他参考文献见 K. S. Latourette 的 *The Chinese*，3rd edn. revised，pp. 140–141（New York，1946）。

大典范。张衡的主要论点是汉德就基本上属于那个性质。因此，他在这里使用纯道家的语言并不让人惊讶。尤其是张衡并不像班固那样关注权威的命令，他关注的是天子本人。在这个部分都是如此，他甚至描写皇帝自己与自己交流。但令人惊讶的是，张衡以这样一种道家的形式呈现问题，虽然他说孔子也同样这样思考。张衡的写作是给儒家正统的朝廷人士阅读的，因此这个事实十分引人注意。《老子》这部经书在张衡的眼中具有相当的权威性，尤其是道（way）与德（virtus）的方面。

关于皇家对奢侈品的禁令，班固的描写在史书中能够得到一定印证，尤其是在光武帝和明帝统治时期。张衡的写作年代比班固晚十到三十年。但尽管朝廷风气有所堕落，邓太后依然顽固拘谨，颁布了至少一项反对奢侈品的法令（见《后汉书》卷十下）。那条法令的措辞和张衡此赋很相似，于是问题来了：张衡在写作的时候心中是否有着什么特定的朝中情形？此赋的背景十分令人生疑。

首先，四海之内所有人都因"此时此刻"的汉朝之德的芳香而欣喜雀跃。接着，"只有我们的君主可以种植这种吉祥的蓂荚"；"这样一来，道怎么可能不被珍视，［皇家的］教化的力量怎么可能不发挥安抚作用？"安帝摆脱了主导他的摄政王的意志后，他周围那些阿谀奉承的人很可能就会说出这样的感慨。同样地，一位文人先生——实际上就是张衡自己——也会突然说出这样的话，因为他知道君主长期处在未成年状态助长了太监中的不良力量。但赋中的反问句有时候能够得到回答。张衡的论点一部分是在说汉朝之德的芳香至少在长安时期已经变成了一股混杂了的味道。但是，假如皇帝能证明自己可以胜任他的职位，能够利用好有利的环境，那么一切都会很好。

这个推测不仅仅来自赋中这几句话。高潮部分十分动人，写到皇帝沉思着，承担起天赐的责任，融入风与赐予生命的雨水。他还面对着过去的圣王。洛阳的秩序中包含的汉朝之德超越了夏、商、周的秩序所达到的成就：汉朝之德等同于他们之前的五帝的成就。“谁说我们开始得太晚，赶不上伏羲和神农?”

（十三）关于帝王及其生活的一些反思

我们的注意力被两件东西吸引，一是这里的歉疚的态度，二是安处先生与他的争论者凭虚公子的再次现身，他们已经消失了很长一段时间。显然有一些特别的事情要出现了。作者在这部分控制住了自己的思绪，再次展开了人物的设想。在安处先生自我贬低和道歉的内容中表达了两个不同的感想，一个显然是认真诚恳的，另一个在这个语境下应该被认为是两位互相辩论的绅士之间的礼貌用语。任何对于皇家政策的批评都必须使用高度自我贬低的话语，所以关于前一个感想，我们很自然地推断，“特别的事情”就是对现政权的批评。但从表面上看第（十二）部分完全是在歌颂当前汉朝之德，而且这篇文章虽然对长安的丑事有非常尖锐的影射，但仍然没有对朝廷公开批评。

乍一看张衡在这里似乎没有什么隐藏的意图要表达。但整体来看整段内容有几个突出的特点，尤其是论述的过程十分曲折。为什么张衡在对一些长安的缺点进行谴责、将其作为反面对比的时候不能直接讨论主要的对象呢？君主们乘坐皇车的主题与那些缺点有什么关系呢？是不是张衡所熟知的那个朝廷就是如此奢侈？无论如何，他确实对朝廷进行了建设性的谴责，他希望去掉那些训练有素的拉车的马匹。基于这样的迹象，也就是一再出现的对古对今的双重指涉，让我们看到似乎安帝就是那个被暗指的对象。例如，“皇家遗产的继承人又怎么能随意对待天赐的位置呢？”安帝受到他亲信的太监们的支配，其中一个叫孙程的人脾气暴躁，曾经在殿上“呵斥左右”。这一点可参照“因此拥有无数战车［的君王］……也可能会被一个普通人胁迫”。孙程当时已经有了爵位，但他是普通人出身。“他一整天都不离开保护他的那些环绕物［行李车］——假如他微服私访，会去哪儿呢？”这顶帽子适用于两位长安皇帝。没有真实证据表明安帝进行了微服私访，但我们知道他性格软弱、浪荡挥霍，考虑到太后那样严肃冷峻、满口道德教条，安帝的微服私访还能是什么内容呢？荀子对“那一人”的教育理论说皇帝应该被高雅的景象和声音环绕，不接触通俗、低级的东西，这样他的性格就能够抵抗住狂暴的激情。这个理论在《礼记》中得到了强化。邓太后和她的教义上的向导班超都喜欢严格的仪式性法规。所以，就马车中的君主和他们那种受庇护且规律的生活而言，这幅图景难道不是与一个在最严格的学派里训练出来的年轻人的形象颇为相符吗？再把这样一个精致高雅的假人和张衡创造的相反的图景——也就是皇帝沉思考虑自己的责任——相对比。再对比一下张衡描绘的高祖和光武帝。他们知道害怕危险，但不是那种胆怯的、避人耳目的少爷，没学过如何面对皇家统治的残酷现实，只知道听从他周围那些溜须拍马的近臣的意见。安帝掌权后受到那群太监团体无情的利用。在他死后，官方记载称“［安帝的］德没有兴起；从皇室标准来看［就像］是没有成熟的谷物”。

读者还可以想想张衡在论证中引用的三个典故的语境，两个出自《老子》，一个出自《论语》。《老子》第二十六章：“圣人整日奔走，不离开他的辎重。尽管他有着殿堂和后宫，他的心思不在上面。有着一千辆马车的君主不负责任地对待自己的帝国，于是他就丧失了根基；他［为了无意义的东西］积极努力，于是就丧失了君权。”〔1〕《老子》第四十六章：“帝国中有道，骏马就用来给［田地］施粪肥。帝国中无道，战马就饲养在郊外。没有比欲壑难填更大的灾祸，没有比贪欲更大的罪恶……”〔2〕《论语》第十三篇第十五章中，孔子被问到是否有一言（remark）能摧毁一个公国，他答道：“这样一种后果不太可能仅有言语造成，但有句老话说‘做君王唯一的快乐就是我说的话没人反对’。”〔3〕

---

〔1〕 译者注：见《老子》：“是以圣人终日不离辎重。虽有荣观，燕处超然，奈何万乘之王，而以身轻天下？轻则失本，躁则失君。”

〔2〕 译者注：见《老子》：“天下有道，却走马以粪。天下无道，戎马生于郊。罪莫厚于甚欲，咎莫憯于欲得，祸莫大于不知足。”

〔3〕 译者注：见《论语》：“定公问：‘一言而可以兴邦，有诸？’孔子对曰：‘言不可以若是其几也。人之言曰：“为君难，为臣不易。”如之为君之难也，不几乎一言而兴邦乎？’曰：‘一言丧邦，有诸？’孔子曰：‘言不可以若是其几也。人之言曰：“予无乐乎为君，唯其言而莫予违也。”如其善而莫之违也，不亦善乎？如不善而莫知违也，不几乎一言而丧邦乎？’”

（十四）社会经济情况

最后一个部分充满诗意，意象生动，情感克制，语句紧凑，参差而有韵律。而这个部分则相反：对经济状况进行平铺直叙，以正式的语言冷静地陈述和平和繁荣——合理的统治目标——是如何产生的。翻译成英文后，这个部分可能看起来一点也不像诗。但在中文中这些紧凑的四字对句构成了平衡的诗性表达。尾韵不断变化，通过六字句的使用还形成了节奏的改变。因此，尽管这段内容完全不具有修辞性，但却富于表现力，并且意思清晰，和前一个段落形成对比。

这是张衡向我们展现出的新的一面。尽管在《西京赋》中他反对肆意捕捞溪流中的鱼卵，但目前为止他对于经济事务并没有展现出多少兴趣。在这里我们看到一位古典时期的学者的思想特点，那就是经济现实主义，这种倾向可以追溯到孔子（参见《论语》第一篇第五章）。孟子的教义也体现了这样的思想。在法家哲学中这一点更加明显，甚至道家的玄学悖论中也有出现。这个特点的历史背景与本书最后一章关系更大，我们到时再讨论。这里我们需要注意：（1）张衡对经济情况的分析主要分为两个方面——自然资源和人力；（2）要让这两项财富资源不会耗尽，张衡建议明智地进行规划（wise planning）；（3）经济繁荣的情况下，人们会努力工作，换取更大的繁荣；（4）这种情况的持续保持会带来阶级之间的和睦以及对君主的忠诚；（5）公平交易会成为固定的习惯，普通人即使目不识丁也会逐渐养成正直和克制的品质。

这听起来很像在美国大选中党派辩论的发言，又有点像战后英国的爱国言论。在安帝统治时期，国家经济有点疲软，于是人们认识到了这些事实。明帝时期的繁荣已经过去五十年了。公众有理由认为在洛阳发生的种种不择手段谋取钱财的行为正在破坏现有的维护统治效率的方式。

（十五）凭虚公子被迫面对事实

在这两部分近二十个对句中，此赋达到了高潮，达到了上下两篇赋的高潮。骈文文体的效果很大程度上是由两个句子互补来表现的。正确的方法是把这两部分也看作相互补足的。前一部分的高潮是对凭虚公子发出自我中心式的控诉，后一部分则以更高层次、更宏观的呼吁作为高潮。

这篇赋的戏剧性辩证的背景在这里再次成为焦点，即安处先生（也就是作者的化名）与傲慢公子之间的对立。前者直截了当地训诫后者。第（十三）部分无论张衡心中是否想到的是皇帝和他周围人，凭虚公子都必然是当时贵族的一个典型形象。这是没有兜圈子的。安处先生用两个等式来进行了他的谴责：

1. 上位者对下位者的压迫=下位者根深蒂固的怨恨

2. 耗尽必要的日用商品=反抗与全国范围内的苦难

根据代数关系，$X_1=Y_1$，$X_2=Y_2$，那么 $X_1+X_2=Y_1+Y_2=Z$，而 Z 对“您，我尊贵的先生”和您的朋友们来说必定是一段非常难挨的时光。这个逻辑不是通过引经据典讲清楚的，而是一系列朴素的格言（形象）来说明白的。首先是关于水和船的说法，这在当时是流行的谚语。哲学家荀子说得很清楚：水能载舟，亦能覆舟。因此人们会支持皇位，同样也可能推翻皇位。

另外四个形象的嘲讽意味要联合张衡的时间感来体味：过去、现在、未来是一个必然的过程。从张衡的观点看，时间是关于人事的一个机械性运作的因果关系，但什么时候“果”会开始运转是无法计量比较的。因此，不管一百年前王莽的篡位是多么罪恶，神秘力量需要时间来积累成熟，直到十八年后这样一个假政权才崩塌。季节的变化同样也是神秘但有规律的。某一天早上你醒来，看到鞋上的霜，才知道隆冬来临。此外还要考虑到人性的力量，人性本就倾向于盲目懒惰。

“如果［您］清晨起来……更何况……”这句话出自《左传·昭公三年》，这是刻在一个著名的祭祀用鼎上的。“更何况”后面原本跟着的是“假如［您］每日都不愿变革，［您］就不会［在封地上］延续太久”[1]。张衡把这被人说惯了的道德教训省去了，因为他的贵族读者们对经文十分熟悉。张衡针对贵族公子喜欢肢体安逸和阶级优越的特点，指出他不顾成本裁衣的习惯。但当经济困难的日子来临时，这位绅士也不得不节俭地裁衣了。

（十六）安处先生总结陈词

如果读者想看到一段激情洋溢的驳斥，那难免会失望。

---

〔1〕 译者注：《左传·昭公三年》：“谗鼎之铭曰：‘昧旦丕显，后世犹怠。’况日不悛，其能久乎？”

张衡的情绪十分冷静。但他提到了司马相如和扬雄做的关于长安的狩猎禁苑的赋。这两篇赋在张衡时代深受好评，表现出滔滔不绝的雄辩才华。或许是想到了自己那些朋友可能会因他精湛的文学技艺咋舌，张衡决定抵抗住这样做的诱惑。他引用司马相如的话，说园囿应该留给农人去耕耘，又引用扬雄的话说应该保护猎物。接着他说，即使采取了这些措施也没有用处。长安由于根深蒂固的罪恶已经注定走向灭亡。无论是谁来统治，武帝的后人或者某个篡位者，都没有区别。坚固的关卡保护也起不到作用。到了那一天，函谷关的政府部队敲响战鼓，人民的军队占领政府所在地。

从切实的角度来看，此处对现实状况的呈现与水和舟这一比喻所蕴含的观点相关。人民可以支撑皇位，也可以推翻皇位。一百年前人民就这样做了，从而开启了我们伟大光辉的洛阳政权。在张衡看来，坚不可摧的长安的衰落和倒塌在中国历史上是重大事件。他用这个事实作为高潮部分，用来向皇帝、大臣及相关的贵族和学者进行呼吁。换句话说，在他们和张衡的眼中，东汉比西汉优越太多。尽管东汉可能有一些瑕疵，但国家这艘航船在开明的统治和秩序下安全地行驶着。整篇赋中，张衡都在歌颂这种开明，在这里他希望自己能够在守卫这种德的人心中唤起这样的开明。

他需要打击的是一种自鸣得意——一位骄傲自大、玩世不恭的年轻皇帝，一群享受着高俸禄的野心家，他们身上的那种自鸣得意。“人们通常会认为自己知道的是对的，四肢要处在习惯的舒适姿势”（“但安处先生，我希望您能自我克制。周围有一股刺激的味道，假如您还没有习惯这个味道，您就会意识到这个气味多么难闻”）。这是市井里非常通俗的话语，却是十分尖刻的批评。接着张衡提到了《咸池》，这在文人心目中是非常高雅的意象。[1] 远古时期流传下来的宫廷音乐剧中，《咸池》在理论上是最具有净化功能的；没有乐，只有礼这种外在形式准则也没法达到目标。文人君子的一个标志，就是能够感受到《咸池》那种克制情欲的力量。正如他身上的玉带饰的声响需要得到控制，这标志着贵族的尊严与荣誉。张衡实际上在说：“尊敬的先生们，你们都知道朝中对《咸池》感到厌烦，却喜欢听像青蛙的叫声一样低俗、淫荡的郑声，孔子厌恶这样的音乐，就像他厌恶那些导致国家和家庭颠覆的贪婪的嘴脸。”[2]（《论语》第十七篇第十八章）“声誉高尚的大乐师旷，他的想法则不同，不是吗？他是唯一一个这样的人吗？”

我们认为张衡的问题是一个反问句，但也是一个真诚的问题。他用反问句的形式是因为正统观念是这样说的（见 Tjan，*Po Hu T'ung*，第 387～391 页），那就是从帝王以下，高雅的礼乐对各级统治者的成功治理都十分重要。张

---

〔1〕 我认为学识渊博的刘勰（公元 6 世纪）在《文心雕龙》第七卷中的证据十分有力，他提到黄帝及其后的几位帝王的音乐“无法弄清，所以无法讨论”。那么他提到的这些音乐以及其他的古老乐曲是什么时候失传的呢？换句话说，张衡提到《咸池》，是否证明《咸池》在当时已经快要过时？我们似乎可以说，非常古老的一些伴有音乐的舞蹈是很好地保存下来了的，但后世的宫廷乐人做了种种加工改造。比如，尧对黄帝的《咸池》做了扩展，《咸池》原本是用于消除朝中纵酒之不良风气的。

〔2〕 译者注：见《论语》：“子曰：恶紫之夺朱也，恶郑声之乱雅乐也，恶利口之覆邦家者。”

衡对这个问题也是真实发问的，因为他希望每个读者都能把高雅的礼乐放在心上。对现代读者而言，穿过多少个世纪的历史，看到张衡那样一位爱国志士手里拿着毛笔发出最后一声呼吁，可能这样的呼吁还有一点矫揉造作，不那么直达人心。他的呼吁最终走向了失败，那一代人的罪恶愈演愈烈，张衡预警的末日最终悲惨地发生了。但另外，张衡了解自己的时代，也知道自己一个无权无势的文人能造成的影响有多小，所以他只能选择用这样的方式进行呼吁。正如我们在前面说过的，身居高位的过失者如果能自我激励和督促，他们能起到的变革力量要大得多。[1]

（十七）凭虚公子的忏悔

安处先生的谈话缺少一个激情洋溢的正式结尾。整篇赋显然是雄辩的，在第（十二）部分可以说是高谈阔论、口若悬河。值得我们注意的是，在对于盲目地自我满足进行了不加修饰的、直白苛刻的攻击之后，张衡在这部分一开始就延续了先前那种反讽的风格，不再枯燥而冗长地平铺直叙，而是用雄辩的方式写凭虚公子的忏悔。他描绘出了一个骄傲的人突然意识到自己行为上的错误，意识到自己出了丑，所经受的万分折磨。（我们可以想到希伯来诗人笔下的约伯面对永远正义的神时的场景）张衡这位

---

〔1〕《庄子》第四章写孔子和颜回的对话，颜回想要去游说傲慢、任性的卫王。孔圣人告诫这位热心的年轻人，要警惕“把关于道德思想的基本原则强加给自傲自夸的狂人”可能引发的危险。孔子说，出于好意而这样做的人可以被称为“灾难之人”，因为他们给别人也给自己带来灾祸。参见 E. R. Hughes, *Chinese Philosophy in Classical Times*, Everyman Series, 1954 edn., pp. 186-189。

东汉的文人加爱国志士以这种方式避免直接地展示自己的细微情感，而让他的同朝读者直面自己的灵魂。他能做的只有这些，剩下的留给命运来掌控了，留给天——让（西）汉和东汉为了人民的福祉得以创立、让宇宙阴阳的力量在人和自然中不断形成新旧更替、让邪恶的人在自身的邪恶中毁灭的天。

第十一章
综合评述

（一）班固与张衡作为见证者的价值

到目前为止我一直在试图通过对两个思想者的研究来对汉朝历史进行一个侧面的描画。这两位作者大部分时间都生活在同一座城市；前一人去世前十四年另一人出生；两个人都花费了大量精力针对同一主题写作了长诗。这两位作家是我的主要信息来源，我首先要评估他们作为历史的目击者的价值。这个问题需要智慧和坦诚。对我的读者和我自己而言，我们是一个调查法庭的陪审团。如果我们的两位目击者笨拙愚钝、不善于观察，那么他们就起不了作用；他们各自描述的故事也不会相互关联或者相互矛盾。假如他们是只关注自身的说谎者，他们可能有一些用处，只要我们足够聪明，就能够挖掘出他们传递出的误导性的印象背后的事实。假如他们是真正有智慧和洞察力的，眼观六路，耳听八方，假如他们还善于分辨自己听到的东西，分辨事实和虚构，那么他们的重要性就会是无价的。他们提供的证词即便有不一致的地方，都可能给我们提供宝贵的信息。当然，还有必要寻找表现他们个人特质上的倾向的迹象，他们作为一个阶级的观点，以及他们在特定年代、特定文化环境下无意识地认定的观念。

在前几章里，我们已经对这些问题时有关照，以种种方式获取了一定量的数据。我们可以做出如下总结：

（1）班固《汉书》的相关内容在第二章中已经讨论过了。我们已经注意到了《汉书》中的一些批判性智慧。整体而言班固在《汉书》中表现出更好的判断力。在《两都赋》中他作为历史的目击者更具有偏见性。他对于前一个政权的评判没那么不值得信赖，那是他花费一生进行研究的对象。但他对他那个时代的政权满怀热忱却不加批判。我们怀疑他没有说出所有他所了解的关于西部边境政策的内容。

（2）张衡是一位数学家，他发明了一些精确测量的仪器。当涉及历史领域时，张衡表现出和班固一样的对过去的洞察力。他所处的年代在班固之后二十至四十年。他对于当时的政治和社会情况的描写比班固更可靠。他写出了道德开始堕落的迹象。

（3）班固和张衡都意识到道听途说是不可靠的，但他们面对远古圣王的那些为人广泛接受的故事的时候则表现出另一副面孔。他们实际上是真正接受这些故事还是从象征性的层面上接受，我们不得而知。假如是象征性地接受，那么我们需要提醒自己，思想史上有很多这种象征符号取得事实性光辉的例子。

（4）两位作家都有一种自然主义的哲学观，叠加在他们传统的万物有灵论信仰之上，这稍微改变了他们一些，但并没有完全颠覆其原有的信仰。

（5）虽然两位作家都认为他们的文明有着开明的道德、社会和政治原则、有修养的行为风范、学问和文学潮流、对资源的掌控、传播和扩张的能力，相信他们不仅可以统治更大的区域，而且能不依靠法律统治那些弱小民族，但他们的观点都不那么局限于一个国家，而是更倾向于世界主义的。

（6）这四篇赋展现出很高的文学水平。两位作者能够表达出有非常细微差别的含义，建立起一系列连贯的命题，例证恰当而有力，能通过一两个字传递出微妙的色调。他们描绘的四幅图景清晰地呈现出了感官观察到的非常复杂的对象，也展现出他们对这些对象的敏锐的思考。此外，班固的描绘顺序和张衡的虽然不一样，这四篇内容都表现出整体上协调一致的效果，体现出高超的文学力量和艺术平衡性。他们的这种思想水平在一定程度上也符合当时读者圈子的水平。班固序言中描绘了当时出现的文学创作热潮，同时还产生了一种对于文学天赋的新的意识，这种天赋也是文明进步的一个高级产物。班固和张衡自身也是这种新生的产物，他们都意识到了自己的劳动成果将接受其他具有批判思维能力的人的研究。

（7）两位作家都很有幽默感，是属于高雅式的（urbane）而非乡土式的（bucolic）。班固有时候也营造出粗鲁的滑稽剧（slapstick）的效果。张衡的反讽十分精湛，富有智慧、直击主题，并且大部分时候都不带有伤人的恶意和怨恨。

（8）两位作家对于情感心境和生理的失调有着敏感的洞察力，例如班固描绘高楼带来的眩晕感；张衡描述沉溺于日复一日的娱乐带来的难以忍受的乏味感。他们都很了解一些心理困扰的症状，这些困扰源于对据称更美好的过往的怀旧之情，源于传统的（conventional）想法会使得人原本可依赖的感官体验变得不再可靠的事实。张衡知道农人的生活可以让农人满足于简单的快乐，而如果被轻易夺走了生活的必需品，农人就会对压迫者产生不顾一切的、摧毁性的憎恨。

（9）尽管两位作家在哲学上的洞察力缺乏现代逻辑学家的那种精确思维，尽管张衡在数学上的最高成就只是对圆周率进行了更准确的计算，但在人类努力取得思想的明晰、表达的准确，努力将因果关系运用在宇宙的尺度上、运用在伦理和社会秩序领域的过程中，班固和张衡都通过了智性才能的大测试。

（10）两位作者的话语是否诚实，这一点很难评判，因为他们生活的时代和当时宫廷的习俗规约十分复杂。读者会注意到，我已经质疑了班固可能在奉承其领导者。但我们还需要再仔细考察这一点。一方面，班固在朝中等级较低，他希望获得认可。另一方面，他也很善于观察事实。对于张衡，我们的印象是他更真诚。他当时面对的是日渐堕落的朝中风气（这一点是班固没有面对的），他的坦诚之上有着更大的压力。他冒着规劝统治者、谴责强大贵族团体的风险，这是一种高尚的行为，这使得他作为历史目击者的价值更高了。但他也使用了传统那种阿谀奉承的话语。因此我们更能体会到当时行为准则对作者们的强制压力，从而避免把班固贬低成一个溜须拍马的人。班固可以说是比较坦诚（medium honest)，而张衡则是极度（superlatively）诚实。

因此我们两位历史目击者的证词是高度可信的，即使偶有不可信的地方，意思也很清晰、准确。总而言之，来自过去的这两个声音和我们产生了交流。我们考察了班固和张衡如何对自身的环境做出反应，我们对他们的反应做了评价。尽管汉朝时期中国的价值观和我们主流的价值观不同，但我们能够理解他们的思想。我们试图将他们的思想和世界文化史上的其他思想，以及我们当下自己的思想进行对比。

汉朝时期的中国对于需要有用知识（usable knowledge）的现代人有什么意义，这是另一个问题，我们需要考察前面分析出的数据。政治和宗教是非常相关的两个重要领域。

（二）政治体制架构：专制政体？神权政体？

这四篇赋并不旨在描绘出长安或洛阳的政府架构。班固在对旧都城的描写中稍微涉及了一点，但对于主要的行政办公室的描述也很抽象。从张衡那里我们了解到的只是官员在夜里轮流值班的做法。关于洛阳我们所知更少。班固对宫殿区域的描写非常概括，张衡列出了一系列建筑，让历史学者们自己摸索哪些是办公楼。两位叙述者关注的都是别的东西，不是政府结构，而是政府从哪里获得权力：是什么使得制度得以有效运转，以及什么阻碍了制度的运转。这就是他们眼中独特的机制，汉朝的皇位在中国是史无前例的。汉朝的第一阶段惨烈地失败了。第二阶段才是真正的成功。

洛阳君主政体是比较的基准。我们的两位目击者都认为洛阳君主制是一个连贯系统的整体，在处理天、神、阴阳力量、祖先灵魂、诸夏（中国化了的民族）和整个世界等问题上第一次发挥出政府真正的德（virtus）。在这样的信念之下，两位诗人写作了各自的长安诗。他们描绘了长安都城及周围的军事部署以及充足的财物与资源，接着开始嘲弄武帝及其后继帝王。他们大体被描绘成不负责任的独裁者，欲望膨胀，放荡淫逸。平民出身的高祖皇帝创造了特别的汉朝之德，君主的力量之后又延续了下去。但是这德受到了限制、约束，无法维持效率和繁荣。开销庞大、政府祭祀用度奢靡、萨满巫师欺诈骗人、政府军队残暴猎杀，这样的情况下，德如何能充分实现效能？班固强调称，秦朝留下的病毒还在国家里运作。

我已经讨论过，东汉本质上是一个神权政体，西汉是一个独裁政体。对一些现代人来说这样的区分好像没什么实质差异，其实洛阳的神权政体有着一些我们现代人称为君主立宪政体的特征。梵蒂冈是西方神权政体的一个杰出典型，在几个世纪的过程中发展出了一套完整的、出色的例行程序和规则。这些是神圣的教皇行使其神权所依据的根本法。换句话说，教皇的权威有赖于他履行仪式和行政的义务，有赖于他对天主教教会政治的历史性权利（historic rights）的认可。

值得注意的是统治的仪式。发现一个社会及其政府的性质的一个绝佳方法就是考察其国家的仪典。那其中体现了将社会凝聚起来之纽带的核心的戏剧化形式。关于洛阳的仪典，值得注意的是它们代表了天人关系之完整结合：

天子和天、地、阴阳力量紧密相连。皇帝在庙堂上与高级诸侯们进行磋商；孝子侍奉亡灵；君主和农人因汗水湿润的土地而结成团契关系（fellowship）；身居要职的统治者与他的文人们共同接受公务培训而成为同伴；地位显赫的兄弟侍奉诸位国叟。明帝统治时期是这些象征性行为第一次在首都集中执行，让所有人都能注意到。

把这些仪典统合起来的准则似乎也是君主的义务和责任的准则。光武帝作为高祖的子孙、一个有功绩的人，他征服了竞争对手，带来了和平，从而获得了正当性。他及其孝子明帝重新恢复了从前皇位的至高权力。皇帝说的话就是法。另外，皇帝选择通过这些仪式作为证明，为了臣民的福祉来行使他们的大权。这些是天和人都要求天子必须做的义务。从远古诸圣王和王朝的角度来看，这也是一个朝代能够存续的唯一基础。

这些仪典不能证明成文宪制的存在，但显然，这种年复一年的象征性的对君王准则的重申和肯定行为指向类似的某种东西。光武帝将节俭作为朝廷和贵族开支的基本规则，也体现了这一点。

存在宪制程序的主要证据可以在职官选拔与任命制度中找到。光武帝初期做的一件事是效法之前的皇帝，建立了一个十四人的博士团体。和平稳定之后，他又建了辟雍，供教师和学生使用，学成者进入政府工作。同时，全帝国范围内的政府官员们向朝廷推荐“孝廉”。即使是出身卑微的人，都可以依靠自己的学问和能力通过测试。一旦他在阶梯上站稳脚跟，他可以上升到任意的高度。这些都是西汉有过先例的。另外，关于阶级组织，我们从东汉的史书中第一次看到了综合性、标准化的官僚制度，也就是刘昭仿照司马彪《百官志》所作的篇目（《后汉书》卷三十四至三十八）。这是一份非常有启发性的文献，包括了所有皇家指派的官员的职位，有中央的也有地方的。每个官职的名称、职责、薪酬都详细列出了。不仅如此，刘昭的前言体现出光武帝改革的热情。光武帝让政府工作更加有效，他建立了“常宪”（“持久不变的程序规则”）。刘昭在注释中将其和西汉进行了对比，很有深意。[1] 此外，东汉王朝还以其开明的“礼”（行为准则）为自豪，也就是说，凭借“礼”，每位官员都认可其上级和下级的权利和与他有关的职责。在这些情况下，最契合的假设就是，这是一个通过互惠的权利和职责关系进行运转的官僚国家。这种关系的核心就是宪政。

现在的问题是，虽然班固和张衡都坚称西汉和东汉政权差异巨大，但我们有理由认为，西汉时期的情形其实相差不大。乍看之下，宣帝统治时期（公元前 71—公元前 49）[2] 似乎就有十分类似宪制的东西在运作着。因此德效骞近来极力声称当时有着“真正的宪制”存在，他通过皇

---

〔1〕 在这五篇“传”中包含的历史证据的重要性目前为止我认为没有得到现代学界的足够重视。司马彪（240—306）生活的时代，这些朝廷史籍经历了公元 190—191 年间的董卓之乱后幸存了下来，司马彪很容易获得这些资料。刘昭生活在梁朝（502—556），我认为他拥有特别有利的环境，可以获得可靠的历史视角，发表出非凡的见识。译者注：据《辞海》（第七版），司马彪的生年不详，卒年为约 306 年；依据《中国历史纪年表》，梁朝的历史年限为 502 年至 557 年。

〔2〕 译者注：依据《中国历史纪年表》，宣帝统治时期为公元前 73 年至公元前 49 年。

帝对“儒家”准则的认可进行了论证。[1] 首先，有必要认可，张衡描绘的所有或者几乎所有仪式在西汉都有原型（prototype）。早在孔子以及孟子的时代，君主对其臣民就有义务和职责，这是鲁国和齐国的儒生都意识到的。宣帝及其早先的文帝是仁和义（human-heartedness and justice）的典型代表。至于官僚机构方面，我没有发现任何证据表明光武帝对所继承的体系做了什么激进的改变。

关于上述班固和张衡的核心观点（the Pan-Chang thesis），有以下几点要说的。

第一，毫无疑问，汉朝皇帝继承了秦朝统治的风格。司马迁说：“秦皇丧失了他的鹿，所有人都去追捕。”高祖抓住了那只鹿，鹿成了他的个人所有物，他可以对其为所欲为。他的后继者把帝国作为神圣的遗产，是祖先传给他们让他们妥善保管的。整个西汉时期都有着这样的主题。尽管上天委任的思想也广泛流传，但作为一个基于法家理念创立的政权而言，这是它唯一的一个宗教支撑，是它进行征服的合法性。

---

〔1〕 德效骞（《汉书》第二卷，第8页）提到武帝登基时存在着“基础性的不成文宪法”，他认为武帝进行了一些改变，转向了独裁统治。西汉时期，办事方法（procedure）方面有着前所未有的发展，这是大体上得到接受的；大规模的统治不得不有意无意地向那样一个方向发展才能得以存续。但我怀疑，西汉那样一个有法家倾向的政权能否在六十多年内就达到相当的独裁规模？政府高级官员知道他们自己是可以替换的工具，专横的吕太后统治了十四年。我当然知道性别上的劣势导致她不得不采取高度依赖协商的方式，但显然我们不能保证在此之前有这样的例子。因此我认为武帝的统治是十分合理正当的，尤其是涉及他的亲信们和他们的管理者。独裁统治的一个特征是任何能动摇君主意见的人都可以让君主无视过去的办事方法。可以比较路易十四著名的言论：“这个国家是我的。”译者注：此段文字中提到“吕后统治了十四年”，不知道是怎么得来的，依据《中国历史纪年表》，吕后统治的时间为公元前187年至公元前180年。

第二，韩非子一派的法家理论强调治国方略，因此统治者仅仅视臣子为自己的工具，用来执行命令，并且在结果不好的时候承担罪责。统治者必须永远是荣誉、赏赐、公共施舍的唯一源泉，他要刺激臣民进行努力和价值创造；他通过公开的惩罚和无情的司法消灭那些不听话的人，驱逐懒惰无能的人，以增加国家的财富。这在西汉史书中也有大量体现。可以参考何四维的《汉律拾零》（第一卷，莱顿，1955）来详细研究这一问题。

第三，关于对皇位的宗教支撑，我们之前已经提到西汉皇帝定期在一些古老而崇高的场所进行祭祀，从而在这些场所和首领或统治者所取得的超自然的权威之间建立起紧密的关系。我们还可以看到皇室进行征战的正当性（right of conquest），还有对祭坛所在地的所有权，这些不是基于什么法家理论而言的，而是依据根深蒂固的传统。占据统治地位的是万物有灵论的思想：神灵需要得到抚慰，并且可以被安抚。西汉皇帝们已经看到神灵明确地得到了安抚，并赐予他们恩惠。假如有灾难发生，他们有合适的措施来重新获得繁荣。但接着武帝登基了，他开始进行大规模的帝国扩张。显然，当时的情况所需要的那种祭祀应该具有能够延伸到更广阔范围的力量。武帝完全按照自己的独裁意志行动。他在泰山进行的明堂祭祀和在甘泉进行的太一祭祀等等都是一系列试验。从他的后继者的视角看来，这些试验总体来说是成功的。这些孝顺的后人被委任以帝国的遗产，他们继续侍奉这些祭坛，但进行了一些改变，这些改变他们认为对稳固皇位是有用的。

这些改变一开始几乎没有什么神学的意义，因为主要的动机是为了经济、为了皇帝祭祀时的便利，同时还有一种迷信的想法，那就是希望能提升长安政权的威信。独裁政权的这些宗教支撑需要得到强化，于是他们采取了一些措施。另外，对于王莽而言，要想稳固皇位最重要的是安抚那些具有影响力的人，尤其是文人学士。因此，出于一系列动机（尤其是对上天对自己赐予委任的信念），王莽主张在南郊对皇天（August Heaven）进行祭祀。这项举动受到有影响力的文人群体的支持，并且在祭祀中获得了祥瑞征兆。于是王莽行使神权独裁又由此增添了正当性。

总结而言，很显然，西汉君主政体是在征战的正当性的独裁基础之上最终形成了某种偶然的、不协调的宪政办事方法。同时，当时在君主政体思想中还存在根深蒂固的神权政治元素。对光武帝及其拥护者而言，问题是如何以一种可行的形式恢复汉朝的权威，因为独裁君主制已经完全失信于神灵和人民。我认为班固和张衡在现存史料令人困惑的情况下提供了一些有用的信息。尤其是班固强调基本的人际关系“第一次”得到建立，这给了我们重要的线索：人在自身的“自然与人的宇宙秩序”（Nature-and-Man cosmos）结构中生活在相互服务的社群里。这个思想并不是新产生的。它在“五经”的一些篇章中可以看到；在汉朝的一些权威文书中也有试探性的讨论。但看得出来这个思想并不是第一次被郑重宣称为社会赖以生存的基础。通过这样的基础，统治者保证按照合乎宪制的做法（constitutional practice）来行事。

可能有人会说这意味着“儒学”（Confucianism）的胜利。[1] 实际上，在汉朝万物有灵论的信仰与自然主义逻辑的迷宫中，在尝试了失败的独裁政权之后，出现在眼前的是一幅有条理的大社会（Great Society）图景：人民受神权君主统治，君主又保证依照宪制行事。

（三）帝国的情况及其对时人思想的影响

假如不是班固提到皇家狩猎震慑了蛮夷世界（《西都赋》第［九］部分），读者阅读了两篇长安赋之后很难意识到前一个政权极大地扩展了中国的力量和威信范围。当然，宫殿里的那些珍奇鸟兽、来自大宛的汗血宝马也暗示了帝国的扩张。并且班固和张衡没有必要强调那些当时文人读者都很熟悉的事实，比如张骞出使大夏，李陵和陈汤轰动性的军事功勋，等等。但是这种沉默是引人注意的，因为在洛阳赋中它们以诗性的语言热情洋溢地描写了东汉那种征服世界的德行，两者之间形成明显对比。此外，张衡在《西京赋》中唯一一次提到帝国。凭虚公子在总结中说东汉（而不是西汉）的皇帝“占领了整个世界，将其变为一个家族”。

我认为这种反差有着深远的意义。我们将班固和张衡对所侍奉的朝廷的恭维做一定的减法和还原，留下一个事实，那就是在班固和张衡眼中，尽管长安朝廷把蛮夷民族视为用来获取更多荣光和财富的对象，洛阳朝廷则目光更

---

〔1〕 见 H. H. Dubs, *History of the Former Han Dynasty*, II, pp. 341-345。

长远，在道德上来说更有政治家风度。洛阳朝廷设想的国际礼仪是在中国的保护之下所有民族团结在一起，部落之间的纷争都得到平息，蛮族的风俗得到改善，知识之光（技术上的以及神秘主义的知识）丰富他们的思想，所有人都参与到天子对上天意志的实现中，参与到四季的完美秩序中。礼的崇高准则体现在虔诚的祭祀中、在人际关系的秩序中，这就是对中央王朝（Central State）的掌管。分享这一无价之宝，所有人都会获得和平和富裕。

问题是这种观念的改变是如何发生的。我们已经说过，在西汉末期，文人官僚的威信和力量并没有显示出这样一种明确的教义上的观念改变。政府关于蛮族的政策没有体现出孔子所努力建立在伦理基础上的那种互惠的人际关系准则。因此我们有必要看一看那些非理论和教义方面的因素。首先要说明一下西汉帝国的组成部分。其次要探讨西汉政权的崩塌所带来的情感上的效应。

周朝的文化影响和传播仍然是一个迷惑的、含混的问题。但很显然，在传播的后期阶段，北方部落和长江流域的楚国、越国都出现一定程度的中国化。接着始皇帝征伐遥远的南方，抵达北纬 25 度的地方。那些广阔的地区才进入人们头脑中的地图。直到武帝时期，远征行为才成为皇家野心的表现，但长安朝廷在早期就致力于在周边那些半中国化的地区建立起权威。

这种掌控的模式可以大体上追溯到摄政政治和常驻的中国特使，到了帝国时期得到完善和发展，有了辖区组织。在辖区组织中配备有中国地方长官、官员和在当地训练起来的军队，推行统计报告制度和定期征税制度，还有将当地人才培养成低级官员的学校。这些辖区组织从成都平原（四川）延伸到贵州、广东，再往东北到朝鲜。长安政府从这些地区获取了它那无与伦比的财富的主要部分。这个中央帝国各个地区气候各异、物产丰富，都是农耕为主。文官们在这里可以将传承而来的智慧发挥到极致。当然也有缺陷，比如存在挪用公款和镇压人民。但总体而言，公众的福祉就是官员的福祉。当粮食歉收之类的严重困难发生时，中央政府就会出来改善局面。

在西北边匈奴的势力范围及更远处，情形就大不相同。那里没有什么密集的农业生产，当地人过着游牧的生活，他们尤其擅长以传统的生活方式对抗中原帝国的干涉。长安政府在统治的早期体验过他们足以蹂躏“关内”的力量。因此汉朝没能和平地渗透西北。要么是阴谋地让一个蛮族阵营对抗另一个蛮族阵营，要么是调动强大的军队常年作战，迫使他们暂时屈服。那里是帝国不曾统一的地方，也没有来自君主的稳定的纳贡收入。假如与西亚往来的漫长道路上的绿洲能够得到良好把守，那么朝廷可以赚一点钱。这是长安的政策，但只是在一定程度上获得了成功。那片地区依然是蛮荒之地，那里的人依然是蛮族。他们是敌人，被迫效忠天子。一个特殊的新官员阶层由此产生，不是儒生类型的，而是来自边境的民族。他们对蛮族的政治、文化以及军事政策都很精通。

在这样的帝国建设和霸权扩张的过程中，儒者的地位是怎么样的呢？儒者已经深入地参与到国家治理和官员培训的事务中了。历史研究者再次遇到了棘手的情况。人们对经典权威有着严格的信仰，但同时对许多文本的可靠性、含义和重要性又有着巨大争议。董仲舒（公元前 2 世纪）把《春秋》的历史观和阴阳宇宙哲学综合了起来，提供了一些启示。武帝和儒生们由此得到了一套解释方法，能够说明“大汉”如何在同一片天空下在所有人共同生活的世界上存在。一百年后，四川的思想家扬雄对主流学派的诡说进行抗议，但他自己也沉迷于深奥的推演中。杨雄希望启发民智，他用的终极手段是回归到孔子。在扬雄看来，孔子是真正为自然与人类问题照亮前路的人，是一切圣人中的圣人，大汉声称自己遵守的“五经”都来自他。扬雄的《法言》（*Categorical Sayings*）是我们所知道的汉代第一部对《论语》中倡导伦理的孔子明确表示忠诚的作品。扬雄的诗性写作传达出对当时政府及其品行的深刻不满：长安之德不是圣王之德，不是“五经”之德，不适合于世界帝国。

历史研究者依靠班固和张衡提供的证据可以得出当时人对朝廷的一些不正当行为有着普遍的不满，王莽建立新政权的举动为此添加了证明。大部分的儒士文人都渴望能够恢复安全感，获取一官半职。但是，谁能确保这就是上天的旨意呢？只有时间能证明一切，而时间最终证明的是帝国的倒塌、经济的苦难，最后文士所尊崇的都城长安被洗劫。接着他们面临的危机是这个有着圣人和“五经”的国家要重新陷入战国时期那种道德上的、自取灭亡式的不统一状态吗？光武帝扭转了局面。他在新的都城建立了一个新的王朝。[1] 无论光武帝是否能符合班固对他的歌颂，毫无疑问的是，他争取并获得了士人的支持，并且最终稳固了皇位，帝国内部和一些外邦地区都进行朝贡。他是通过军事组织的力量赢得的这一切，但另外，他也在天坛进行了净化精练以后的祭祀，他宣布并执行了孔子关于节俭的伟大原则。他将这些原则贯彻到自己身上、后宫上、朝廷上、他手下的贵族身上，贯彻到任何一位从公众的钱包里拿薪水的人身上。这毫无疑问产生了很强的宣传价值，但这是伦理上的治国才能（ethical statesmanship）得以建立的基础，由此这样的治国方略才能适用于帝国内的所有人。

我们又要问，这时候儒者的地位怎样呢？据我们所知，光武帝的博士们依然执着于祥瑞征兆的预测，他们的主子其实和他们一样关心这些。另外，他任命的博士中有一位叫范升的人，他精通《论语》和《孝经》。尽管光武帝反对王莽使用古文经，但范升要求给《左传》专家设置职位（见《后汉书》卷六十六《范升传》）。他的想法最终受到阻挠，但郑兴、陈元、贾逵和张楷的传记显示，钻研《左传》和古文经的那些人立刻就在朝中发声。一种新的力量开始潜移默化地发生作用。这在班固的《两都赋》序中已经提到。除了对文本争议不休的人，其他一些受过教育的人也受到了启发。人们意识到，“大汉”曾灰头土脸地倒

---

〔1〕 光武帝在夺取权力的过程中，田里的农民群体的规模造成了一定的麻烦。属于刘姓皇族和其他宗族的能够与他匹敌的要求权力的势力也十分惊人。见 Hans Bielenstein, *The Restoration of the Han Dynasty*, Bulletin of the Mudeum of Far Eastern Antiquities, No. 26（1953）。最持久的抵抗是来自半中国化了的四川地区。

下了，但现在又光荣地复活了——地点不是在暴君秦王的都城那儿，而是在周公的洛阳城。周公在小范围内的封臣中实现的东西现在可以在帝国的广大范围内完成。书中预言的一切——有教养的风度、贵族的义务（noblesse oblige）、音乐驯化激情、高尚正义的法律征服蛮夷世界，并借此实现天下一统——都将势不可当。

“大汉”在新的都城愉快重生，边境上的人都回归前来效忠，人们重新意识到针对蛮族世界的任务。夷、蛮、戎、狄不仅仅是要震慑的敌人，是可以利用的资源，还是人类同胞，需要德的恩惠将他们从部落纷争与野蛮风俗的苦难中拯救出来。政府在中亚地区采取的措施是否起到了真正的效果我们不太确定，但在帝国内部，这种融合统治的原则一直在继续。每一年都有新的辖区实现中国化。一个半世纪后，东汉倒塌，帝国一分为三，其中的两部分一个以四川为中心，另一个靠近长江三角洲。这二者都是思想活跃且学术开明的中心。陆姓贵族士人家族产生于南方：数学家陆绩（约196—220）〔1〕、行政官陆逊、不朽作品《文赋》的作者陆机（261—303）等等。往汉帝国的南方边界走，还有一位精通讲解佛法的牟子（公元200年在世），他是胶州（安南）人。他说自己“学习了‘五经’和诸子学说，喜欢阅读各类书籍，无论篇幅长短”。〔2〕

---

〔1〕 译者注：据《辞海》（第七版），陆绩的生卒年为188—219年。

〔2〕 见《弘明集》中的《理惑论》序。《理惑论》的翻译见 P. Pelliot, Meou-tseu ou les doutes levés, *T'oung Pao*, XIX (1920), pp. 255-433。

（四）关于东汉时期具有自我意识的反思的程度

上面我们尝试讨论的两个问题似乎直接来源于班固和张衡的观点，并且似乎有着清晰的结论。这两个问题很难解决，问题的结论的正确性受到我们所拥有的材料之间的不一致性的影响。一个显著的困难在于我们的两位证人所证实的内容与当时文人和政治家们关心的东西完全不同。但如果我们对比一下《白虎通》和这两篇赋的语言形式，我们会发现相关人士都是出于相同的教育背景，并且他们所坚信的基本上是同样的神圣经典。我们很容易会把今文学派的博士视作蒙昧主义者，而把班固和张衡视作阿谀奉承的人，或者是极度理想主义的人。历史研究者要抵抗住这种冲动，要更仔细地考察这个复杂的、矛盾的局面。

首先，关于班固和张衡，我们已经得出结论，尽管他们的思想中充斥着万物有灵论的那些传说，他们显然是带着一丝保留接受这些故事的，圣王的故事除外。早在他们二人的时代以前，圣王的故事就已经被理性化、道德化。那些是口口相传的事情，但却有着特殊的证据能够保证其真实性。不过，尽管两位作者的思想总体而言是理性的，泛灵论的矛盾依然潜藏其中。这个特点在世界先进文化的历史中是非常普遍的现象，这代表了祖先传下来的知识对于理性之人的潜意识影响。在某些情景下，这意味着一种自我意识的受限，也就是缺乏自省的力量。但这并不是班固、张衡及其同时代的知识分子的情况。

《两都赋》和《二京赋》展现了一流思想者清晰的想

象、辛辣的讽刺和明辨是非的语言。那么，那些写作了大量纬书的二三流思想者呢？从数字学的角度以及他们对祥瑞征兆的痴迷来看，这些文献致力于将所有现象，物理的或心理的，人类的或动植物的，地理的和宇宙的，统统都和一个有条理的体系相关联。在这个体系中，自然主义的阴阳和五行（基本元素）是有效力的约束性原则。他们的数字学理论十分复杂，他们相信世界和其中的一切都可以被简化成数学计算。诸多预兆的相互关系是基于这样一个信念，那就是无论是道德还是反道德的人类行为都会在自然世界中产生反响。

因此班固和张衡的思想类型与当时那些智力稍逊的文人的思想类型之间其实没有根本上的二元对立。两种类型的思想可以共存。二者都体现了“大汉”这一独一无二的文化对他们思维能力所产生的激发性影响。两种思想的不同在于，班固和张衡能够在诗性构思更加自由的氛围中运用自己的能力寻找一种拯救世界的福音信条。儒生大部分都有着神学思想，他们坚守教条，要把他们的新世界放入经文的拼图模板（jig-saw pattern）中。他们把自己的才华浪费在一大堆技术性的细节中。有学问的文人有可能做那样的事情，并且自视为寻求真理与最高伦理标准的斗士。

（五）关于人道主义伦理及其起源

我们在这里不仅仅要衡量班固和张衡所谓洛阳的文化具有人道主义的说法。一方面，无论正确与否，我们现代人无法接受一种理论，那就是从人类起源开始，上天安排一个接一个的圣王进行运作。另一方面，人道主义伦理概念在中国政治哲学传统中根深蒂固，在古代文化历史上几乎是十分独特的。[1] 汉学研究者通常都会认为这是中国古典时期的伟大成就之一。张衡的《东京赋》是这种意识形态成就的超高水准的体现，因此我们可以用张衡的话——"仁慈的露水延及鸟兽昆虫，世界上遥远的地方都得到拯救。"（第［九］部分）——来解释这个问题。他的想象力不断跳跃，说出一个接一个断言，而令人吃惊的是，他竟然希望洛阳朝中有一些读者会把这些话当真！

关于起源和发展的问题，历史研究者在这儿遇到的困难是，尽管"古代的经文"已经把理想的情况讲述得很清楚，但根据我们的两位作者所写的内容，西汉在这方面差得很远。政府只是有时候会对人民进行照顾，更不用说恩惠动物了。实际上，所有东汉的儒士都认为这种问题从战国以来就存在了。战国时期各国政策都公然与圣王的典范背道而驰。此外，中国思想家和作家们不仅承认这一看法，现代研究也没有提出任何证据能够证明那个时代不存在残酷的压迫、人民不存在巨大的苦难。研究者们对这种情况产生的原因提供了一些新的解释。简而言之，周朝中期对农业技术的掌握越来越好，有野心的封臣手中积累了愈发多的财富。带来的结果是首先，通过占领和吸纳附近的封

---

[1] 这项成就似乎可以说是独特的，不过恺撒时期的古罗马也有类似的东西，例如，哈德里安认为罗马公民身份可以向帝国内所有居住者开放，这个观念在许多法条中都有所体现。此外，帝国时期的罗马认为自己有任务要服务世界。在犹太文化中有《申命记》一书体现了人道主义精神。在《以赛亚书》的后面几个章节中也体现了一种意识，那就是要用"摩西五经"启发整个世界。但在这个问题上，这两种文化和中国的出发点并不一样。

地，一些封地扩张了；其次，大量农奴被统治，他们与主人之间并没有传统的那种相互服务、相互受益的关系。春秋时期到战国时期一直如此，于是战国时期的中国北方有着几个相互竞争的独立国家。唯一可行的统治方式就是依靠严格的税收规定和公开发布的法律，对危害国家的犯罪行为进行惩罚。无论过去封建时期是什么样子，此时国家之间斗争激烈，没有人道主义道德统治的空间。

周朝封建秩序全盛时期的样子可以在《诗经》中找到。《诗经》中充满谜语一样的供人解释的语句，但总体而言这本书显然是描绘出了产生这300多首诗的当时社会的情况。在这些诗中有着封建制度的阴暗面，同时展现出贵族与农民之间的关系，这种关系是封建秩序的一个特征，是相互依赖的关系。双方都需付出努力来维持这种关系。

《诗经》中有宗族的歌曲、乡间的恋爱、节庆的颂诗、个人生活的哀思、宗庙之诗，这一切都在春秋末期由孔子汇编而成。孔子是一位儒者，是贵族和农民的中间人。在汉代儒生并不完全是学者，有一些其实和萨满差不多，但他们都熟知传统。他们守卫的传统中，有一个人们很重视的意识，那就是贵族和农民之间的关系联结。二者都提供自己的贡献，都受到尊重：贵族就像部落首领一样需要受到尊重和服从，而农民在工作中受到鼓励，在困苦时得到扶救。

公元前6世纪末，祖先们这种古老的人际交往方式还存在于人们的记忆中。对于孔子这位鲁国的年轻儒士来说，要解决鲁国面临的问题，这种交往方式是上天规定的解决方法，也是文王和周公选择的统治方式。要想解决各国之间的纷争和混乱，唯一的方法就是“回到周朝”。孔夫子一生都在为这个目标努力。他所憧憬的周公的仁政究竟是不是他的想象，这个问题到今天还无法回答。他在晚年意识到自己所要达到的任务是不可能的：鲁国及其他国家的掌权者和索求权力的人与他的理想追求完全不同。他的那些知交，也就是希望孔子能培养他们在事业生涯上获得成功的更年轻的那些人，他们中有多少人和他们老师一样具有如此坚定的信念，我们很难判断。很显然，他们时常觉得孔子的话语难以完全把握。但毫无疑问的是，孔子对其中一些弟子的思想的改变有着很大的作用。在接下来的几个世纪里，他们的弟子们保存下了孔夫子的讲话。这种“仁道”，这个含义模糊而概括的术语包含了一切人道的、高尚的思想，超出了以往对于家庭、宗族关系的要求。这种仁道被奉为“圣王之道”。那些规模不大的儒生团体珍视孔子的传统，把孔子奉为最后一位圣王，“无冕之素王”。到汉代早期，孔子的名字所体现的德就已经包含了这些内容。孔子变成了半神话的人物，他的教义之本质要点也受制于各个派别的汉儒的带有各自偏见的理论解读。

我们在这里不讨论他们对历史上的孔子的重塑是否可靠，我们要说的是统治者的最高的、最神圣的职责是要为全民族的利益而统治，要对普通人投以人道关怀。而鲁国的孔子是这种职责的主要规定者，是带来启发的源泉。这一点我认为不容置疑。我同样认为，长安政府认为自己早已远离朴素的封建制度时期。在那样一个官僚化、法制化的国家中，孔子的梦想没有多少实现的空间。洛阳政府同样官僚化、法制化，但它是在血与泪的时代中产生的，在一定时期内对人们的需求会更易于做出反应，在那样一个国家我们更容易想象孔子的梦想，至少这种梦想是建立世界帝国的一个不可缺少的基础。

（六）孝道的特征

与人道主义理想共存的一个东西在这两篇赋中可以看到，那就是我们已经提到过的幸福至上主义的特征。这种特征与我们或许可以称之为清教徒式的伦理道德相悖——后者指的是因为某种道德标准是正确的，于是就遵循这种标准。孟子就表现出这后一种的倾向，不过他也有前一种的特点。这二者的结合实际上是那个思想活跃、思维进步的时代（公元前最后一个世纪）的一个特征。这个特征存在于当时人的内在意识和情感中，存在于当时人在自己社群中发挥的影响力中，存在于有教养的、有荣誉感的人的自我约束和修行中。与此同时，当时人还敏锐地意识到了文献研究的乐趣，还会欣赏音乐和各种形式之艺术的美，包括有礼貌的行为。在孝道（Way of Filial Piety）中这一点体现得最为微妙。孝道是中国古典文化的一个独特成就。

乍看之下，班固和张衡提供的关于两汉差异的证据会让我们忽视孝道在两汉人民生活中扮演的角色。祖先崇拜也是如此。班固《西都赋》没有提到“孝”，并且只顺便提到了一次祖先崇拜。张衡《西京赋》没有提到这二者。班固《东都赋》提到了季节性的对皇室祖先的祭祀。张衡在历数一年之中的祭祀时提到了洛阳的祖先神庙，他还提到了每年秋天会在长安对高祖神庙祭祀。他提到前者时用的是和孝相关的术语，但最后说到祭祀所期望换来的保佑时却有着一丝讽刺的语气。

如果说由此可以推断，班固和张衡并不是祖先崇拜的顺从者，也不是坚定虔诚的孝顺者，这显然是错误的。同样，如果说因为长安和洛阳宫殿内和城内都没有祖先崇拜，由此推断出这些仪式对于皇帝并不十分重要，那也是不对的。班固和张衡那样高水平的文人可能感受到了祖先神庙仪式中存有的万物有灵论信仰的错误性。他们不会从根本上质疑这种祖先流传下来的纪念性习俗的正确性。我们要把中国祖先崇拜这种世界普遍的祖先崇拜典型形式和孝道这种中国特殊的创举联系起来。在东汉希望传播给蛮族人民的一切文明社会的恩赐中，对孝的信仰（the cult of filial piety）毫无疑问是主要的内容。[1]

尽管这两种现象如此紧密地联系在一起，但二者是完全不同类型的东西，位于道德目标（ethical aspiration）的不同层次。祖先崇拜中含有对死者的恐惧，无法逃离那种底层逻辑，也就是活着的人享用的美食也会被死者的鬼魂享用，即使只是闻闻味道。“老者”的超自然力量，无论是有利或有害的力量，在其在世时就十分强大，在其死后必然更加强大。“伟大的老者”则更是如此，他们是部落或宗族最初的祖先。这种心理在汉代十分活跃，存在于社

〔1〕《礼记·祭义》说：“曾子说：‘赞美孝，孝囊括天和地；扩充孝，孝包围四海；把孝传给后世，日日夜夜，孝都会增长……’”译者注：见《礼记·祭义》：“曾子曰：夫孝，置之而塞乎天地，溥之而横乎四海，施诸后世而无朝夕。”

会的各个阶级，在皇帝及其仆从身上尤为明显。汉朝中期持续很长时间的关于是否保留所有陵园的争论就是一个例子。另外，汉朝中期创作的《礼记》中的一些内容对于死者的态度完全不同。在《祭法》[1]《祭义》和《祭统》这三篇时代较近的“论”文中，作者主张对于死者的祭祀是出于纯粹的爱与崇敬。孝子迫切地希望获得一些迹象能够表明他亲爱的父母还在身旁。这种主张体现出一种思想上的敏锐性，这也是本书希望能更清晰地表现的。

孝道出现的历史过程在本书的研究范围之外。孝在周朝早期就已经开始发生，在孔子时代有了一些显著的发展。孔子强调在家庭生活中侍奉父母。孔子弟子曾参更进一步宣扬要一生铭记死去的亲人。丧礼的奢侈倾向愈发明显。战国时期实际上只有富人能当孝子。被压迫的农民根本没有祖先神庙，也时常买不起棺材。

需要认识到，战国的结束意味着各国统治者的祖先神庙的毁灭，意味着他们幸存下来的子孙变成平民阶层。那些曾经接受过教育的人尽力维持着他们贵族的礼仪传统。汉朝社会兴盛之后，孝道变得大众化。儒者积极教育人们什么是进行哀悼和日常侍奉的正确形式。接着儒士开始掌权，地方开始建立学校，人们开始密集地学习传统仪典。东汉重新恢复了稳定之后，教育得到传播，儒士的道德教化更深入地渗透到乡里生活中，使得做父

---

〔1〕《祭法》没有提到和祭祀相关的虔诚的问题，完全围绕着对于圣王与其他远古的伟大人物的祭祀的正当仪式展开。但是，《祭法》和另外那两篇“论”的理性思考不同，在结尾部分主张对那些很久以前对人民做出杰出贡献的人进行感谢和纪念。另外两篇“论”对于理解东汉时期孝的观念至关重要。

母和子女的开始学习贵族的出自内心的奉献行为。班固对光武帝进行歌颂时提到“五伦”（基本的人际关系）是他创造的。尽管在汉代文献中，君臣关系往往是第一位的，但主流的做法是将子女对父母的关系推崇为人的首要职责。孝成了绝对命令（categorical imperative）。不孝（严重违反孝的准则）成了最糟糕的罪孽——这样的指控会让万恶的罪犯都感到害怕，从皇帝到最卑微的臣民都是如此。

（七）教育机构的扩张

对一些读者来说，班固和张衡提到的关于两汉教育方面的差异似乎不太重要。我们在对班固《东都赋》第（六）部分进行评论时已经指出，事实并非如此。这四篇赋中这是唯一一处对教育做出描述的，其中强调了两个东西：（1）在帝国范围内建设学校；（2）乡里学校是社群祭祀和宴会的中心。关于班固文字背后的用意，我们已经做了两个可能的猜测。除此之外，他显然想要把这样的集会描绘成一个渠道，皇家之德可以由此渠道流播到“四海之内的所有地方”。乡里之人，无论老少，“按照德行事，歌颂仁［的好处］”，也就是说，他们学习了礼的准则，充满了创造和谐的力量。我们上面所说的孝的平民化也涉及同样的过程。这种力量来自“庠”（地方中心的高级学校）和“序”（乡村学校），来自帝国涵盖的更广泛的地区的教育。

中国对喜马拉雅东边诸部落的文化影响十分强大，我们需要看到，这种教育的平民化不是班固的想象，而是在某种程度上真实发生了的过程。[1] 那么问题就在于，这样的发展是在东汉才发生的，而不是在西汉就已经发生了的。从班固和张衡的观点来看，应该如此，因为长安朝廷沉浸在自己的辉煌中，无暇释放汉德真正的力量。但有证据表明并非完全如此。班固和张衡最多表明，洛阳皇帝大大增强了教育的这种发展势头。事实正是如此。

普及教育最初的一些措施一定和武帝的培养出数量更多、素质更优的政府人员的政策同步。如果“孝顺又正直”的官员候选人得到地方的举荐，那么武帝就愈发需要改善考试制度，让考试更加合理地依据“五经”的内容。这就意味着要在合格的老师教导之下进行多年的准备。历史研究者由此可以推测，更高等级的和初级的学校之间的形式上的差别得到或多或少的认可。随着大学（皇家学院）在长安的建立，随着著名的儒生（博士）被雇佣为老师，一套新的衡量文士水平的标准得以建立起来。在五六十年内，既出现了长安街角那些文人们把［经文］“梳开头发，撕裂肌肉”，又出现了一些文学家积极探索文字表达的种种可能。早在武帝时期就有司马相如这样的人，他虽然是在遥远的半中国化的四川受的教育，但以自己的文学

[1] 这个观点的证实可参见《白虎通》（Tjan, *Po Hu T'ung*, 第487～488页）；根据《儒林传》序言（《后汉书》卷六十九上），大约公元146年有“三万五千名游学生”辗转多师学习。《礼记·学记》也略提到了地方学校，但主要讲到的是首都的高级教育。从该文献的基调和动机来看，当时各辖区和封国像首都一样也有高级学校。《学记》中的相关段落可能指的是地方的学校机构。此外，假如某些游学生需要负责地方学校的教学，很可能他们会像《学记》里描写的“今之教者”那样“对着简册念念有词，提出一些困难的问题……”

才华震惊了朝廷。

汉朝的前一百年是怎么样的？在中央各郡县及各诸侯国，学校分布情况如何？我们很难找到足够的证据。一些学术中心应该是存在的，因为有很多著名的文人和能干的行政官员。他们显然都精通文学，尽管新发现的经典对于教学方法的影响如何还不得而知，我们也不确定这些文士对今文的掌握程度如何。武帝时期的贾谊显然精通今文，但他去长安后读的《离骚》应该是古文的。情况并不十分明朗。秦始皇使用了大量文官来管理政府，这一点也不能说明什么。这些文职人员想必学了古文，但他们对古文那多变的复杂的形式掌握到什么程度呢？他们学今文是否很轻松？秦始皇自己学了吗？商人吕不韦是否能很好地阅读和写作？今天历史研究者似乎都没法回答这些问题。我们知道的只是，当时大多数的教书人使用的经文都是自己能拿到的。他们手中的版本是否完整，我们不太清楚，但周朝末年，儒者除非能拥有几块碑板（也就是记录传统知识、礼仪记录、占卜神谕、对占卜的思考、政府管理行为声明等等的碑板），否则是无法成为一位有名望的老师的。那些老师中思想活跃的会写下自己对他们所熟习的教义的一些反思，可能符合主流儒家传统，也可能是道家、法家之类的思想。鲁国和齐国的儒生在周朝后期很出名，《左传》《国语》《战国策》的作者们想必借助了很多抄写手的帮助。往南到长江流域的楚国，屈原可以用三百七十四行充满情感的话语抒发自己愤懑的心绪。同时我们还能看到很多“庸俗的儒生”，他们戴着大帽子，穿着宽大的长袍，装腔作势，对自己所学的东西一知半解。

战国时期非常著名的是有一批十分独立的思想家，他们或多或少有体系的思想形成了书面形式，由弟子流传下来。当时还有一些学院，这些哲学家们可以在那里集会并争辩。荀子是那个时代的人，他似乎是第一个发现了那种重要的文学形式，也就是以某种对象本身作为标题，来讨论这个对象。荀子关于人性的理论使得他看到有必要通过持续不断的礼仪实践和克制欲望、拒绝享乐来修养成一种人为的性情。他的论述大量被引用在《礼记》中。显然，他就是汉朝中期礼的平民化运动之父。根据上述这些现象，毫无疑问，当时的学问之灯是明亮的。从思想和交流的角度看，那个时代能够产生《孟子》、《庄子》（其中最早的一些篇目），说明当时人已经逐渐发展出成熟的理性和逻辑推理能力了。但与班固和张衡的时代相比，智性的成熟程度还差得很远。这不仅仅是说出身卑微的人要上升到高级官僚、贵族，还涉及人们需要更精微地理解个体在社会中的位置，由此形成共同的道德伦理标准。[1]

同样地，荀子的时代离年轻的孔子开创事业的时代也相去甚远。没有记录表明孔子的老师是谁，孔子作为一位

---

〔1〕关于这个发展过程的论证，可以参考第五伦的故事（见《后汉书》卷五十一）：一个农人出身的有才之人在光武帝统治时期得以从地方官晋升到高位。他的教育背景没有记载，但我们知道他的家在长安当地政府范围内，因此应该有一所供他读书的乡村学校。从社会的角度来看，张衡同时代有一个年轻人叫张纲（见《后汉书》传记部分第四十六），他出身一个传统贵族家族，父亲人很直率，身居高位。张纲平日里穿平民的衣服，仿效孔子参与乡里的闲谈。有一次他说服了一个地方的叛乱分子，阻止他们反抗其贪婪无道的长官。这样一个人可以发展乡里教育。

儒士从他那里学到了什么，他继承到的简册是什么样的；也没有史籍记载其他同时代的老师及其学生的情况。尽管他没有做过国家档案管理人员，他有途径可以获得鲁国的史料，并对其整理和修订写成了《春秋》，这些是有史料证明的。但尽管他是一位优异的教师，他对弟子十分关怀，他从来没有提笔写下过他想让弟子铭记的东西。唯一可能的解释是，在当时，个人并不会自发地以一种冷静、镇定的散文写作的方式来表达自己。有证据表明，当时写作还是一件神圣而庄严的事情，因此直到孔子去世，其弟子们才感到他们可以且必须写下他说过的话。当时正规教育只发展到一个很基础的阶段。

回到东汉时期上来。教育的传播意味着张衡和班固见证了“文”（文明的生活模式）的传播。他们自身就是更发达的文化标准的体现，无论在心灵、道德还是艺术方面。他们的诗赋是情感和信念经过推敲和高雅化的产物。他们还体现出知识分子因“抬眼看向世界的边界”而获得的启发。在他们的时代，礼教（行为和道德准则）对社会的掌控更深入，发展成一套礼的哲学，把新旧的礼法结合成一个庞大的体系结构。对儒者而言，那就是“文”的体现。但现代研究者通过细节的推敲，似乎可以认为礼教看起来是一种限制性的、误入歧途的力量，形成了一种伪善的、重虚礼的精神。古今所有社会行为准则或许多多少少都存在这个事实。班固和张衡对于两汉的差异的描述引导我们探索其对立面的问题，那就是个人的提升以及把实践和信念统一起来的方式。这个问题超过了本章节的范围，但我们可以给两个例子来说明研究者可以做的努力。

第一个是《论语》第十篇的开头部分对朝廷中行为举止的描述。乍一看似乎是“礼教”的完美典范。但实际上，写作者是在描绘人在履行职责时全神贯注于自我表达的样子。第二个例子是《礼记·大学》，开头强调了“修养自身是根本性的过程”，这与“知识的发展积累”和“探索事物”（自然事物）是相联系的。这部礼教哲学的刻本从头到尾实际上都在讲高尚人格如何变得成熟。

因此我们可以说，东汉的礼教在得到教化的社会的所有阶层里建立了个人荣誉的标准，这种标准经受住了之后无政府和战乱的严厉考验。另外，东汉时期有一类人是礼教没能影响到的，那就是皇帝们。年轻的继承者们总是会受到严格的学识教育，被培养成一位统治者。然而，在皇家后宫经历了早年的养育之后，他们开始失去活力、渐渐衰弱。作为皇帝，他们又和外界隔断了联系。张衡给我们描述的坐在皇家马车里被裹得严严实实的傀儡就是这样。他们身边围绕着阿谀奉承的蝇营狗苟之人。他们作为公众眼中的神，有着无穷无尽的礼节仪式要进行。从心理学上讲，一个杰出的人可以按照自己的意愿掌控局势，而一个弱者则办不到。因此东汉最后五十年皇家治理十分懈怠。从公元 89 年开始，连续九位皇帝都是在年幼甚至是婴孩时就登基了。

（八）圣王

我们在这里的研究对象局限于汉朝，也就是汉代知识阶层在公元120年之前对于圣王的看法是什么。那个时代的中国人从传统的北方环境中迁移出来，扩展了自己的统治范围。那个时代的知识分子的思想十分有条理，他们开始研究合法统治的本质，他们不得不面对神圣庄严的历史，尽可能将其理性化。关于这一位或是那一位圣王，古老的传说在多大的程度上成了新的神话，古老的神话又在多大程度上成了新的传说，这可能是本研究领域的终极问题之一，但这里的讨论并不涉及这个问题。

关于四篇赋中提到圣王的内容，有两点需要注意。第一点是，两篇长安赋中都没有提到圣王，只有洛阳赋提到了。尤其是在第五章第（二）部分和第六章第（十二）部分，字面上看，班固和张衡完全相信从伏羲开始的所有圣王的故事。第二点是，班固（第五章第［二］部分）强调光武帝胜过所有以前的圣王，而张衡（第六章第［十二］部分）也有类似的说法。这些内容很令人吃惊，原因有以下几个：

首先，在长安赋中，无论是有意或无意，班固和张衡所创造出的两个长安的支持者怎么会遗漏了与圣王相关的内容呢？一个很可能的答案便是班固和张衡认为长安包含真正的皇家之德是在可能性上说的，而不是根据现实存在说的。另外，班固和张衡都清楚地知道，武帝统治时期董仲舒用他的论证能力证明了历史是在宇宙的推动力之下发展的。根据董仲舒的说法，汉朝的文（高度文明）是继承了夏、商、周，也就是禹、成汤、文王这几位圣王统治的政权。[1] 另外，班固至少很了解《汉书》对高祖的官方颂词中把高祖写成是尧的后人（但班固提到光武帝［而非高祖］把自己的政权和尧相联系）。看起来似乎班固与董仲舒的理论有分歧，董仲舒认为圣王的统治一直延续到了东汉。在班固的时代，这种分歧被法家理论家所接受。关键在于，董仲舒的理论能否被改造以适应当时的情况，以及是否得到了改造。应该说是得到了改造。因此，董仲舒在《春秋繁露》（他留存至今的唯一一部著作）[2] 中以一种很有启发性的方式展现出他对于圣王之德（任何一种特定的德）没有任何兴趣。他只关心圣王的传承问题，因此他最早只研究到了夏朝。他确实提到了尧和舜，但只是顺带一笔，对更早的圣王也只是用“五帝三皇”（“大帝”）一笔带过。这些都只是作为他构建的朝代链条中的一个环节。这是一种合理化的方式，在汉朝中期十分流行，也让我们更进一步看到王莽为什么会使用圣王理论来帮助稳固自己的新朝。

因此当时有大量的关于诸圣王的故事，以及关于其他远古英雄的故事。不仅仅是班固和张衡，很多文人对这些故事都并不完全相信。一些关于黄帝（半道家、半传统的英雄人物）的传说包含了一些神秘元素，另外一些传说则

---

[1] 董仲舒理论的一个重要特点是把孔子也纳入到一系列半存在于天上、半存在于地上的圣人统治秩序当中。有人可能怀疑他是想要弥合周朝和武帝之间的鸿沟，但二者之间的联系依然不明确。有一件事是明确的，那就是董仲舒对“圣人”（无论是不是统治者）这一范畴思考得很多，这种概括所产生的影响值得我们注意。在《白虎通·号篇》中可以体现出来。（见 Tjan，*Po Hu T'ung*，第232、236页）

[2] 译者注：此处说法不准确，董仲舒留存至今的著作除了《春秋繁露》，还有《董子文集》等。

更加可信。很多像董仲舒这样的儒者对待这些传说人物都并不是真的很感兴趣。这些人物的名字只是与这个或那个政权相联系。又或者像《易经》证实的那样，这些半神之人是社会文明和发明的创始者。关键在于朝代更替就像四季流转。张衡提到“五”和“二”[1]并不是在说他相信那些远古的人物真实存在。他们只是用来引发议论的方便的话题，能够帮助他开展自己的论证。

关于圣王的具体的传说细节，比如禹因为劳作“把腿上的毛都磨掉了”；经过自己家门，听见他刚出生的孩子的哭声却不进去探望——谁知道禹最初是神还是人，谁知道是神话叠加在传说之上，还是传说添加进了神话？事实性事件的基础土壤无论是什么，假如有这样的基础，那也经过了多重改变，最后才形成了我们知道的样子。在这个过程中故事的写作者们知道了政府的统治应该是为普通人服务的。研究者们能从中找到故事是如何受到多次干涉的吗？不过我们在这里要解决的问题更容易一些。张衡《思玄赋》列举了许多他环游世界时遇到的神人、神女；那些圣王形象的诗性力量是否让张衡感觉到这些人物比真实的历史更适合他用来写作呢？这个问题可能很难回答，但我们可以这样说：无论哲学家怎么说，既然文字创造的形象象征着他们所代表的东西，那么张衡这样一个具有科学头脑的人，很可能会使用如此接近真实事实的高度诗性的形象。任何人读了《易经》，再读扬雄对《易经》中象征符号哲

[1] 我不清楚张衡为什么用“二”替换了“三”，后者在董仲舒时代是很常见的说法。

学的拓展，都会意识到扬雄这位聪慧的儒者的思想中充满了这种有待争辩的哲学理论的痕迹。毕竟张衡所熟悉的道家经典认为，宇宙的终极事实是一个谜，从人的角度来说是虚无中出现了某种东西，一个相对的形象。由此推理，诸圣王的真相是什么呢？是对史料证据的勉力权衡（a faltering balancing of evidence），还是能够让你思绪回荡的鲜活的形象（the living image which struck an echo from your mind）？

（九）关于汉代“儒学”与经典

我们有理由质疑西方汉学家用“儒学”（Confucianism）这个术语来指代“大道”“中道”，后者主要是在汉代形成的说法。本章前面已经发现，东汉的新的政治架构有一个前所未有的特点，十分接近鲁人孔子的真正教义。我们在这里需要承认的是，情况十分复杂。例如，白虎观会议记录中我们看到了许多荒谬的思想，而班固在其洛阳赋中抨击了那些在经文中搜寻蛛丝马迹的无聊之人，这些人正是白虎观会议的意见主导者。班固死后约八十年，朝廷决定把经文刻在石柱上，之后又鼓励郑玄做了经典的注疏。此时的局势似乎更加明朗了，但本研究并不准备讨论这个问题。我只能尝试做出一个解释，那就是根据今天我们广泛接受的观点，这些发展说明古文派在儒者中间声势渐涨，并且在文人和政府眼中，确定权威的经典文本及其意义是非常重要的。班固和张衡的时代并没有这样的需求，但是经典的绝对权威在儒者信仰中占据中心地位。[1]我们某种程度上忽视了“五经”在特定时期包含或没有包含哪些内容。我们需要承认，“儒学”这个术语有着某种显著的未知数的性质。假如我们向鲁人孔子寻求意义的向导，我们或许可以获得一些指导，但我们面临着一个问题，哪个“孔子”才是历史真实的孔子？是《论语》中的孔子，《左传》中的孔子，《易经》中的孔子，《史记》传记中的孔子，偏重《公羊传》的今文派的孔子，《孝经》的孔子，又或者是《礼记》中的孔子？（《礼记》中孔子说的话比在《论语》中还多）我们手中的文献再次向我们呈现出令人害怕的未知数的性质。

今天历史学家还有一个值得安慰的事实。那就是学术研究已经证明，《论语》是我们所拥有的最可靠的关于孔子的文献。《论语》是二手、三手甚至是四手文献，但《论语》有着相互关联的形式（尽管不甚完美）、大体上连贯的人物形像，使得《论语》拥有无可比拟的价值。从这个角度来看，汉朝中期和后期的一个信仰就非常值得我们怀疑。这个信仰认为，孔子以具圣人的智慧看到了远古时期有着圣人智慧的史料必须得到保存，留待以后开明的时代让文人们充分欣赏其价值。因此孔子可以说是“五经”的传递者。通过《论语》的佐证，我们可以认为《诗经》

[1] 这里的经典不仅仅指“五经”。《白虎通》引用了其他一些接近经典地位的书籍（见 Tjan, *Po Hu T'ung*，第 180~194 页）。其中纬书是我们需要考虑的。这些纬书也被视为权威，可以佐证《白虎通》所记录的观点。显然一些纬书地位很高，推崇这些纬书的今文派让这些书的被认可程度接近经典的被认可程度。我们可以推测，公元 93 年时“经”书作为经典（canon）所囊括的范围还没有得到确定。

这个集子的存在是有赖于孔子的努力的。但如果说我们认为孔子把他收集的作品视作汉代意义上的“经”，那就不太准确了。他使用了很多周朝的官方史料——今文和古文派对于他使用了哪些、用了多少有着巨大争议——并把这些史料汇编成后来的“史”经，这是不大可信的。孔子晚年致力于《易》，并为其添加了《翼》，这一说法也越来越受到质疑。至于“礼”，在东汉是《仪礼》《周礼》和《礼记》的一部分，值得质疑的点比比皆是。这并不是说孔子在其所在的时代里不是一位了解礼仪知识的儒者，也不是说他手中没有那些关于礼仪流程的简册。但是如果说是他把《仪礼》整个流传下来的，显然是不可信的，更不用说《周礼》或者《礼记》的任何一部分。关于孔子作《春秋》的说法，《论语》尽管提到孔子经常修订词语，但却没有提到《春秋》。在《孟子》（第三章下，第九章）中，孔子是得到启示作了《春秋》，孔子还说：“了解我的人，恐怕是通过《春秋》吧！”这个问题十分令人困惑，尤其是因为这部书直到武帝统治时期才出现并成为“五经”之一。据说这是因为董仲舒的推波助澜，并且很快《公羊传》也成了经典。令人惊讶的是，在《公羊传》获得经典的地位之后，与其处在竞争地位的《穀梁传》也取得了经典地位，之后是《左传》，而《左传》是一部相当不一样的书。据说《左传》的作者是孔子晚年亲传的弟子，协助他作了《春秋》（这个说法相当可疑）。[1] 而《公羊传》和《穀梁传》则没有这样的与孔子的关联。

---

〔1〕 见 B. Karlgren, *On the Authenticity and Nature of the Tso Chuan*, Göteborg, 1926。

汉朝中期儒士对于绝对可靠的一系列经典的热忱追求是十分明显的。尽管文人们之间充满竞争和矛盾，这一点似乎是他们心中不变的追求：孔子在他们的争论中是一个方便的棋子，可以被移来移去，用来支持他们的观点。把“五经”作为一个整体来看，我们会意识到他们共同思想的范围超越了春秋时期任何一位儒士的想象，尽管后者可能有着孔子那样的重要品质。此外，通过班固和张衡的眼睛，我们看到了儒士如何震撼于汉代君主制的成就，他们如何坚定地维护统一的新秩序。汉代君主制和汉代的秩序必须得到支持，那就是通过形而上的证据来证实。这样的证据可以在碑板上看到。行政官的老师们和有学问的人通过这种方式把人们引入学问这样的神秘事物中，并获得启发。因此“五经”确保了皇位的权威性，而皇位确保了“五经”的权威性。同样的逻辑在远古时代也一样。“五经”给诸圣王提供了权威，诸圣王又给“五经”提供了权威。[1] 对我们现代读者而言，这种逻辑可能难以接受：对汉代教条主义者，也就是根深蒂固的神学家而言，这却是有着双重保障的推理。

现在出现一个问题，以“五经”为中心的信仰能否算是一种宗教？我有两点思考。第一，汉朝宗教和政治是紧

---

〔1〕 这种推理可以很清晰地在《论衡》中看到，例如卷二十八（A. Forke, *The Lun Heng, Philosophical Essays of Wang Ch'ung*, vol. I, Kelly and Walsh, 1907, p. 452）。在其中我们看到王充自己也受到这种影响，尽管同时他认为“五经”遭受了无法修复的损毁，也就是说汉代时期修复的“五经”是十分不完美的。在卷二十八（Forke, vol. Ⅱ, p. 238）中王充无意中揭示了主流的信念：“假设‘五经’从孔子弟子那里毫发无损地留存了下来，那么这些经典可以说是完整的，可靠的。”译者注：《论衡·书解篇》：“使‘五经’从孔门出，到今常令人不缺灭，谓之纯壹，信之可也。”

密相连的。这不是当时文人的宗教兼政治的独有特征，而是古今所有文化的一个普遍特点。第二，尽管当时文人的宗教有着明显的世俗元素，但的确存在着超越性的、神秘的色彩。在张衡的洛阳赋中，安处先生用来表达自己的是明显的道家术语。

西方汉学界最初的看法是，“儒家学说”和“道家学说”基本上是关于人生和理性的对立学说，并且认为西汉时期那些迷信的道学专家给道家信仰丢了脸，让他们在文人眼中失去可信度，因此孔子的更理性的思想成为中国人的伟大传统。但最新的研究已经指出这种观点过于简单。并不是说武帝手下的萨满没有引起更有智慧的文人的反感，也不是说《庄子》中那种社会虚无主义的个体哲学没有让文人感到不切实际。而是说，在《道德经》和《庄子》的纯粹的超验主义中有一种魔力，那些更为敏感的儒生、那些不那么汲汲于功名的文人无法抵抗住这种魔力。在刘歆《七略》中可以找到对于汉朝中期的态度的一个要点。《七略》在列举哲学著作时，道家的部分被放在儒家后面，道家及后续的其他几个部分被认为对于真理的阐释是有贡献的。这再一次表现出人们对文字力量的信仰，那种半神圣的文字即使仅仅通过反衬也能照亮“五经”那些完全神圣的文字。因此我们再回到这四篇赋的中心主题，也就是汉朝的皇家之德及其神秘的、创造生命的力量，很显然东汉儒者的信仰很大程度上受益于道家思想。

（十）对系统性研究的建议

我们已经花了很大功夫来估量班固和张衡的智识量（the intelligence quota），并分析他们各自的思考过程。本章开头部分已经尝试对我们的研究成果进行评估。一方面，两位作者都在相当程度上揭露了自我，我们希望这些零碎的研究发现能够对汉代历史学家们和跨文化历史学家们有用途。另一方面，我们考察的范围十分有限，显然需要基于更广泛基础的进一步研究。《文选》中还有班固的另外八篇作品，其重要性虽然不如《两都赋》，但也需要更仔细的研究。此外，班固作为历史学家的价值，过去和现在都有很多研究，尤其是中国学者的研究。由于治学条件所限，我没能利用这些资源。

张衡的作品在《文选》中还有四篇，包括《南都赋》。我粗略研读了一下，很惊讶地发现这篇作品没什么重大意义，于是就没有再研究。张衡的《思玄赋》对于理解张衡十分重要，会有很多可以挖掘的东西，包括和诸圣王相关的内容，以及与张衡的世界观相关的问题。在严可均的《全汉文》中还有很多篇目，如果要了解张衡作为一名科学家的成就，就有必要研读。班固和张衡都有基于经典的传统教育的背景，同时他们还受到了汉朝中期文学发展的极大启发。

对研究社会学和意识形态的人类学家而言，班固和张衡关于德的理论中有许多宝贵资料可以利用。这两位一位是史学家，一位是科学家，他们的诗性叙述的中心主题是德的观念。这种思想可以追溯到古老的万物有灵论的部落社会，那时的生活状况晦暗不明、波涛汹涌。东汉意识到自己需要承担起在天的指引下实现世界和平与友好合作的任务，而德就是关键。这让我们想起了君士坦丁信奉基督教、阿育王拥护佛教，古代历史上的这些事不是与此相似吗？

关于汉朝中期文学的创作热潮，有必要进行深入的研究。它偏离了当今历史学家的主流研究内容，而且其中有许多独特的奥秘，似乎只有喜爱古代事物的文学批评家才要探索。西汉两百年是充满发展势头的，其中一件事是他们接受了秦始皇试验性的新文字。这试验十分成功，对于统治而言是如此，对于国家的教育者而言也是一项工具。显然，各方对这种新文字都很欢迎，并逐渐掌握和精通。汉朝之前的文献，包括“五经”都用这种文字刻写了下来，于是到刘歆的时代，《七略》中包含的简册已经同时包含了古文书籍和今文书籍。

这项变革的意义只有从对古文字学和音韵学的现代研究的角度来看才能体现。周朝末年有两个特点是相对清楚和确定的。一是周朝时期逐渐开始用语音的原则替换原本的象形、表意的原则。二是这个过程并不是由统治者强制推行的。随着诸侯国（包括遥远的南方楚国）逐渐强盛起来，分裂性的文化影响力开始发生作用。小篆（“小印章”体）在各个地区出现变体。一些特定的意义被添加到了古文字字形当中，并且这个过程随着不同哲学流派的发展而得到进一步推进。书写文字一团混乱，而且尖笔与木牍是笨拙、费力的传播媒介。

秦始皇通过强力取代了周朝的霸权统治。他和大臣李斯意识到，如果没有一种普遍受人们认可的文字，普遍的统治是无法全面实施的。他们立即制定了一种新的、更简单的文字。是什么智力作用促成了李斯及其助手们的成就，我们缺乏文献证据，只能搜集一些间接的线索，很大程度上靠猜测。但我们可以知道的是，他们制作的新文字旨在促进交流沟通的清晰明了，促进书写的速度，并且他们最后达到了这个目的，方法是扩大周朝语音化趋势的范围。他们更多地使用了基于语音的词语，还使用语音借词（假借）。

我们现在不可能知道当时的老师和学生们在学习使用这种新的书写文字过程中经历了怎样的努力。但刘歆《七略》中有一个重要的内容，那就是他认为与公众利益相关的成文著作，从一开始就需要有国家相关部门的出版许可。这似乎说明，西汉时期，政府施加了一些压力，让人们统一词语的使用，比如让抄写者进行统一规范操作。无论如何，到西汉末期，人们已经不再对书面文字的超自然力量的象征有那种古老的敬畏了，相反，他们把文（具备样态的语言）的智性使用视为思想（心）的一种高贵的艺术。人们清晰地区分了“笔”（粗糙的记录）和对思想的考究的表达。从这个角度看，董仲舒的十七卷《春秋繁露》就是十分有意义的文献，这份文献有明确的日期，展现出了潜在的文学能力。司马迁的《史记》是稍晚一点的著作，共一百三十卷，从文学角度看更引人关注。司马迁对句子推进、章节划分的掌握说明更高水准的文学已经正在产生。而班固那种高超的史学写作已经相距不远了。更激动人心的是，在司马迁取得上述成就的同时，司马相如以惊人的水平复活了旧的赋文类。他把屈原那种包含情感的自我省察的文字形式、把诸子那些在万物有灵论思想影响下的作品、把荀子和其他士人的说教诗进行了改造，变成了一种可以用来描绘大尺度观察对象的媒介。他通过“戏中人物”这样的手段加强了讽刺意味。我们不需要列举在之后的长安朝廷中班固的其他作品来证明这种新的文学能力了。我们只需要看一看班固和张衡，他们写作的四篇宏伟巨作，其中体现了汉朝两座都城、两个政权的差异性特征，我们就能明白这种新创造的文字带来了多么强大的交流力量。

可断代的汉代中期文献都需要根据这一中心思想来重新审视，要重新考察散文、诗歌、政府文件、会议报告、言行录、通知（调查报告）、颂词、悼词，不要漏了朝廷中的戏谑打趣和谜语。“到处都可以找到磨面需要的谷子。”尤其是当时阴阳宇宙观开始真正掌控文人的思想，引发他们产生各种推理，所以我们需要考察当时出现的种种思考。例如从阴阳观中衍生的历史观，在受到生老病死这些不可避免的过程影响之下的人会如何看待古代历史；还有阴阳观对语言的影响也需要研究：当时使用得很频繁的表达——“向上看……向下看”、“里面……外面”（视角）、“说起过去……谈到现在”等等。这些表达揭示出一种分析性的意识，对思考的对象有着不同角度的考量。这种能力也体现在人们对自然的诸多观察上，包括天与地、夏与冬、曲与直、黑暗与光明、精细与粗糙等等。在人的方面也有着同样的区分，家庭中的人、社会与民族中的人等。[1] 今文的特性是否有助于或有害于这些思想的新生力量，还有待进一步研究。还可以研究阴阳思想对于句子结构和话语紧凑的影响。

最后，用骈文来表达思想的这种力量似乎来源于周朝晚期的文学，当时至少已经有其雏形了。但我们还需要怀疑的是，经历过汉朝而流传下来的文献是否已经被改造过了，即使是改造了很小的一部分。提及刘向及其同人对待他们的编订工作十分认真，我们知道他们经历了许多困难。此外，还有把古文字文献转写成新文字文献的工作，我们知道很多汉朝中期的学者喜欢切分文本、做注疏、以自己的方式阐明文本的意义。因此，即使诸博士及其他文人曾经因为篡改神圣的文本而得到严厉处罚，我们也无法完全消除疑虑。清朝学者引起的现代批判性学术工作在语言学和文体学方面已经走了很长一段路。我建议可以从研究汉朝中期出现的新的语言文体选择和句子结构入手进行更详细、准确的分析，或许可以对“五经”研究有更多的帮助。最合适的可能是《礼记》，《礼记》是汉朝中期儒士编写的。尽管其中融合了新旧材料，可能会造成一些甚至是不可解决的问题，但当时的新文体、“属于那个时代的风格”，想必会促使人们把过去那些广为流传的语句改写成短小精悍、紧凑连

---

〔1〕 关于这个话题的更多讨论可参见我的论文：“The Epistemological Method in Chinese Philosophy,” in *Essays in East-West Philosophy*, University of Hawaii Press, 1951。刘勰《文心雕龙》卷一中用骈文来说理是一个典范，其翻译可见我的《文赋》（*Art of Letters*）一书（Bollingen Series, New York, 1951）的附录2。

贯的风格。通过这种方法，“五经”研究那弯曲的球杆或许能被抻直，一些文本中的假皮头或许能变得服帖，或许更能给文献断代工作找到方向。

译后记

赋是中华民族的文学瑰宝，在汉代一度成为文坛正宗，此后许多朝代都将赋的写作纳入到科举选拔考试中。相对于中国的哲学典籍和诗词小说等古典文学来说，赋受到英语世界的关注较少一些，但从时间上来说，目前所知，赋最早于1873年就已经被翻译成英语，那就是潘岳的《射雉赋》，由传教士汉学家湛约翰发表在《中国评论》杂志上，翻译得十分有趣，挖掘出了此前中国学者几乎没有论及的作者意图。湛约翰是英国伦敦会的，而本书《大汉双城记：汉朝生活和思想的剪影》的作者、两篇汉代京都赋的研究者修中诚同样也是一名英国伦敦会传教士。修中诚早年就学于牛津大学，1911年来华，1933年返回牛津大学。1948年至1952年在美国任教。他与访欧的中国学者以及北平（今北京）学术圈交往密切。修中诚教授在一生中做了大量研究，追溯中国古代特别是中古时期的思想与表达模式的发展，为相关的语言学家、历史学家提供了宝贵的经验。

在《大汉双城记：汉朝生活和思想的剪影》这本书中，作者修中诚按照研究需要节译了《两都赋》《二京赋》，在翻译时他使用方括号体现原文句式，笔者在译成汉语时也保留了这种格式。赋作为一种独特的文学体裁，在学术界素有“赋者古诗之流”说、“不歌而诵”说等。汉赋虽被后人视为赋体正宗，但它却喜欢堆砌辞藻、僻字满眼，极尽铺陈排比之能事，索解繁难。再加上它常引据“五经”等，使得它在域外文化传播中颇受局限，其中最明显的是以文化差异为底蕴的语言翻译和文本解读。基于这个事实，责编和笔者商定为了更好地展示比较视野下的语言转换和文本解读，在本书的第三章至第六章节译的部分分别附上了各章所对应的文言文原文和英文原文，具体情况请参见本书第三章至第六章的双栏排版及紧接其后的附录。另外，作者在解读和评述《两都赋》和《二京赋》时，多处引用中国古典文献经典中的语句，考虑到不同语言转换及文白语言的差异等因素，责编建议笔者将作者所引用的中国古典文献经典中的语句以译者注的形式在脚注处注释出来，以方便读者阅读和理解。

修中诚在书中重点探讨了班固、张衡两位作者的思想异同、两汉体制的差异（包括世界帝国的意识、迷信思维、人道主义伦理、孝道、教育机构等方面）。他十分关注社会矛盾、底层人民的生活情况、理性思维等，体现出当时英国社会的时代背景。

修中诚在本书中对赋也做了文学视角的研究，例如他主张赋是诗而非散文。在不少地方他对《两都赋》《二京赋》具体细节上的风格体式做了探讨，提到了段落区分的技法等。他还有着明显的中西比较的思维方法，我们可以在书中看到他在解读中国历史事件和人物时信手拈来一些西方的典故和逸闻。他还澄清了一些汉学界对中国常有的偏见、误解，并且对中国文化和民族抱有十分深沉的情感。

修中诚对汉代《两都赋》《二京赋》的翻译和研究也存在一些缺点和不足，他选译的内容过少，研究的问题大而散漫，并且存在一些史实性的错误和内容上的不严谨（如前后引文不一致等），对此笔者和责编则以脚注的形式对其进行了勘误和注释。但瑕不掩瑜，他对汉代两篇赋的翻译和研究可以为海内外赋体文学的英译提供参考，有助于对赋体文学的史料价值、社会学价值和文学价值的探索。修中诚作为一名汉学家所展现出的中西方平等沟通的态度也有益于当今的文明交流。

最后笔者想借此机会感谢张西平老师对后学者翻译此书的认可和帮助。感谢夏宇阳兄在笔者翻译过程中帮忙耐心解答了许多困惑，还曾为本书译名提供宝贵意见（《赋话两京》）。感谢大象出版社，感谢责编李爽老师的耐心与细致。笔者非常荣幸成为此书的译者，能将修中诚生前留下的最后一本著作带给广大中文读者。